编委会名单

总　序

冯建军

“培养什么人、怎样培养人、为谁培养人”是教育的根本性问题。新时代的教育要全面贯彻党的教育方针，落实立德树人根本任务，努力培养担当民族复兴大任的时代新人，培养德智体美劳全面发展的社会主义建设者和接班人。2019年3月18日，习近平总书记在学校思想政治理论课教师座谈会上指出，思想政治理论课是落实立德树人根本任务的关键课程。办好思想政治理论课，最根本的是要全面贯彻党的教育方针，解决好培养什么人、怎样培养人、为谁培养人这个根本问题。

重视思想政治教育和思想政治理论课（简称“思政课”）建设是我国教育的传统和突出优势。但长期以来，我们对思想政治教育和思政课大中小学一体化建设的意识不强，致使大中小学思政课课程内容一体化设计、不同学段的衔接、不同课程的配置等存在许多问题。针对这些问题，习近平总书记明确要求，要把统筹推进大中小学思政课一体化建设作为一项重要工程，在大中小学循序渐进、螺旋上升地开设思想政治理论课。这一重要讲话为新时代大中小学思政课一体化建设指明了方向。

大中小学思政课一体化，坚持统一性、进阶性两大原则。统一性原则强调大中小学思政课教学目标统一、教学核心内容统一、教学理念和教学

方法的统一。进阶性原则突出不同学段的特点，做到螺旋式上升。同一主题针对不同学段的特点设计区分度，同时协调好不同学段的衔接。小学阶段重在启蒙道德情感，初中阶段重在打牢思想基础，高中阶段重在提升政治素养，大学阶段重在增强使命担当。大中小学一体化是思政课建设的方向，实践中，我们需要具体落实，探讨一体化建设如何才能由表及里、由点到面，走实、走深；如何才能常态、经常、长效；如何才能做到打破学段壁垒，既尊重学段差异，又能让各学段有效衔接；如何才能真正实现循序渐进、螺旋上升；等等。为了探索和解决这些实践问题，成都树德中学联合西南交通大学、四川大学、成都实验小学、成都龙江路小学以专题化教学为突破口，按照一体化的思路，分专题教学设计，努力推动大中小学思政课一体化走实、走深，变常态、经常、长效。今天呈现在大家面前的《大中小学思政课一体化专题教学设计》丛书就是他们合作进行大中小学思政课一体化教学探索的成果。

本套丛书贯穿习近平新时代中国特色社会主义思想铸魂育人的主线，按照中国特色社会主义事业“五位一体”总体布局和“构建人类命运共同体”这一时代命题，设置了《经济与社会篇》《政治与法治篇》《文化与哲学篇》《中国特色社会主义》《人类命运共同体》五个分册。每个分册遵循教育的深层规律和内在逻辑，立足学生的健康成长，打破传统的学段区隔，以专题化教学设计为突破口，注重整体设计，让大学、高中、初中、小学四个学段围绕同一个主题，分工协作、同向发力，使德育润物无声，如春风化雨般浸润学生心田。

丛书设计充分尊重各学段的特点，既强调各学段紧密结合学生的身心特点在教学目标、内容、方法上有明显区分度，又强调各学段“瞻前顾后”、有机衔接，层层深入、步步进阶，真正体现丛书“循序渐进、螺旋上升”的设计理念。在教学设计上既凸显了本段思维，又强调前段思维和后段思维的贯通，探索大中小学思政课沟通、协作、共建、共享的一体化运作机制，致力打造全学段育人的良好生态。

从书每一专题构建了包含教学目标、教学内容、教学重难点、学情分析、设计思路、实施方案、资源链接、考核评价等在内的整体教学设计方案，切实发挥思想政治理论课的主渠道作用。丛书强调主导性和学生主体性相统一。在教学设计中，围绕学生、关照学生、服务学生，积极回应不同学段学生的需求和期待，强调有的放矢，精准施教；贴近学生实际，用身边事说理，用学生喜闻乐见的形式教学，增强亲和力、吸引力和感染力，让教学不仅棱角分明而且有情有义；注重调动学生的积极性、主动性和创造性，吸引学生积极参与教学，在启发引导中，全面提升学生运用马克思主义的立场、观点、方法观察问题、分析问题、解决问题的实际能力，让教学活起来、动起来。

丛书体现了鲜明的集成创新。大中小学思政课教学一体化是思想政治教育领域一场深刻的革命，需要全面深化改革，系统推进教学创新。丛书打破了传统的学段区隔，围绕专题一体化教学设计，是教学理念的重大革新；丛书依据教材但又不局限教材，构建专题化的一体化教学体系，推动教材体系向教学体系、学生信仰体系转化，是教学体系的一次重构；丛书针对各学段的特点，将传统和现代相结合，综合运用案例分析、讨论辩论、情景体验、实践实验等方法开展教学，是教学方法的一次综合创新；丛书是成都树德中学、西南交通大学、四川大学、成都实验小学、成都龙江路小学五所学校紧密合作的成果，是探索大中小学思政课共融、共建、共育、共进的一体化建设新模式。

丛书坚持有所为、又有所不为。有所为，就是坚持鲜明的实践导向，力求教学设计科学、实用，真正能为全国大中小学思想政治理论课一体化教学提供了可借鉴、可复制的操作性范例；有所不为，就是不求面面俱到，但求重点突出，既给出方案，又留有自主空间，力图抛砖引玉让全国的同仁深入探讨、多出良策。

大中小学思政课一体化的教学实践是一个新事物，还在探索之中。丛书给大家呈现的探索还不完美，还存在一些问题，如专题选择不合理、教

学设计不科学、学段特征把握不精准、实际效果还有待实践进一步检验，等等。但新的实践探索，总需要有人走在前面，尽管不完美，但它是必须的，我们无法保证设计的是一个个完美的教学设计方案。习近平总书记指出，办好思想政治理论课关键在教师，关键在发挥教师的积极性、主动性、创造性。思政课教师的积极性、主动性和创造性一定能够弥补丛书中教学设计的不完美。

在丛书出版之际，写上几句话，既表示对丛书出版的祝贺，更表示对五校联合探索大中小学思政课一体化教学的赞赏。这是大中小学思政课一体化建设的实践之花，愿它常开不败！

（作者系国家教材委员会大中小学德育一体化专家委员会委员、义务教育道德与法治课程标准修订组核心成员、南京师范大学道德教育研究所所长、教育部长江学者特聘教授）

序

要精准、统一界定文化与哲学是困难的。一般而言，文化是相对于经济、政治而言的人类全部精神活动及其产品，是智慧群族的社会现象与群族内在精神的既有、传承、创造、发展的总和。它涵盖智慧群族从过去到未来的历史，是群族基于自然基础上的所有活动内容，是群族所有物质表象与精神内在的整体。具体文化内容包括群族的历史、风土人情、传统习俗、生活方式、宗教信仰、艺术、伦理道德、法律制度、价值观念、审美情趣、精神图腾，等等。哲学作为智慧之学，是研究基本和普遍问题的学科，是关于世界观的理论体系。马克思主义理论认为世界观是对世界的本质、发展的根本规律、人的思维与存在的根本关系等基本问题的总体认识，方法论是关于人们认识世界、改造世界的方法的理论。

习近平总书记强调，一个没有发达的自然科学的国家不可能走在世界前列，一个没有繁荣的哲学社会科学的国家也不可能走在世界前列。党的十八大以来，以习近平同志为核心的党中央高度重视社会主义文化建设，牢牢掌握意识形态工作的领导权、管理权、话语权，大力培育和践行社会主义核心价值观，着力提高全民族思想道德水平，推动文化事业全面繁荣和文化产业快速发展，为实现中华民族伟大复兴的中国梦提供思想保证、精神力量、道德滋养。

思想政治教育承担着培养什么样的人、如何培养人以及为谁培养人

的根本使命，这一使命需要相应的教学内容作为载体才能实现。发挥各种文化载体的效力，突出和强化思想政治教育的文化内涵，使文化思想资源深度融入思想政治教育，才能真正做到“以文化人”，进而实现全方位育人。哲学有助于人们树立正确的世界观、人生观和价值观，但哲学具有意识形态属性，是思想政治教育的有效载体，承担着帮助人们认识世界、传承文明、创新理论、资政育人、服务社会等思想政治教育功能。思想政治教育要以科学的理论武装人，要以理论解答思想政治教育对象急需解答的问题，必须加强哲学知识的学习和实践，及时满足学生对哲学知识和理论的需求。可以说，文化实质上包含哲学。本书为了更加突出文化与哲学的思想政治教育含义与功能，将篇名确定为“文化与哲学”。

本书编写主要遵从和贯彻以下理念。一是一体化的进阶理念，即依据和贯彻习近平新时代中国特色社会主义思想特别是文化与哲学发展思想，中共中央办公厅、国务院办公厅《关于深化新时代学校思想政治理论课改革创新的若干意见》，中宣部、教育部《新时代学校思想政治理论课改革创新实施方案》等精神和要求，按照把握新时代、推进一体化、突出创新性、增强针对性、注重统筹性的要求，遵循循序渐进、螺旋上升的原则，充分体现思想政治理论课的政治属性，对教学进行一体化设计。小学阶段重在培养学生的道德情感，初中阶段重在打牢学生的思想基础，高中阶段重在提升学生的政治素养，大学阶段重在增强学生的使命担当。二是在教学内容的选取上有所为、有所不为，突出重点。针对目前大中小学思想政治理论课名称不一、内容庞杂的现状，本书选择具有核心思想政治教育功能的、更贴近新时代的、学生最关心的核心内容进行一体化教学设计。具体内容包括“价值引领——培育社会主义核心价值观”“精神铸魂——弘扬中国精神”“道德修身——培养社会主义道德观”“文化强国——坚定中国特色社会主义文化自信”“爱智之学问——哲学的魅力”。三是具体设计遵循从具体到抽象、从现象到本质、从实然到应然，注重结合知识阐述。即遵循思想政治工作规律、教书育人规律、学生成长规律，本着循序

图书在版编目（CIP）数据

大中小学思想政治理论课一体化专题教学设计．文化与哲学篇 / 胡霞，刘峰，吴宇主编．— 2版．— 成都：四川大学出版社，2024.3

ISBN 978-7-5690-6640-1

Ⅰ．①大… Ⅱ．①胡… ②刘… ③吴… Ⅲ．①高等学校－思想政治教育－教学设计－中国②政治课－教学设计－中小学 Ⅳ．①G641 ②G633.202

中国国家版本馆CIP数据核字（2024）第029297号

书　　名：大中小学思想政治理论课一体化专题教学设计——文化与哲学篇

Da-zhong-xiaoxue Sixiang Zhengzhi Lilunke Yitihua Zhuanti Jiaoxue Sheji——Wenhua yu Zhexue Pian

主　　编：胡　霞　刘　峰　吴　宇

选题策划：唐　飞

责任编辑：孙明丽

责任校对：孙滨蓉

装帧设计：墨创文化

责任印制：王　炜

出版发行：四川大学出版社有限责任公司

地址：成都市一环路南一段24号（610065）

电话：（028）85408311（发行部）、85400276（总编室）

电子邮箱：scupress@vip.163.com

网址：https://press.scu.edu.cn

印前制作：四川胜翔数码印务设计有限公司

印刷装订：四川省平轩印务有限公司

成品尺寸：170mm×240mm

印　　张：20.125

字　　数：297千字

版　　次：2021年8月 第1版

2024年3月 第2版

印　　次：2024年3月 第1次印刷

定　　价：72.00元

本社图书如有印装质量问题，请联系发行部调换

四川大学出版社
微信公众号

大中小学思想政治理论课一体化专题教学设计

——文化与哲学篇

胡　霞　刘　峰　吴　宇　主编

四川大学出版社
SICHUAN UNIVERSITY PRESS

渐进、螺旋上升的理念，由浅入深、由身边到家庭再到社会和国家、由现象到本质、由知识到理论、由零散到系统等，注重将知识和重难点问题讲深讲透，注重理论联系实际，突出教学的现实感，注重结合历史和现实，将宏大叙事与学生个体的成长成才、历史使命有机结合。四是坚持改革创新，注重集成效应。大中小学思想政治课教学一体化是思想政治教育领域的一场深刻革命，需要全面深化改革，系统推进教学创新。本书的教学设计打破传统的学段区隔，围绕专题整体设计教学内容，更新了教学理念，探索了一体化的新路子；依据教材但又不局限于教材，突出育人的目标导向，推动教材体系向教学体系、学生信仰体系转化，构建了专题化的一体化教学体系；针对各学段的特点，将传统和现代相结合，综合运用案例分析、讨论辩论、情景体验、实践实验等方法开展教学，推进教学方法的创新。此外，本书的教学设计探索了大中小学思想政治课沟通、协作、共建、共享的一体化运作机制，致力于打造全学段育人的良好生态。

在具体教学内容设计方面，本书在专题一“价值引领——培育社会主义核心价值观”部分，按照“小学段：感受社会主义核心价值观之美”，让学生了解核心价值观；“初中段：理解社会主义核心价值观之义”，让学生知晓社会主义核心价值观的含义；“高中段：洞悉社会主义核心价值观之力”，让学生深刻认识到核心价值观是全体人民共同的价值追求和根本遵循；“大学段：担当社会主义核心价值观之责”，增强学生践行社会主义核心价值观的使命的逻辑思路进行整体教学设计。通过一系列符合各学段学生身心特点的教学活动，引导学生对社会主义核心价值观进行梯度式的系统学习与探究，准确把握社会主义核心价值观的基本内涵，深刻认识培育和践行社会主义核心价值观的重大意义，坚定价值观自信，增强培育和践行社会主义核心价值观的责任感、使命感，做社会主义核心价值观的积极践行者。

在专题二“精神铸魂——弘扬中国精神”部分，按照“小学段：感受中国精神之力”，进行中国精神的情感启蒙；“初中段：认识中国精神之义”，打牢中国精神思想基础；“高中段：铸牢中国精神之根”，提升中国精神政治素养；“大学段：弘扬中国精神之魂”，增强新时代使命担当的逻辑思路进行整体教学设计。通过一系列符合各学段学生身心特点的教学活动，让学生逐步从感知、认知、深入理解到实际践行，铸牢爱国之魂，并在新时代将中国精神融汇贯穿于自身学习、发展和奋斗历程中，增强实践中国精神的使命感、责任感和高度自觉性。

在专题三“道德修身——培养社会主义道德观”部分，按照“小学段：走进传统美德”，使学生感受身边道德之美，增强道德情感；“初中段：遵守社会公德”，使学生明是非、讲规则、辨善恶，为成为合格公民打下思想基础；“高中段：践行公民道德”，使学生明方向、知荣辱，自觉遵守公民基本道德规范，为成为合格公民打下坚实的道德基础；“大学段：修美德明大德”，使学生系统、深刻认识和理解社会主义道德的价值意义，识大局，积极担当引领社会良好道德风尚的使命与责任的逻辑思路进行整体教学设计。通过一系列符合各学段学生身心特点的教学活动，让学生逐步形成正确的道德认识、道德情感、道德意志、道德行为，重视提升道德修养水平，践行优良道德观，勇于批判社会中的不道德行为，积极引领社会风尚等。

在专题四“文化强国——坚定中国特色社会主义文化自信”部分，按照“小学段：感受中华文化魅力”，进行中华文化的情感启蒙；“初中段：走进中华文化之境”，打牢文化自信思想基础；“高中段：坚定文化自信”，提升文化自信政治素养；“大学段：增强文化强国的使命担当”，增强学生文化自觉、文化自信的使命担当的逻辑思路进行整体教学设计。通过一系列符合各学段学生身心特点的教学活动，让学生从逐步感知、认知中华文化到逐步坚定文化自信，以至自觉担当文化强国建设重任。

在专题五“爱智之学问——哲学的魅力”部分，按照“小学段：孔子谈‘仁’”，让学生感知哲学；“初中段：善于思，智于行——从笛卡尔的‘善思’到张载的‘四为’”，培养学生哲学思想基础；“高中段：坚持辩证唯物主义和历史唯物主义”，提升学生哲学基本素养；“大学段：做富有哲思的智者”，引导学生善思力行的逻辑思路进行整体教学设计。通过一系列符合各学段学生身心特点的教学活动，引导学生从初步了解孔子“仁”的思想内涵，初步认识哲学，到初步了解西方现代哲学奠基人笛卡尔著名论断“我思故我在”，以及我国北宋哲学家张载所提“横渠四句”的内涵，体会其超时代的普遍的人类历史意义和现实意义，再到理解辩证唯物主义和历史唯物主义的基本观点，特别是人民是历史的创造者的观点，使学生能够用马克思主义基本立场、观点和方法，观察事物、分析问题、解决矛盾，展现哲学思考的不同方面，让学生养成哲学思考的习惯，学会科学地分析和思考生活中遇到的问题，让学生在哲学学习中了解哲学的追问精神，思索人生的意义，在哲学思考中形成更清晰的世界观、人生观、价值观，提高其人文素养。

本书是西南交通大学、成都树德中学、成都市实验小学等学校的思想政治理论课教师共谋共商、协同作战、集体攻关的智慧结晶。本书是以专题化方式探索大中小学思想政治理论课教学一体化的新尝试，很多东西尚处于摸索阶段，思考还不够成熟，内容还不够完善，效果还有待于在实践中进一步检验。此外，囿于编者的知识、水平、能力，可能存在疏漏，甚至错误，在此恳请各位专家、同行不吝赐教，悉心指正。

执笔人：刘锋

二〇二一年三月于成都

目 录

contents

专题四　文化强国——坚定中国特色社会主义文化自信

专题五　爱智之学问——哲学的魅力

专题一

Topic 1

价值引领——培育社会主义核心价值观

| 一体化设计目标及思路 |

核心价值观，承载着一个民族、一个国家的精神追求，体现着社会评判是非曲直的价值标准。“把社会主义核心价值观贯穿国民教育全过程”，在全社会积极培育、弘扬和践行社会主义核心价值观，才能汇聚起建设社会主义现代化强国和实现中华民族伟大复兴中国梦的磅礴力量。根据大中小学思想政治课课程目标一体化设计的要求，本着循序渐进、螺旋上升的理念，遵循思想政治工作规律、教书育人规律、学生成长规律，在大中小学开展社会主义核心价值观教育，把核心价值观内化于心，外化于行。总体设计目标和思路：小学阶段重在感受社会主义核心价值观之美，通过活动对学生进行核心价值观启蒙教育，让学生感受核心价值观的广泛存在，并知道12个社会主义核心价值观；初中阶段重在知晓社会主义核心价值观之义，通过参与活动让学生懂得12个核心价值观的具体内涵，并对培育和践行社会主义核心价值观有初步认识；高中阶段重在洞悉核心价值观之力，通过教师讲授，引导学生探究，让学生深刻认识核心价值观是全体人民共同的价值追求，从而积极践行社会主义核心价值观；大学阶段重在担当社会主义核心价值观之责，通过引导学生对核心价值观的系统学习与探究，准确把握核心价值观的基本内涵，深刻认识培育和践行核心价值观的重大意义，坚定价值观自信，增强培育和践行核心价值观的责任感、使命感，做社会主义核心价值观的积极践行者。

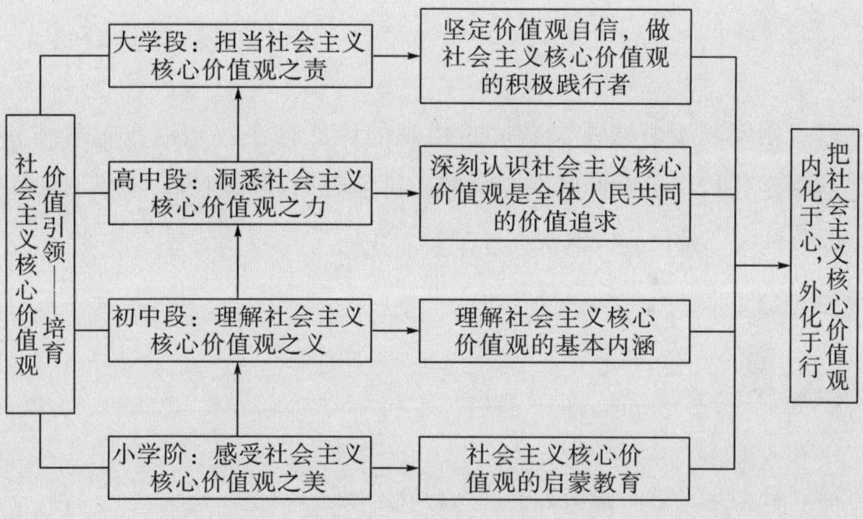
社会主义核心价值观
价值引领——培育
大学段：担当社会主义核心价值观之责
高中段：洞悉社会主义核心价值观之力
初中段：理解社会主义核心价值观之义
小学阶：感受社会主义核心价值观之美
坚定价值观自信，做社会主义核心价值观的积极践行者
深刻认识社会主义核心价值观是全体人民共同的价值追求
理解社会主义核心价值观的基本内涵
社会主义核心价值观的启蒙教育
把社会主义核心价值观内化于心，外化于行

小学段：感受社会主义核心价值观之美

教学目标

通过活动感受社会主义核心价值观的广泛存在；知道我国凝练和倡导的24个字、12个范畴的社会主义核心价值观的具体内容；能够从小事做起，践行社会主义核心价值观。

教学内容

一、社会主义核心价值观的广泛存在

二、社会主义核心价值观的内容

三、在生活中践行社会主义核心价值观

教学重难点

根据学生的认知发展水平，引导学生感知社会主义核心价值观在生活中的广泛存在及重要作用；知道我国社会主义核心价值观24个字、12个范畴。

学情分析

小学生的道德认知需要通过活动体验来形成。低段学生的品德主要靠他律起作用。高段学生已经进入从他律到自律的过渡、从关注自身到逐渐融入集体的初步社会化阶段，也是初步形成价值判断的时期。因此，小学阶段重在开展社会主义核心价值观的启蒙教育，让学生感受核心价值观的广泛存在和重要作用，为学生形成正确的组织意识、政治启蒙、信仰萌芽、成长取向奠定坚实的基础。

设计思路

1. 设计理念

根据小学生道德认知、价值取向形成的规律，社会主义核心价值观的教学设计应该注重体验式、沉浸式，通过活动激发小学生对社会主义核心价值观的感受、亲近和认同，以达到对社会主义核心价值观进行启蒙教育的目的。

2. 思维导图

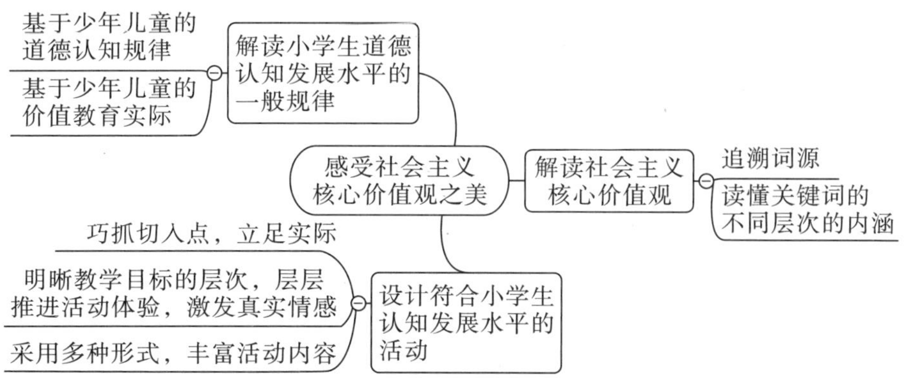

教学方法

活动教学法、情境体验法。

实施方案

一、社会主义核心价值观的广泛存在

在生活中，社会主义核心价值观广泛存在且起着重要作用。我们日常的一言一行都受着各种各样的价值观特别是核心价值观的影响。可以这样说，人们的各种行为都反映和体现了一定的价值观。

课例：我爱方块字——爱国

课程导入

“你好，方块字！”

1. 散文诗朗诵：《汉字》

2. 观看纪录片：《汉字五千年》，让学生了解汉字的演变过程，感受汉字所代表的灿烂文化。

活动开展

“我会写汉字”——汉字听写比赛

1. 把学生分成三个组，开展汉字听写比赛；

2. 听写：在你们心目中，哪个汉字或者哪个词最能代表亲爱的祖国？学生写好后分享理由（按汉字的造字规律来说，可借鉴《说文解字》）。

3. 听写：“爱”和“国”。

教师讲解

“我爱方块字”——好好学中文，传播中华文化

1. 讲解汉字在记载历史、传承文化、传播文明方面的巨大作用（落实

在经典诵读、做人做事等实践活动中）。

2. 出示课本中存在的现象：

2014年9月9日教师节前夕，中共中央总书记习近平在北京师范大学看望教师时表示，“我很不赞成把古代经典诗词和散文从课本中去掉，‘去中国化’是很悲哀的。应该把这些经典嵌在学生脑子里，成为中华民族文化的基因。”

提问

我们可以为此做什么？（学生各抒己见，略）

总结升华

汉语和汉字是我们每天说的话和写的字，是我们的母语和文字。语言是一个民族文化的载体，语言和传统文化承载着中华民族的生活方式、思想观念和情感体验。爱国自然包括对自己国家的语言和传统文化的热爱，人们理应去了解学习、使用并继承和发展我国的语言和文化。同学们对“把古代经典诗词和散文从课本中去掉”感到遗憾。这恰恰说明了你们对祖国的热爱——因为热爱，所以眼里饱含泪水；因为热爱，所以心急如焚；因为热爱，所以大家努力改变。

爱国，是我国社会主义核心价值观之一，也是我们每个人的基本价值遵循。

二、社会主义核心价值观的内容

党的十八大提出，倡导富强、民主、文明、和谐，倡导自由、平等、公正、法治，倡导爱国、敬业、诚信、友善，积极培育和践行社会主义核心价值观。其中，富强、民主、文明、和谐是国家层面的价值目标，自由、平等、公正、法治是社会层面的价值取向，爱国、敬业、诚信、友善是公民个人层面的价值准则，这24个字是社会主义核心价值观的基本内容。

课例一：中队公约与我同行——公正

体验活动

1. 切蛋糕

规则：两个学生一组，一个学生负责切蛋糕，切好后，另一个同学先选（请学生选出6个同学，抽牌随机分组，先后完成3组）

2. 分享——切蛋糕的同学分享感受

规则是什么？规则是人们共同约定、共同认可、共同遵守的准则。

规则很重要。没有规则，人们就会行无所依，各行其是。

规则需公正。如果规则不公正，就会有人受到不公正的对待。人一旦受到不公正的对待，就不会自觉遵守规则。

情景剧表演

1. 情景剧表演：《他该不该下？》

主要内容：课间游戏时，同学们正在教室里用课桌拼好的乒乓球台上打乒乓球。说好的3打2胜，结果连输了两个球的丁丁死活不下，还不服气地说："再来！再来！我不信还会输！"旁边等待的同学生气地想把他拉下来。

思考：他该不该下？

2. 学生分享观后感

故事分享

哈佛的理念

当年哈佛牧师立遗嘱时，把他的一块地皮和二百五十本书赠给了当地的一所学校，这所学校发展成了现在的哈佛大学。

关于那二百五十本书，还有这样一个故事：哈佛大学一直把哈佛牧师赠送的这批书珍藏在哈佛的一个图书馆里，并规定学生只能在馆内阅读，不能带出馆外。1764年的一个深夜，一场大火烧毁了哈佛楼。在大火发生前，一名学生碰巧把哈佛牧师捐赠的一册名为《基督教针对魔鬼、世俗与肉欲的战争》的书带出了馆外，打算在宿舍里优哉游哉地阅读。

第二天，他得知大火的消息，意识到自己从图书馆带出的那本书，成为哈佛牧师捐赠的二百五十本书中唯一存世的一本。经过一番思想斗争后，他找到当时的校长，把书还给了学校。校长收下书后，感谢了他，然后下令把他开除了。理由是，这名学生违反了校规。

这便是哈佛的理念——让校规看守哈佛的一切，才更为安全有效。

讨论分享

哈佛应该根据校规开除该名貌似有功却违反校规的同学吗？为什么？

制订中队公约

1. 你觉得中队公约可以从哪些方面来制订？（文明、学习、纪律……）

2. 按不同方面分组讨论、制订中队公约。

3. 分享制订的中队公约，发出倡议书：遵守中队公约，中队公约与我同行。

总结升华

公正是我国社会主义核心价值观之一。对国家来说，公正就是要平等对待每一个公民，不偏不倚，一视同仁；对个人来说，公正就是要平等对待身边的每一个人，不因性别、年龄、种族、贫富、亲疏等而区别对待。

课例二：做一个善解人意的人——友善

热身体验活动

1. 给两个学生一人一个眼罩，请学生戴上以后试着回到自己的座位。

2. 学生回到座位后请他们分享感受。

3. 引出课题。

指数调查

告诉大家一个好消息：班级要评比“善解人意之星”，请大家先自评。

依照各自的评选标准，如果给自己的善解人意打分，0分是最低分，10分是最高分，你们准备给自己打多少分？

（老师随机询问并提炼学生感受）

活动开展

老师：看来大家都觉得自己在某些方面还是善解人意的。我们对自己的评价有高有低，在实际生活中我们到底做得怎么样呢？在接下来的活动中我们一起来了解。

介绍活动规则：（1）全班分成两组，参加接力赛。（2）每组由八位同学扮演盲人，盲人需要独自走过一段独木桥，触摸黑板即到达终点。（3）每组中的其他同学作为守护者，紧紧地站在独木桥的两边不能离开，用语言和动作帮助盲人安全到达终点。（4）前一位盲人到达终点，后一位盲人再出发。

分组，作活动准备。

第一轮游戏

游戏结束，全班分享第一轮活动感受。

第一轮分享：（1）明白他人的感受；（2）提供恰当的帮助。我们都明白要善解人意，设身处地地为他人着想，但是一到生活中可能就忘了。而且他人的感受，我们并不一定能真正体会到。要真正理解一个人，并不是一件容易的事情。

第二轮游戏

第二轮分享：学会换位思考，理解别人的感受。换位思考就是把自己放在对方的位置，来思考对方的所思所想所做。

学生闭眼回忆活动：送出“善解人意星”，讲述他们之间“善解人意”的故事。

学生回忆亲身经历的“善解人意”的故事（音乐）；

谁是你心中的善解人意星呢？请在纸上简短地写下几句你想对他说的

话，写完后结尾落上你的名字，和自己手中那颗美丽的星一起装进信封里送给他。让他知道原来自己曾经一个善解人意的眼神，一句贴心的话，一个理解的动作……都给别人带来了长久的舒适与熨帖。

采访

送星者：你将这颗善解人意星送给了谁？能跟我们分享一下吗？

收星者：你有想过你会收到他的这颗心吗？

总结升华

通过上述活动，我们认识到人与人之间的理解、友善的重要性。友善是我国社会主义核心价值观之一，它要求我们善待家人、同学和邻里乃至一切陌生人。

三、在生活中践行社会主义核心价值观

社会主义核心价值观是我们评判是非曲直的价值标准，我们每个人都应该在日常生活中去践行，比如举止文明、待人平等、做事公正、热爱祖国、诚实守信、对人友善等。

课例：护鸡蛋——敬业

课程导入

说文解字：“业”

“业”字的本义是古代乐器架子横木上的大版。该字是一个象形字，在金文中，“业”字字形就是一架大版的形状。《说文》认为这种大版主要的用途是悬挂钟、鼓、磬等乐器，其外形很像锯齿。古人将书册之版也称为“业”，放置一旁不用的时候，就用皮条穿上捆在一起；阅读时，再解开皮条展开。后来，“业”引申为学业、事业、家业、产业等。

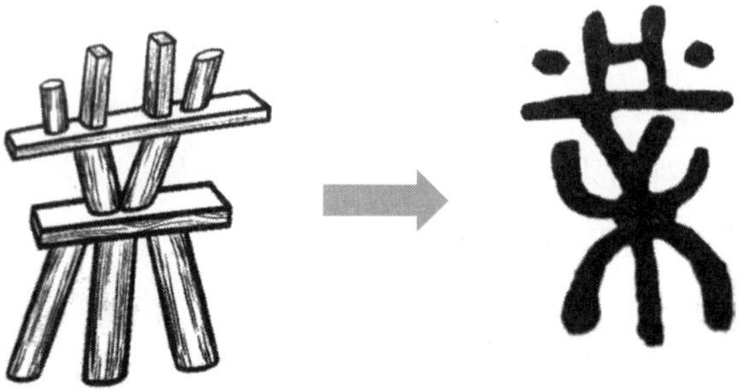

对于学生来说，“业”就是学业，“敬业”就是要热爱学习、投入学习、勤奋学习、善于学习。

活动开展

体验活动：护鸡蛋、捡棋子，引导学生体验责任的重要性。（准备：生鸡蛋若干、围棋棋子若干、装满20斤书本的书包若干）

活动过程

1. 事先将许多围棋棋子杂乱地撒在地上，每组选派一名代表参加捡棋子比赛。

2. 参赛同学将20斤重的书包倒背在胸前，书包中放置一枚生鸡蛋。要求参赛者在3分钟之内，尽可能多地捡起地上的棋子，同时必须保护好书包中的那枚生鸡蛋，捡多者胜，鸡蛋破了就失去参赛资格。

3. 比赛结束后，评选获胜的人（既保护了鸡蛋，又捡得多者；或者虽捡得不多，但保护了鸡蛋者）。

分享：参赛同学谈感受。

情景表演

1. 小品表演：《今天我当家》

《今天我当家》剧本

时间：早自习

地点：教室

人物：小当家梦然、小淘气小明、卫生委员、纪律委员

道具：四套桌椅、纸篓、空易拉罐、悠悠球

（梦然在整理收齐的作业，卫生委员在做题。小明走进教室，随手把空易拉罐扔向纸篓，易拉罐掉在纸篓外面。）

梦然：小明，你怎么乱丢垃圾啊？

小明：谁乱丢了？我不是扔进纸篓了吗？

梦然：你看看，是扔进纸篓了吗？

（小明回头看了一眼，易拉罐的确扔在纸篓外面了，也有点不好意思。但不想“丢面子”，就蛮横起来。）

小明：咦，真没丢进去，没丢进去又怎样？

梦然：请你把它捡进去。

小明：你管得着吗？

梦然：今天我当家，我就得管！

小明：（耍赖）你当家，那你去捡啊？

梦然：保持教室干净卫生人人有责！你不能强词夺理！

卫生委员：（站起来，走到梦然身边）梦然别急。（对小明）小明，你丢掉的易拉罐我们都可以帮你捡起来，但对集体的责任心丢了，谁也不能帮你找回来。你自己选择吧！

（小明惭愧地捡起易拉罐丢进纸篓，然后回到座位上自习。卫生委员也回到座位上继续做题。梦然得意地拿出悠悠球玩起来。纪律委员见梦然在玩悠悠球，就走了过来。）

纪律委员：梦然，今天你是咱们班的小当家，怎么能带头玩悠悠球呢？

梦然：（吐了吐舌头）你是纪律委员，我听你的。

纪律委员：不是因为我是纪律委员才听我的，维护中队荣誉人人有责。

（小明、卫生委员也站到他们身边。）四人齐声：我们都是中队小当家，对中队的荣誉负责。（鞠躬）谢谢大家。（收拾道具，退场）

2. 三句半表演：《夸夸中队小当家》

甲：今天我们演节目。乙：夸夸中队小当家。丙：究竟表扬哪几个？

丁：你猜。

甲：先夸“人气小当家”。乙：人见人爱________。丙：为啥人气那么旺？丁：个小。

甲：________当家不一般。乙：吃苦耐劳勇争先。丙：管理中队有一套，丁：讨嫌。

［甲乙惊讶地看着丁。丙推丁，说：你说什么呐？丁忙说：不讨嫌，不讨嫌。］

甲：中队卫生放心里。乙：值日卫生帮在前。丙：扫地擦地不怕累。丁：怕闲。

甲：同学之间要互助。乙：________助人靠真诚。丙：生病受伤题不会。丁：找他。

甲：中队纪律不好管。乙：闹不好就得罪人。丙：________正直不偏袒。丁：实干。

甲：再来夸夸“进步王”。乙：________他最突出。丙：曾经零票没人选。丁：栽面儿。

甲：________不服再上任。乙：取长补短做新人。丙：当家认真又实在。丁：全票。

甲：还要再夸哪几个？乙：________个人都得夸。丙：当家尽心又尽力。丁：明星。

甲：对，我们人人是明星。乙：以班为家记心中。丙：当好一天家洁净。丁：走人。

问卷调查

1. 与人约会，你通常会提前一会儿出门，以保证自己能准时赴约吗？（是□　否□）

2. 当你发现自己脚下有纸屑你会拾起扔进垃圾桶吗？（是□　否□）

3. 你会把零钱储蓄起来吗？（是□　否□）

4. 发现朋友违规，你会作出善意的提醒吗？（是□　否□）

5. 当外出的你找不到垃圾桶时，你会把垃圾带回家吗？（是□ 否□）

6. 你会坚持运动以保持健康吗？（是□ 否□）

7. 你忌吃垃圾食品、脂肪含量过高和其他有害健康的食物吗？（是□ 否□）

8. 你永远将正事列为优先，完成后再做其他事吗？（是□ 否□）

9. 当你玩得正兴起时，母亲请你帮忙去买酱油，你会放弃玩耍吗？（是□ 否□）

10. 收到别人的信，你总会尽快回信吗？（是□ 否□）

11. 没有警察时，你也会遵守交通规则吗？（是□ 否□）

12. 你会拖延交作业吗？（是□ 否□）

13. 你经常帮忙做家务吗？（是□ 否□）

14. 你会认真对待每一项作业吗？（是□ 否□）

15. 每天出门前，你有照镜子的习惯吗？（是□ 否□）

16. 当你到深夜还未完成作业时，你会继续努力直至完成吗？（是□ 否□）

除上述罗列的问题，对于责任意识，你认为还有哪些可以补充？

分数统计说明：回答是得1分。

a. 分数为13～16分：你是个非常有责任感的人。你行事谨慎、懂礼貌、为人可靠，并且相当诚实。

b. 分数为9～12分：多数情况下你很有责任感，只是偶尔有些率性而为，考虑欠周到。

c. 分数为4～8分：你的责任感有所欠缺，这将会让你难以得到大家的充分信任。

d. 分数为4分以下：你是个完全不负责任的人。有些朋友的父母可能会对你有成见，会力劝儿女少跟你来往。你一次又一次地逃避责任，将会造成你做事缺乏毅力，放弃成为遇事常态，无法取得好成绩。

经过调查统计，请分数最高的同学发表一下自己的责任感言。

教师总结

学生读与责任有关的名言，在树叶形的便签上写下培养自己的责任心的方法和现在最想做的事情，然后把便签贴在“责任树”上，用我们的责任心让它枝繁叶茂。

考核评价

注重过程评价与实践评价。

资源链接

郭建宁. 社会主义核心价值观基本内容释义[M]. 北京：人民出版社，2014.

初中段：理解社会主义核心价值观之义

教学目标

识记社会主义核心价值观的基本内容，尤其是理解12个社会主义核心价值观的具体内涵；对社会主义核心价值观的重要意义有初步认识，能在情感上产生共鸣；树立核心价值观意识，能在日常生活中践行社会主义核心价值观。

教学内容

一、社会主义核心价值观的基本内容

二、我们共同的价值遵循

三、自觉践行社会主义核心价值观

教学重难点

理解12个社会主义核心价值观的具体内涵；初中生如何在日常生活中主动践行社会主义核心价值观。

学情分析

经过小学阶段的学习，学生已经感受到社会生活中社会主义核心价值观的广泛存在和巨大作用。初中生正处在世界观、人生观、价值观的形成阶段，让他们认识、理解并践行社会主义核心价值观是必行之事。但因为他们的认知能力有限，所以在教学中需要把抽象理论与生活实践结合起来，故本课程需用活动的方式开展社会主义核心价值观的学习。

设计思路

1. 设计理念

根据整合育人和学科融合的理念，遵循初中生的知识基础和认知规律，在讲授基本理论的基础上融合语文、音乐、美术等学科知识，按照“激发兴趣—理解字义—联系生活—自我反思—落脚实践”的路径，设计了“我型我秀，兴趣盎然”“追根溯源，融会通浃”“故事讲坛，按迹循踪”“明察秋毫，反躬自省”“勇往直前，身体力行”五个板块，来推进社会主义核心价值观的教学。

2. 思维导图

教学方法

活动教学法，包含认知性活动、体验性活动、制作性活动、探究性活动。

实施方案

一、社会主义核心价值观的基本内容

（一）社会主义核心价值观的概念

核心价值观指一个社会价值体系中最基本的、起主导作用的、长期稳定的价值观。社会主义核心价值观是社会主义核心价值体系的精神内核和高度凝练，是我国社会生活中居于主导地位、起着支配作用的核心价值观。

（二）社会主义核心价值观的主要内容及三个层面

党的十八大提出，要倡导富强、民主、文明、和谐，倡导自由、平等、公正、法治，倡导爱国、敬业、诚信、友善，积极培育和践行社会主义核心价值观。这“三个倡导”凝练出了富强、民主、文明、和谐，自由、平等、公正、法治，爱国、敬业、诚信、友善12个社会主义核心价值观。

富强、民主、文明、和谐是国家层面的核心价值。富强，即国家的富裕强大，是我国在经济建设上要达到的一种状态，也是近代以来中华民族的根本追求。民主，即人民民主或人民当家作主，是我国在政治建设上的

价值目标。文明，是社会进步和国家发展的重要标志，是我国在文化建设上的价值理想。和谐，是我国在社会建设上的价值诉求，追求一种幼有所育、学有所教、劳有所得、病有所医、老有所养、住有所居、弱有所扶的和谐状态。

自由、平等、公正、法治是社会层面的核心价值。自由，指每个人享有的受法律保护的不受专断意志支配的权利，是人类社会向往的目标，也是马克思主义的价值追求。平等，指人与人之间在公民身份、社会地位、法律权利义务等方面一律平等，不允许等级、特权现象的存在。公正，即社会公平和正义，它是政治权利和社会财富分配的基本原则，也是社会主义的本质要求。法治，是我国治国理政的基本方式，依法治国是其基本要求。

爱国、敬业、诚信、友善是公民个人层面的核心价值。爱国，是指热爱自己祖国的一种深厚的情感，是对每个公民的基本道德要求，也是调节个人与祖国关系的政治准则。敬业，是对所从事职业的尊敬与热爱，是对每个从业人员的根本道德要求。诚信，即对己诚实、待人守信，它是中华优秀传统美德，也是社会主义道德建设的重点。友善，强调公民之间应该相互尊重、相互帮助、和睦共处，努力形成社会主义新型人际关系。

社会主义核心价值观的三个层面，回答了我们要建设什么样的国家、建设什么样的社会、培育什么样的公民的重大问题。这三个层面的关系是：如果把“富强、民主、文明、和谐”比喻为大树上结出的丰硕果实的话，这果实需要社会层面的“自由、平等、公正、法治”枝丫输送养料，支撑枝丫的强壮树干就是我们每一个公民做到“爱国、敬业、诚信、友善”。人民有信仰，国家才有力量，只有我们人人将社会主义核心价值观铭记于心，在日常生活中身体力行，才能创造出文明和谐的社会。

课前准备

1. 根据社会主义核心价值观12个词将学生分为十二个小组。

2. 抽签决定每个小组负责的词：富强、民主、文明、和谐、自由、平等、公正、法治、爱国、敬业、诚信、友善。

3. 学生搜集关于社会主义核心价值观12个词的资料，以社会主义核心价值观12个词为主题，作词和谱曲。

暖场音乐

《世纪的约定》（或其他音乐）

设计意图

学生在上课前先进入情景中，同时从歌词中温习社会主义核心价值观的内容。

课例一：我型我秀，兴趣盎然

“唱响社会主义核心价值观”——用社会主义核心价值观歌曲创作表演赛引入课堂。

设计意图

通过音乐、语文与政治多学科融合，引入课程主题。课前的准备过程充满挑战与乐趣，增加了课程的趣味性，有利于开展后期教学互动；同时培养学生的合作、协调能力，促进其全面发展。通过这一活动，达成课程教学的第一个目标——熟记社会主义核心价值观的内容。

活动准备

用比赛形式作为载体，充分调动学生的参与积极性。音乐风格可不设限，以社会主义核心价值观为主题，大胆发挥学生创作歌词的能力。曲谱可原创，也可用自己喜爱或者熟悉的旋律。鼓励学生在表演过程中加入舞蹈、乐器等丰富的元素。因为是游戏活动，为了节约时间，建议按照核心价值观层次（国家层面、社会层面、公民个人层面）分为三个大组，组内合作创作表演，时间上相对合适，也降低了难度。

如果没有时间提前准备，教师可选择当下学生喜爱的金曲配乐，学生现场根据音乐创作歌词。同乐异词创作比赛，相信学生同样会有精彩纷呈的表演。如果词曲表演有难度，也可以编童谣。

学生表演后提炼精彩处，升华至本课主题——社会主义核心价值观。

老师小结

通过这次活动，同学们不仅将社会主义核心价值观12个词牢牢地记在了心间，还能用美妙的旋律把它响亮地唱出来。富强“仓廪实而知礼节，衣食足而知荣辱”；民主“国无常强，无常弱。奉法者强则国强，奉法者弱则国弱”；文明“为往圣继绝学，为万世开太平”；和谐“民生无小事，枝叶总关情”；自由“俱怀逸兴壮思飞，欲上青天揽明月”；平等“爱人者，人恒爱之，敬人者，人恒敬之”；公正“治身莫先于孝，治国莫先于公”；法治“立善法于天下，则天下治，立善法于一国，则一国治”；爱国“先天下之忧而忧，后天下之乐而乐”；敬业“凡百事之成也，必在敬之，其败也，必在慢之”；诚信“人而无信，不知其可也”；友善“人不独亲其亲，不独子其子，使老有所终，壮有所用，幼有所长，鳏、寡、孤、独、废疾者，皆有所养”。

课例二：追根溯源，融会通浃

设计意图

这个环节从文化角度对社会主义核心价值观24个字进行追根溯源，从而加深学生对社会主义核心价值观具体内涵的理解。从文化角度来看社会主义核心价值观，把看来生硬的12个词变成有趣的象形文字，引导学生探索词义，让课堂更具有亲和力和文化意义。另外初中生已具备根据关键词搜集资料的能力，这个活动为学生提供了展示自己的舞台和更多与朋辈交流的机会，锻炼了他们与人沟通的能力和演讲能力，同时还能让学生更深入地理解社会主义核心价值观。

活动开展

课前同学们分成了十二组，每组抽取了自己的主题词。我点到一组，就请把你们的组名展示出来。富强组、民主组、文明组、和谐组、自由组、平等组、公正组、法治组、爱国组、敬业组、诚信组、友善组，欢迎大家。这节课的主角是同学，大家课下都找到了哪些资料来展示自己的主题词呢？相信每个组的同学在精心搜集资料后，经过自己的思考一定有很多想要表达的内容。给大家两分钟时间，小组讨论一下，推荐代表本组的发言人。

……（小组讨论，代表发言）

教师小结

“富强”，在古代，“富”上部为“宀”，表示与房屋宫室有关；下部为“畐”，形似酒坛内有酒，表示“充实”，意思指屋内充实，以此表示富有。“强”字写作“彊”，“弓”是形符，右边是声符，表示有力的弓。“富强”来源于《管子·形势解》，“主之所以为功者，富强也。故国富兵强，则诸侯服其政，邻敌畏其威。”富强就是指富裕强大。近义词有兴旺、繁荣、强盛等。

“民主”，学生认为就是“投票”“自由表达”“建言献策”等。在古代，“民”原指奴隶社会的奴隶主用尖器刺俘虏的左眼之后强迫他们为奴，后指百姓。“主”写作“”，下部是灯的形象，上部是火苗之形，火苗是灯中最主要的部分，所以称为“主”，用来指领袖人物。后引申为“君主”“主人”等意。民主在中国古代指民之主，即为民作主，而今天我们说的民主则是“民作主”。近义词有共和、民众、民意、民权。

“文明”，学生认为就是“讲道理”“不说脏话”“有礼貌”等。在古代，“文”写作“”，像一个站立着的人形，身上有花纹，本义是“文身”，就是在人身上刺花纹图案。引申为花纹，后引申为文字、文饰、文武、天文等。“明”古代写作“”，左部指窗户，右部是月亮，指月光从窗中透进来，本义是“明亮”。文明是指个人、社会和国家发展进步达到的一种程度或阶段。

“和谐”，学生认为就是“谦让”“一起成长”“和睦”等。在古代，“和”写作“”，左边是一种古乐器，指“调和”。古代“谐”写

作“”，本义是和谐。和谐先要从言语进行沟通，因此“言”是形符，“皆”是声符，聆听是人与人和谐的通道。和谐指人们通过交流沟通消除差异达成一致。

……（其他8个核心价值观、16字释义略）

通过对社会主义核心价值观24字的追根溯源，我们知道了它们的本义和延伸意义，也可以看到这24个字背后所蕴藏的文化信息，真是博大精深，里面还承载着很多民俗典故、历史事件、传统文化、思想理念。

总结凝练

通过上面两个板块的活动，概括社会主义核心价值观的基本内容。

二、我们共同的价值遵循

（一）社会主义核心价值观是全体人民的共同价值追求

社会主义核心价值观承载着中华民族几代人的精神追求，是各族人民共同认同的价值观，它能够化解社会矛盾、凝聚价值共识，引领全体人民朝着一个共同的奋斗目标前进，从而聚合起建设中国特色社会主义的磅礴之力。

（二）社会主义核心价值观是评判是非曲直的根本标准

社会主义核心价值观凝练的目标价值追求，告诉了我们评判是非曲直的根本标准，即什么是值得追求的、什么是应当反对的，从而起到规范和引领人们行为的作用。

（三）社会主义核心价值观是我国制度的灵魂和精髓

任何制度都包含着一定的价值观。我们在抗疫中彰显出来的社会主义制度的巨大优势，说到底彰显的是作为其灵魂和精髓的社会主义核心价值观的优势。中国特色社会主义坚持人民本位，发展中国特色社会主义也是为人民谋幸福、为民族谋复兴，因此能够聚合起14亿人的磅礴力量。

课例一：明察秋毫，反躬自省

设计意图

用问卷的形式，将学生日常生活中与社会主义核心价值观直接相关的主要事件列举出来，让学生在有限的时间里进行全面思考，也给了所有学生向内审视自己的机会。此环节为下一环节打下基础，一步一步走向实践。

问卷调查

社会主义核心价值观是我们每个人，尤其是作为祖国未来花朵的你们应该牢记于心，实践于日常的。请问同学们，你们觉得自己在践行社会主义核心价值观方面做得如何？我们来做一个测试，请根据自己的真实情况作答，认真完成以下问卷调查。

1. 升降国旗、奏唱国歌时，你会唱国歌吗？

A. 每次都会唱　　　B. 有时唱，有时不唱　　　C. 从来都不唱

2. 如果没有老师检查，你会自觉把校服配套穿上，并整理好吗？

A. 会，因为这样整齐一点

B. 重要场合会穿

C. 不会，喜欢怎样穿就怎样穿

3. 如果学校没有规定，你会染头发、戴首饰吗？

A. 不会，中学生的主要任务是学习而不是打扮

B. 走出校园会

C. 会，我要跟随时代的打扮潮流

4. 如果自愿参加社会实践或义务劳动，你会报名参加吗?

A. 会，可以借此锻炼自己的能力

B. 有朋友邀请，我会参加

C. 不会，没有兴趣

5. 你有在墙壁、课桌、布告栏等处乱涂乱画过吗?

A. 没有　　B. 偶尔有过　　C. 经常有

6. 你是否生活节俭，且不讲究吃穿、不互相攀比?

A. 完全符合　　B. 基本做到　　C. 完全做不到

7. 你是否主动承担力所能及的家务劳动并关心照顾亲属、尊敬家长?

A. 是　　B. 基本做到　　C. 做不到

8. 如果身边没有人看到，你会在学校随地丢垃圾吗?

A. 不会，学校的环境卫生要靠我们每个人自觉维护

B. 如果旁边有垃圾桶就不会乱丢

C. 会，反正学校又不是我家

9. 你能做到不说谎、不骗人，不弄虚作假吗?

A. 能　　B. 经常　　C. 不能

10. 你考试作弊吗?

A. 从来不　　B. 曾经有过　　C. 经常

11. 乘坐公共汽车时，如果看到老人、小孩或伤残人士，你会让座吗?

A. 经常会　　B. 偶尔会　　C. 从来不会

12. 你有没有擅自拿取别人的物品?

A. 没有，我总是先征得别人允许后才取用物品

B. 情况紧急就不会问，先用了再说

C. 从来都是擅自拿走

13. 如果有同学遇到困难，你会怎么做？

A. 不管什么困难，主动帮忙，做力所能及的事

B. 先看是什么困难，如果是吃亏的就不帮

C. 不管他人，只管自己的事情

14. 你是否有过闯红灯、违章骑车、跨越隔离栏等违反交通法规的行为？

A. 从来没有　　B. 偶尔有过　　C. 经常有

分数统计说明：

选择“A”得3分，选择“B”得2分，选择“C”得1分。

分数为36～42分：你是个爱国、亲社会、严于律己、懂礼貌、言谈举止文明的人。与身边的父母、老师、同学相处融洽，人际关系很好，是个受欢迎的人！

分数为24～34分：你是个文明礼貌的人，有时候需要认真对待某些事，关注对方感受。人际关系需要更加注意细节，才能进一步提升。比较受欢迎，继续加油哦！

分数为14～23分：你需要在各个方面提升个人认知和是非判断水平，多关注我们祖国和社会积极向上的一面。热爱祖国，关心社会可以让你更加热爱生活，成为更受欢迎的人。

教师总结

确定学生完成后按照问卷结尾处的标准自行算分，算完分后给出建议。

课例二：勇往直前，身体力行

设计意图

思想政治课的教育目标都指向内化于心、外化于行。通过上个环节我们找到了自己做得不够好的方面，这个环节就是让学生思考自己如何更好地去践行社会主义核心价值观。把枯燥的、高大上的想法变为“三句半”，来增加课程趣味性，也让学生有意愿去了解同学的想法。在充满乐

趣的活动中加深自己对践行核心价值观的理解，并落实到日常生活中去。

活动开展

我们学习了社会主义核心价值观，探究了它的词义、来历、价值，分享了每个词的故事，也测试了自己在践行核心价值观方面的行动力度。接下来，我们一起来思考在未来的日子里我们该怎样做得更好？每个小组想一个七字句，句子内容为你们特别想要做好的跟抽签主题词相关的内容。每三个组挑选一个接半句的能手。我们请甲、乙、丙、丁四位同学来演示一下。

（学生思考自己在践行社会主义核心价值观上的短板，想想以后应该怎么做，用七个字表达出来。）

甲：我们四人台上站！乙：要把礼仪常规谈！丙：大家别嫌咱啰唆！

丁：往这看！

甲：自尊自爱重仪表！乙：诚实守信讲礼貌！丙：遵规守纪勤学习！

丁：要记牢！

甲：升旗仪式要肃立！乙：高唱国歌要整齐！丙！校训呼号要响亮！

丁：要有力！

甲：卫生天天要清扫！乙：贵在保持习惯好！丙：遇到废纸不放过！

丁：重环保！

甲：同学之间要友爱！乙：互帮互助树新风！丙：不打架来不骂人！

丁：讲文明！

……

总结升华

社会主义核心价值观，是我们评判是非曲直的价值标准，是我们从事任何行动的根本价值遵循。那么，我们该怎么做呢？同学们都谈了自己的想法，概括起来，就是要做好以下几点。

三、自觉践行社会主义核心价值观

首先，要努力学好文化知识，具有一定的知识本领，将来才能更好地为中国特色社会主义现代化建设作贡献。其次，树立核心价值观意识，把社会主义核心价值观要求内化于心，外化于行。再次，自觉加强道德修养，提升道德素质，做一个有教养的人。最后，从点滴做起，从自我做起，在日常生活中主动践行社会主义核心价值观，比如参加升国旗仪式、积极参加班级管理、做文明守纪的好学生、不弄虚作假、待人热情友好等。

考核评价

1. 讲故事：形式简单易操作。
2. 录制视频：保存记忆留美好。
3. 手抄报：便于展示、激发兴趣。
4. 演讲赛：锻炼能力又光荣。

资源链接

1. 杨翰宁，魏宇. “咬文嚼字”读懂社会主义核心价值观[EB/OL].（2021-05-04）. http://news.cntv.cn/illustration/271/index.shtml.

2. 刘悦，王光福. 社会主义核心价值观二十四字解[M]. 上海：文汇出版社，2020.

3.王淑芹. 诚信：为人之本 兴国之基[EB/OL].（2014-02-17）. http：theory.people.com.cn/n/2014/0217/c4053/-24375385.html.

高中段：洞悉社会主义核心价值观之力

教学目标

识记社会主义核心价值观的基本内容并理解12个核心价值观的基本内涵；深入认识培育和践行社会主义核心价值观的重要意义；能够运用社会主义核心价值观辨别是非曲直；能够积极践行社会主义核心价值观。

教学内容

一、社会主义核心价值观的基本内容

二、全体人民的根本价值遵循

三、积极践行社会主义核心价值观

教学重难点

掌握社会主义核心价值观的基本内容；深刻认识培育和践行社会主义核心价值观的重要意义；引导学生在日常生活中积极践行社会主义核心价值观。

学情分析

通过小学、初中阶段的学习，学生对社会主义核心价值观的主要内容、基本内涵、重要意义、实践践行有了一些认识和理解。高中生的认知能力进一步提升，思想逐步成熟，处于价值观形成的关键期。因此，可以选择恰当的案例，通过适当的探讨，引导学生深化对社会主义核心价值观的理解，深刻认识培育和践行社会主义核心价值观的重要意义，能够在日常生活中自觉践行社会主义核心价值观。

设计思路

1. 设计理念

以“抗疫”为主题，通过再现一定的材料情景，引导学生进行合作式学习、探究式学习，在正反效果对比分析中，启发学生思考，形成观点，增强情感，既深化对社会主义核心价值观基本内容的理解，又深入认识培育和践行社会主义核心价值观的重大意义，进而转化为积极践行社会主义核心价值观的自觉行动。

2. 思维导图

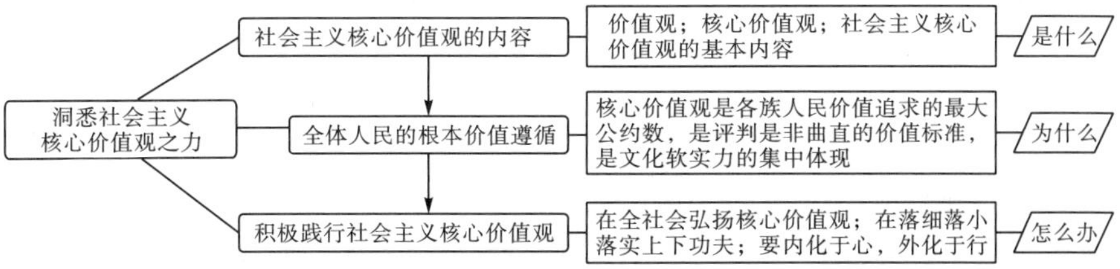

教学方法

启发式教学、探究式教学、合作式教学、案例式教学。

实施方案

一、社会主义核心价值观

课前准备

阅读社会主义核心价值观24字内涵相关解读材料，熟悉社会主义核心价值观的概念及其基本内容，为课堂探究做好必要的知识准备。

（一）国家层面：富强、民主、文明、和谐

富强、民主、文明、和谐是我国社会主义现代化国家的建设目标，在社会主义核心价值观中居于最高层次，对其他层次的价值观具有统领作用。富强，即国富民强，是社会主义现代化国家经济建设的应然状态，是中华民族梦寐以求的美好夙愿，也是国家繁荣昌盛、人民幸福安康的物质基础。民主是人类社会的美好诉求。我们追求的民主是人民民主，其实质和核心是人民当家作主。文明是社会进步和国家发展的重要标志，是国家发展的精神动力和文化体现。社会主义文明集中体现着社会主义先进文化的前进方向和社会主义精神文明的价值追求。它是社会主义现代化国家的重要特征之一。和谐是中国传统文化的基本理念，集中体现了学有所教、劳有所得、病有所医、老有所养、住有所居的生动局面。它是社会主义现代化国家在社会建设领域的价值诉求，是经济社会和谐稳定、持续健康发展的重要保证。

（二）社会层面：自由、平等、公正、法治

自由、平等、公正、法治，是对美好社会的描述，也是从社会层面对社会主义核心价值观基本理念的凝练。它是我们党矢志不渝、长期实践的核心价值观念。自由是指人的意志自由、存在和发展的自由，是人类社会的美好向往，也是马克思主义追求的社会价值目标。平等指的是在法律面前一律平等，其价值取向是不断实现实质平等。它要求尊重和保障人权，人人依法享有平等参与、平等发展的权利。公正，即社会公平和正义，它以人的解放、人的自由平等权利的获得为前提，是国家、社会的根本价值理念。法治是治国理政的基本方式，依法治国是社会主义民主政治的基本要求。

（三）个人层面：爱国、敬业、诚信、友善

爱国、敬业、诚信、友善是公民基本道德规范，是从个人行为层面对社会主义核心价值观基本理念的凝练。爱国是基于每个人对自己祖国依赖关系的深刻情感，也是调节个人与祖国关系的行为准则。它同社会主义紧密结合起来，要求人们以振兴中华为己任，促进民族团结，维护祖国统一，自觉报效祖国。敬业是对公民职业行为准则的价值评价，要求公民忠于职守，克己奉公，服务人民，服务社会，充分体现了社会主义职业精神。诚信即诚实守信，是人类社会千百年传承下来的道德传统，也是社会主义道德建设的重点内容，它强调诚实劳动、信守承诺、诚恳待人。友善强调公民之间应该互相尊重、互相关心、互相帮助，友好和睦，努力形成社会主义新型人际关系。

课堂导入

2020年，新冠病毒肆虐全球，对全世界来说，每个人都过得极不平凡。在全球抗疫中，中国作出了巨大的努力和牺牲。要想打赢这场疫情阻击战，需要具备哪些条件？试着从社会主义核心价值观角度展开分析讨论。

课例一：阻击疫情，专家献计

此环节旨在深化学生对社会主义核心价值观基本内容的学习和理解。

材料展示

（教师展示相关资料）

专家献计

面对升级版新冠病毒的新一轮肆虐，假如你们作为不同领域的专家，你们认为要打赢这场疫情阻击战，减少人员死亡，快速复工复产需要具备哪些条件？

（学生分组讨论，每组专人负责记录，并派代表汇报讨论结果。）

A组认为：需要充足的经费、先进的医疗技术等物质保证。无论贫富差距，确诊病人都能及时得到生活和医疗上的救助。

B组认为：需要充足的医疗设备、医用物资、生活用品、快捷物流。隔离病人能够与亲人、朋友沟通交流，得到精神上的鼓励与支持。

C组认为：需要国家的科学决策，精准施策，并且有相关的制度作保障，如实施网络化管理等。

D组认为：需要广大公众有较高的自律意识，能够配合政府的防控政策。

E组认为：需要广大医务人员、公务人员坚守岗位，面对疫情迎难而上。

……

深度探讨

以上众多条件，与我国的社会主义核心价值观有关联吗？如何体现的？

（学生从国家层面、社会层面、公民个人层面分成三组分别进行合作讨论，每组专人负责记录，然后派代表汇报交流讨论结果）

学生汇报

国家层面组：

1. 需要充足的经费，先进的医疗设备和充足的医用物资，丰富的生活用品，快捷的物流等。——富强

2. 国家科学决策，精准防控，有相关的法律制度和医疗技术、信息技术等作保证。——文明

3. 举国上下，齐心协力，共同抗疫。——和谐

社会层面组：

1. 被隔离的病人能够与亲人、朋友沟通交流，得到精神上的鼓励与支持。——自由

2. 无论男女老幼、或贫或富，确诊病人能及时得到生活和医疗上的救助。——平等

3. 在高风险地区，医疗救援物资得到公正分配，严禁以权谋私。——公正

4. 有相关的法律制度作保证。——法治

公民个人层面组：

1. 需要公众有自律意识，能够配合政府的防控政策。——爱国

2. 需要广大医务人员、公务人员坚守岗位，面对疫情迎难而上。——敬业

3. 疫情信息实时动态播报，发热病人、确诊病人能如实汇报病情。——诚信

4. 人们相互理解，捐资捐物共同抗疫。——友善

总结升华

以上讨论说明要打赢这场疫情阻击战需要众多条件，客观上都与我国的社会主义核心价值观是有关联的。这进一步说明了什么道理？这说明要想取得抗疫的伟大胜利，离不开在全社会培育和践行社会主义核心价值观。那么，社会主义核心价值观有哪些呢？

引导学生齐读教材

富强、民主、文明、和谐是国家层面的价值目标；自由、平等、公正、法治是社会层面的价值取向；爱国、敬业、诚信、友善是公民个人层面的价值准则。

教师小结

1. 价值观

价值观是人们在认识各种具体事物的基础上，形成的对事物价值的根本观点和总的看法。

2. 核心价值观

核心价值观就是某一社会群体判断社会事务时依据的是非标准，遵循的行为准则。

3. 社会主义核心价值观的基本内容

社会主义核心价值观是党的十八大提出来的，即倡导富强、民主、文明、和谐，倡导自由、平等、公正、法治，倡导爱国、敬业、诚信、友善。这24个字包括12个社会主义核心价值观，涉及国家、社会、公民个人三个层面的价值遵循，回答了我们要建设什么样的国家、建设什么样的社会、培育什么样的公民的重大问题。

二、全体人民的根本价值遵循

课例二：中国抗疫取得显著成效的原因

课堂导入

分析中国抗疫取得显著成效的原因，引导学生认识培育和践行社会主义核心价值观的重要意义。

材料展示

2020年上半年，经过艰苦卓绝的努力，中国用一个多月的时间，初步遏制了疫情蔓延的势头。用两个月左右的时间，将本土每日新增病例控制在个位数以内。用三个月左右的时间取得了武汉保卫战的胜利。中国抗击疫情的艰辛历程也向全世界传递了战胜疫情的信心和力量。中国为抗击疫情作出了巨大的努力。（具体资料展示略）

专家会诊

假如你们是世界卫生组织的专家，根据上述材料，你们觉得中国抗疫成效显著的原因有哪些？

（学生分组合作讨论，每组专人负责记录，并派人汇报讨论结果）

学生汇报

A组认为：全国一盘棋的强大动员组织能力。

B组认为：强大的财政支持和医保支持，高效的建设能力和日臻完善的医疗技术。

C组认为：坚持人民为中心，坚持生命至上，善待并救治每一个生命。

D组认为：充足的物资保障，全民齐心抗疫，全国支援湖北。

E组认为：党的坚强领导和英明决策，发挥了总揽全局协调各方的作用。

F组认为：广大社区工作人员、志愿者们、建设者们坚守岗位，倾情奉献。

……

深度探讨

根据以上答案及同学们了解的实际情况，中国抗疫之所以在短时间内取得显著的成效，与我国培育和践行社会主义核心价值观有关联吗？如何体现的？

（学生从国家层面、社会层面、公民个人层面分成三组分别进行合作讨论，组内指定专人负责记录讨论结果，然后汇报讨论结果）

学生汇报

国家层面组：

1. 强大的财政支持和医保支持，充足的物资保障，快捷高效的运输能力、医院建设能力。——富强

2. 坚持人民为中心，坚持生命至上，善待并救治每一个生命。——民主

3. 全国一盘棋的强大动员组织能力。——文明

4. 全民齐心抗疫，全国各省市支援湖北。——和谐

社会层面组：

1. 确诊病人无论年龄、贫富等，医务人员都全力救治。——平等

2. 过往人员都严格检查，测量体温。高风险地区禁止随意出入，任何人外出都必须戴口罩等。——公正

3. 对违反抗疫法律法规、防控不力的党员干部依法予以通报批评、诫勉谈话或停职撤职。——法治

公民个人层面组：

1. 全民齐心抗疫，全国支援湖北。——爱国

2. 广大医务人员、社区工作人员，志愿者们、建设者们坚守岗位，倾情奉献。——敬业

3. 个人不隐瞒自己的行动轨迹，国家实时发布疫情防控信息。——诚信

4. 邻里之间、医患之间相互鼓励，相互理解。——友善

教师小结

是的，在这场全球抗疫战斗中，社会主义核心价值观成为全体人民的根本价值遵循。中国抗疫能取得显著成效，在很大程度上是因为社会主义核心价值观发挥了重要作用，形成了全民同心抗疫的磅礴力量，也彰显了中国特色社会主义集中力量办大事的制度优势。

三、积极践行社会主义核心价值观

课例三：抗疫中国，个别另类

通过此环节，从反面举例说明该如何培育和践行社会主义核心价值观及其意义。

展示材料

1. 不戴口罩、不量体温、朝工作人员吐口水，南宁一女子被行政拘

留。该女子因涉嫌拒不执行紧急状态下的命令，被行政拘留10日，并罚款500元。（注：南宁市公安局邕宁分局官方微博发布）

2. 四川成都郫都区一封闭小区，一女子不听劝阻强行翻越隔离墙。视频显示，该女子不积极配合隔离，拿着行李硬闯隔离区，结果被民警强制带离。（注：人民日报海外网官方账号2020年12月13日发布）

3. 辽宁大连，一女子进小区不配合登记，随即给社区书记打电话，社区书记让志愿者简单登记后放行。（注：该女子为街道办事处副主任，被免职；社区书记被党内警告处分。新京报2021年1月14日发布）

深度探讨

以上个别另类人物淡漠法治，此类现象的存在，给我国培育和践行社会主义核心价值观带来什么启示？

生1：（略）

生2：培育和践行社会主义核心价值观，要使社会主义核心价值观的影响像空气一样无处不在、无时不有；使社会主义核心价值观与人们日常生活紧密联系起来，在落细、落小、落实上下功夫；使社会主义核心价值观内化为人们的精神追求，外化为人们的自觉行动。

生3：（略）

教师小结

是的，要用社会主义核心价值观凝魂聚力，强基固本。培育和践行社会主义核心价值观要按以下要求来做：

1. 要使社会主义核心价值观的影响像空气一样无处不在、无时不有，内化为人们的精神追求，外化为人们的自觉行动。

2. 要使社会主义核心价值观与人们日常生活紧密联系起来，在落细、落小、落实上下功夫。

3. 发挥社会主义核心价值观对国民教育，精神文明创建，精神文化产品创作生产、传播的引领作用，为中国特色社会主义事业提供源源不断的精神动力和道德滋养。

通过这一环节，促进学生思考自己在日常生活中如何践行社会主义核心价值观。

课例四：填空接力

一句话填空接力

培育和践行社会主义核心价值观，我将这样做：

生1：（略）

生2：（略）

……

课堂小结

社会主义核心价值观凝结着全体人民共同的价值追求，它能够有效化解社会矛盾、整合社会意识、凝聚价值共识、聚合磅礴之力，是各族人民价值追求的“最大公约数”。让我们以实际行动，为培育和践行社会主义核心价值观、提升中华文化软实力和实现民族复兴作出积极贡献。

考核评价

1. 搜集践行社会主义核心价值观的先进典型事迹，在班级作5分钟以内的汇报演讲。

2. 录制《自觉践行社会主义核心价值观——我在行动》5分钟左右的视频片段，评选优秀片段汇集为班级或学校《自觉践行社会主义核心价值观——我在行动》纪实专题片并适时在全校展播。

3. 以“自觉践行社会主义核心价值观——点滴行动”为主题，分小组记录班级发生的先进事迹，并酌情纳入学生操行评分。

大学段：担当社会主义核心价值观之责

教学目标

引导学生系统、深入学习社会主义核心价值观，准确、牢固地掌握社会主义核心价值观的基本内容；引导学生充分认识社会主义核心价值观的科学性和先进性，认同社会主义核心价值观，坚定价值观自信；引导学生深刻认识培育和践行社会主义核心价值观的重大意义，以及大学生肩负的责任，增强其责任感和使命感，做社会主义核心价值观的积极践行者。

教学内容

一、社会主义核心价值观

二、全体人民共同的价值追求

三、坚定价值观自信

四、做社会主义核心价值观的积极践行者

教学重难点

全面准确地把握社会主义核心价值观的内涵，特别是弄清社会主义核心价值观中的民主、自由、法治与西方资本主义国家的民主、自由、法治的本质区别；深刻认识培育践行社会主义核心价值观的重要意义，尤其是认识在实现中华民族伟大复兴中国梦中培育践行社会主义核心价值观的重要性和紧迫性，以及大学生身上肩负的责任和使命，从而增强大学生践行社会主义核心价值观的责任感和使命感，自觉把核心价值观内化为精神追求，外化为行为准则；充分认识我国社会主义核心价值观的科学性、先进性，增强价值观自信和情感认同。

学情分析

学生已在小学、初中、高中阶段学习过核心价值观，对社会主义核心价值观的基本内容、重要意义和实践践行已经有了一定认识。大学生已经成人，身心趋于成熟，作为高考选拔出来的佼佼者，肩负着更大的责任和使命。因此，大学阶段的核心价值观学习，要突出系统性、理论性和深刻性，增强学生培育和践行社会主义核心价值观的责任感和担当意识。

设计思路

1. 设计理念

围绕“大学生为什么还要学习社会主义核心价值观”这一学生困惑的问题设计教学内容与结构。通过互动问答的方式来学习社会主义核心价值观的基本内容，重点是厘清社会主义核心价值观与西方价值观的本质区别，对核心价值观有全面准确的把握。在此基础上，通过教师的深入分析、学生的亲身探究以及中外对照比较，使学生深刻认识培育和践行社会主义核心价值观的重要性和紧迫性，增强责任感和使命感，充分认识社会主义核心价值观的科学性、先进性，坚定价值观自信。最后，通过大学生的典型案例，引导学生思考如何做践行社会主义核心价值观的楷模。

2. 思维导图

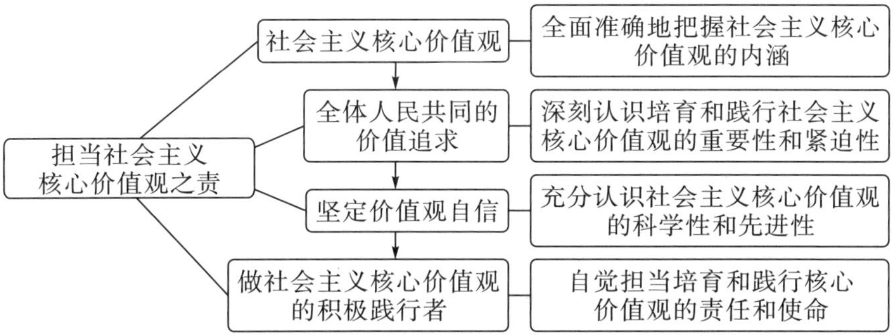

教学方法

讨论交流法、案例分析法、比较分析法、问题探究法、理论讲授法等。

实施方案

一、社会主义核心价值观

问题导入

请同学们先思考和回答两个问题：（1）你为什么上大学？或者说，你上大学的目的是什么？（2）什么是自由？谈谈你对自由的理解。

……（学生回答，略）

同学们上大学的目的多种多样，但大多是从个人角度考虑的，从为了实现国家富强、民族复兴等角度考虑的不多，这说明社会主义核心价值观还没有成为多数大学生的自觉行动。同样，同学们对自由的理解也各不相同，对社会主义核心价值观中的自由并没有准确理解。可见，从上面两个小问题，就可以看出大学生还没有深刻认识到学习社会主义核心价值观的必要性。

（一）社会主义核心价值观的概念

价值体现的是主体和客体之间的一种特定关系，表现为人与满足其某种需要的客体之间的意义关系。价值观是人们对什么有价值并值得追求的相对稳定的根本看法，包括价值及其追求行为的评价标准、评价原则、评价方法。核心价值观是一个社会价值体系中最基本的、起主导作用的、长期稳定的价值观，它体现了人们在处理人与自然、人与社会、人与自身关系时所秉持的具有社会普遍意义的价值理解，是需要广大社会成员共同接受和践行的价值规范共识。社会主义核心价值观是社会主义核心价值体系的精神内核和高度凝练，是我国社会生活中居于主导地位、起着支配作用的价值观，它体现了我国社会主义制度的本质要求和全体人民共同的价值追求，是规范国家制度运行和主体行为的根本价值取向。

（二）社会主义核心价值观的基本内容

党的十八大提出，要倡导富强、民主、文明、和谐，倡导自由、平等、公正、法治，倡导爱国、敬业、诚信、友善，积极培育和践行社会主义核心价值观。这“三个倡导”凝练出了富强、民主、文明、和谐、自由、平等、公正、法治、爱国、敬业、诚信、友善12个社会主义核心价值观。

这12个核心价值观的内涵大家已经学过，这里不再赘述。但要注意与西方国家的民主、自由、法治等价值观区别开来：首先，我们提出的民主、自由、法治等核心价值观，汲取了西方国家民主、自由、法治的合理内核，有一致的地方，但并不等同；其次，我国的民主、自由、法治是在坚持党的领导下的社会主义民主、自由、法治，二者有本质区别；最后，我国的民主、自由、法治具有真实性、广泛性和人民性。

（三）社会主义核心价值观的三个层面

社会主义核心价值观把涉及国家、社会、公民个人三个层面的价值要求融为一体，是对我们要建设什么样的国家、建设什么样的社会、培育什么样的公民的重大问题的深刻解答。富强、民主、文明、和谐是国家层面的核心价值，回答了我们要建设什么样的国家的重大问题，揭示了当代中国在经济发展、政治文明、文化繁荣、社会进步等方面的价值目标。自由、平等、公正、法治是社会层面的核心价值，回答了我们要建设什么样的社会的重大问题，与实现国家治理体系和治理能力现代化的要求相契合，揭示了社会主义社会发展的价值取向。爱国、敬业、诚信、友善是公民个人层面的核心价值，回答了我们要培育什么样的公民的重大问题，涵盖了社会公德、职业道德、家庭美德、个人品德等各个方面，是每一个公民都应当遵守的道德规范。

社会主义核心价值观的三个层面，需要放在三种关系中来把握。一是在与西方资本主义竞争中的借鉴、整合、发展和创新，“富强、民主、文明、和谐”正是这种借鉴、整合、发展和创新的结果，也是社会主义意识形态优越性的表现。二是对社会主义社会的一种美好向往，“自由、平等、公正、法治”本身就是对社会主义价值评判的观念表达，是社会主义社会应有的价值品质。三是在全球化条件下对民族性的价值诉求，“爱国、敬业、诚信、友善”虽是微观层面公民个体的行为准则，却是中华民族精神的整体凝聚，蕴含了个体对于中华民族选择追求的民族性的意义所在。

此外，社会主义核心价值观的三个层面，还要放在社会主义核心价值观的要素中来把握。社会主义核心价值观是由价值主客体、价值原则、价值目标、价值实现、价值理想等要素有序结合而成的整体。社会主义核心价值观“三个层面”，就是国家、社会和公民个人三个层面的价值目标。

（四）社会主义核心价值观的形成逻辑

社会主义核心价值观的提出，着眼于凝聚共识、形成磅礴力量以推进中国特色社会主义伟大事业、实现中华民族伟大复兴的战略考量基础之上，是理论逻辑、历史逻辑和现实逻辑的辩证统一。从理论逻辑来看，社会主义核心价值观坚持了马克思主义的科学性与价值性的统一。马克思主义将“人的解放”和“人的自由发展”作为追求的终极价值目标，中国共产党坚持了马克思主义的基本价值取向，同时汲取了中华文化和西方文明中的合理价值理念，逐渐形成了社会主义核心价值体系和价值观。从历史逻辑来看，社会主义核心价值观是对社会主义本质认识的逐渐深化。社会主义的根本价值追求是什么？马克思等经典作家虽然作了一些预测和探索，但并没有真正弄清楚。以邓小平为核心的党的第二代领导集体，深刻认识到中国特色社会主义的根本价值追求，应该是在发达的生产力基础上，建设一个公平、正义、民主、自由、法治、文明、和谐的社会，最终实现“人的自由全面发展”。从现实逻辑来看，培育社会主义核心价值观是时代发展的必然要求。一是我国正处于和平崛起的重要时期，迫切需要培育、凝练社会主义核心价值观来对外化解敌意、赢得支持和树立良好形象，为和平崛起提供持续不断的精神动力和价值引导。二是我国正处于实现“两个一百年”奋斗目标的重要时期，这既是一个“黄金发展期”，也是一个“矛盾凸显期”，需要以核心价值观来凝聚人心，有效地化解各种矛盾，为社会主义现代化建设提供强大的精神文化支撑和道义支持。三是改革开放后，经济结构的多元化和利益关系的多样化以及西方社会思潮的大量涌入，使我国社会价值取向出现了多元化的趋向。如果没有核心价值观来凝聚共识、引领价值，整个社会就像一盘散沙，进而阻碍了中国特色社会主义事业健康快速发展。

承上启下

我们简要复习和概述了社会主义核心价值观的基本概念、主要内容、三个层面、形成逻辑，那么，大学阶段为什么还要学习社会主义核心价值观呢？接下来我们就来集中回答同学们的困惑。

大学生为什么还要学习社会主义核心价值观呢？有三点原因：一是社会主义核心价值观是全体中国人民的共同价值追求，是凝结共识、汇聚力量、推动当代中国进步的精神指引；二是当前不少人包括大学生缺少价值观自信，没有充分认识到社会主义核心价值观的科学性、先进性；三是大学生属于一个特殊的群体，肩负着实现中华民族伟大复兴中国梦的历史重任，需要自觉践行社会主义核心价值观，做践行社会主义核心价值观的楷模。

二、全体人民共同的价值追求

大学生之所以还要学习社会主义核心价值观，是因为核心价值观承载着一个民族、国家的精神追求，体现着一个社会评判是非曲直的价值标准，是实现中华民族伟大复兴的力量源泉，是全体人民共同的价值遵循，是国家文化软实力的集中体现，是当代中国发展进步的精神指引。

（一）坚持和发展中国特色社会主义的根本遵循

春秋时期齐国的管仲提出了礼义廉耻“四维”，他说：“四维张，则君令行；四维不张，国乃灭亡。”意思是说一个社会要有统一的行为准则，否则就会乱套。社会主义核心价值观就是当今中国社会坚持和发展中国特色社会主义的根本价值遵循。首先，核心价值观承载着中华民族几代人的精神追求。我们倡导的社会主义核心价值观，是几代中国人的梦想和夙愿在国家、社会和公民个人层面的浓缩和凝练，它承载着中华民族近代以来的精神追求，是奋斗目标和价值取向的集中表达。其次，核心价值观是评判是非曲直的根本标准。社会主义核心价值观凝练的目标价值追求，实际上告诉了我们中国特色社会主义的发展方向、根本途径和主要方式，即中国特色社会主义到底追求什么、反对什么，要朝什么方向走、不朝什么方向走，要走什么样的道路、不走什么样的道路，是评判一切的根本价值标准。最后，核心价值观是全社会的根本价值遵循。在国家层面，就是要坚持和发展中国特色社会主义，而不走其他道路；在社会层面，就是要坚持和完善中国特色社会主义法治，建设社会主义法治国家；在公民个人层面，就是要爱国守法，把个人价值追求融入国家富强、民族复兴的伟大历史进程中，去建功立业，实现价值。

（二）增进社会团结和谐的最大公约数

习近平指出："人类社会发展的历史表明，对一个民族、一个国家来说，最持久、最深层的力量是全社会共同认可的核心价值观。"核心价值观作为各族人民共同认可的"最大公约数"，能够凝聚共识，形成合力。习近平还说："如果一个民族、一个国家没有共同的核心价值观，莫衷一是，行无依归，那这个民族、这个国家就无法前进。"在思想观念、利益追求、生活方式日趋多元的今天，需要核心价值观这一"最大公约数"来有效整合社会意识、凝聚价值共识、化解社会矛盾、聚合磅礴之力，朝着一个共同的奋斗目标努力。因此，培育和践行社会主义核心价值观不是一个小问题，而是"关乎国家前途命运，关乎人民幸福安康"的大问题。其次，核心价值观能够坚定信念，增强定力。我国提出的社会主义核心价值观，建立在深厚的历史底蕴、坚实的现实基础和强大的道义力量之上，能够坚定我们的价值观自信，保持战略定力，坚定不移地走自己开创的中国特色社会主义道路，朝着自己确定的奋斗目标前进。最后，核心价值观能够激发追求，强化动力。社会主义核心价值观是对全社会共同价值追求的凝练和概括，它体现了各族人民对美好国家和社会的向往，因此，它能够对全社会的价值追求形成引导和规范，把人们的价值追求引导到核心价值观所倡导的共同方向上来，从而形成合力，凝聚磅礴力量。

（三）提升国家文化软实力的迫切要求

习近平指出："核心价值观是文化软实力的灵魂、文化软实力建设的重点。这是决定文化性质和方向的最深层次要素。"首先，核心价值观是文化软实力的灵魂。一方面，核心价值观是文化的精髓，决定着文化的性质和方向，从而决定着一个国家具有什么样的文化软实力。另一方面，核心价值观是生活方式、行为规范、科学技术等各种文化形态最深层的要素，从根本上制约和影响着文化软实力。一个国家的文化软实力，说到底无非就是其文化的对内吸引力和对外吸引力。而文化的吸引力，本质上说都取决于其中的价值观的吸引力。此外，核心价值观还对政治、经济制度及其运行产生重要影响。其次，核心价值观是文化软实力建设的重点。一个国家的文化软实力就是其文化的对内吸引力和对外吸引力的统一。文化的对内吸引力，就是其对国内社会成员的凝聚力，它是通过人们对核心价值观的认同来形成和实现的。文化的对外吸引力，就是其对其他国家民众的感召力，它是通过文化交往来实现的。而要提升和增强中国特色社会主义文化的对内吸引力和对外吸引力，都必须大力培育和践行社会主义核心价值观。最后，核心价值观是世界各国文化软实力竞争的焦点。当今世界，文化越来越成为综合国力竞争的重要因素，成为经济社会发展的重要支撑，文化软实力越来越成为争夺发展制高点、道义制高点的关键所在，越来越多的国家把提升文化软实力确立为国家战略。而文化的力量，归根到底来自凝结其中的核心价值观的影响力和感召力。文化软实力的竞争，本质上是不同文化所代表的核心价值观的竞争，价值观竞争日趋激烈。因此，世界各国都十分重视核心价值观的培育和教育，把它作为凝聚共识、整合诉求、提升国家文化软实力的重要举措。最典型的莫过于美国。美国在相当长的时间里奉行“价值中立”原则，国家不提出明确的核心价值观。20世纪中叶，美国放弃了“价值中立”原则，开始重视核心价值观的培育和教育，把尊重、责任心、可靠、关心、公平、正义等核心价值观作为美国公民的基本素质规范。

承上启下

总之，培育和践行社会主义核心价值观，不仅有利于化解分歧、凝聚共识、形成合力，而且还有利于扩大中华文化影响力，提升文化软实力，所以中共中央办公厅发文明确要求，培育和践行社会主义核心价值观，是推进中国特色社会主义伟大事业、实现中华民族伟大复兴中国梦的战略任务，关系到民族的命运和国家的前途，关系到每个公民的价值取向，应该从小抓起，从教育入手，而且要贯穿于国民教育的全过程。因此，即使以前同学们已经学习过社会主义核心价值观的内容，大学阶段仍然需要学习社会主义核心价值观，这是原因之一。大学生还要学习核心价值观的第二个原因，是部分大学生对社会主义核心价值观的科学性和先进性认识不足，缺少价值观自信。

三、坚定价值观自信

（一）社会主义核心价值观有深厚的历史底蕴

习近平指出，“中华文明绵延数千年，有其独特的价值体系。中华优秀传统文化已经成为中华民族的基因，植根在中国人内心，潜移默化影响着中国人的思想方式和行为方式。今天，我们提倡和弘扬社会主义核心价值观，必须从中汲取丰富营养，否则就不会有生命力和影响力。”我们凝练和倡导的社会主义核心价值观，就是在传承中华民族的文化基因和精神特质，充分汲取优秀传统文化养分的基础上提炼出来的，因而能够深入民众的内心，俘获民众的情感和认同，具有强大的生命力和感召力。同样，我们培育和弘扬社会主义核心价值观，必须汲取中华优秀传统文化的养分，不能割断自己的精神脉络，失去民族底色，要“深入挖掘和阐发中华优秀传统文化讲仁爱、重民本、守诚信、崇正义、尚和合、求大同的时代价值，使中华优秀传统文化成为涵养社会主义核心价值观的重要源泉”。

（二）社会主义核心价值观有坚实的现实基础

我们弘扬和践行的社会主义核心价值观，一方面生成于中国特色社会主义现代化建设的伟大实践，是对中国特色社会主义现代化建设本质规定的高度凝练，也是对近代以来建设富强民主文明和谐美丽的社会主义现代化强国、实现中华民族伟大复兴中国梦的根本追求的精辟概括，具有坚实的现实基础。另一方面，中国特色社会主义建设的伟大成就又生动展示了社会主义核心价值观的生机活力。中华人民共和国建立70多年来，特别是改革开放40多年来，我们坚持走中国特色社会主义道路，抓住和用好了发展的战略机遇期，我国的综合国力、人民的生活水平、国际竞争力和国际影响力都迈上了新台阶，彰显了中国特色社会主义的巨大优越性和强大生命力。中国特色社会主义的巨大优越性和强大生命力，从根本上说彰显的是社会主义核心价值观的先进性和强大生命力。

（三）社会主义核心价值观有强大的道义力量

社会主义核心价值观因其先进性、人民性和真实性，居于人类社会的价值制高点，具有强大的道义力量。首先，社会主义核心价值观的先进性，体现在它是社会主义制度所坚持和追求的核心价值理念。中国特色社会主义制度建立在生产资料公有制的基础之上，消灭了剥削制度，劳动人民成为国家的真正主人，是人类社会迄今为止最先进的制度，代表着当今时代人类社会的发展方向和价值制高点。其次，社会主义核心价值观的人民性，体现在它代表着最广大人民的根本价值诉求。《共产党宣言》庄严指出：“过去的一切运动都是少数人的，或者为少数人谋利益的运动。无产阶级的运动是绝大多数人的，为绝大多数人谋利益的独立的运动。”西方国家的核心价值观，代表的是少数占统治地位的资产阶级的价值追求，是为维护资产阶级统治服务的。最后，社会主义核心价值观的真实性，体现在它已成为真切、具体、广泛的现实。历史上许多统治阶级都曾提出不少看上去非常美好的价值理念，但由于其阶级和历史局限性，这些美好的价值理念并未得到真正的实现。人民当家作主的社会主义制度，为社会主义核心价值观的真正实现奠定了根本的制度前提和制度保障，使得自由、民主、公正等价值观不是装饰品，不是用来作摆设的，而是用来解决人民要解决的问题的。

承上启下

总之，我们要充分认识到社会主义核心价值观的科学性、先进性，坚定价值观自信。一方面要虚心学习但不盲目崇拜其他国家的价值观，而是立足中华优秀传统文化，培育和弘扬具有鲜明民族特色的核心价值观，用它来引领我们奋斗前行。另一方面要以社会主义核心价值观引领多样化的社会思潮，自觉抵制各种错误的价值观，不断增强社会凝聚力和价值共识。

我们已经知道了核心价值观的重要性，以及社会主义核心价值观的科学性和先进性，但这只是回答了大学生为什么还要学习社会主义核心价值观的其中两个原因。还有一个原因就是大学生的特殊身份和所担负的责任使命。

四、做社会主义核心价值观的积极践行者

青年始终是引领社会风气的重要力量。青年大学生的价值取向，直接决定着未来整个社会的价值取向。因此，青年大学生要始终走在时代前列，成为社会主义核心价值观的主要培育者、坚定信仰者、积极传播者、模范践行者。

（一）大学生肩负着培育和弘扬社会主义核心价值观的职责

2014年5月4日，习近平在北京大学师生座谈会上发表了《青年要自觉践行社会主义核心价值观》的重要讲话。总书记在讲话中明确指出青年大学生肩负着民族复兴的重任，肩负着培育和弘扬社会主义核心价值观的职责，要做践行社会主义核心价值观的楷模。

习近平首先指出，青年是时代的弄潮儿，肩负着时代不可推卸的责任，青年要始终与祖国和人民共命运、与时代和社会同前进，肩负起自己的时代责任和历史使命，做无愧于伟大时代的担当者和弄潮儿。

大学生是从青年中挑选出来的佼佼者，理当担负起民族复兴和践行社会主义核心价值观的时代重任。习近平指出，现在在高校学习的大学生都是20岁左右的年轻人，人生历程大致与“两个一百年”奋斗目标的实现同步，“也就是说，实现‘两个一百年’奋斗目标，你们和千千万万青年将全过程参与。”因此，总书记希望大学生努力在实现中国梦的伟大实践中创造自己的精彩人生，在激扬青春、开拓人生、奉献社会的进程中书写无愧于时代的壮丽篇章！今天，我们已经实现了第一个百年奋斗目标，开启了第二个百年奋斗目标的伟大征程。要实现中华民族伟大复兴的中国梦，需要培育和践行社会主义核心价值观来凝神聚力，青年大学生理当义不容辞，做社会主义核心价值观的积极践行者。

（二）做践行社会主义核心价值观的楷模

案例讨论

第十三届中国大学生年度人物候选人阿斯哈尔·努尔太。（人物事迹详见本章资源链接）那么，阿斯哈尔·努尔太是如何践行社会主义核心价值观的？

……（学生讨论，略）

阿斯哈尔·努尔太自觉用实际行动在践行社会主义核心价值观。首先，勤奋学习，知识、能力是爱国奉献、立志报国的基础（敬业）；投笔从戎，参军入伍，立志报国（爱国）；苦练军事技能，提升综合素质，从一名普通士兵蜕变成了一名特战队员（敬业）。

那么，大学生该如何培育和践行社会主义核心价值观呢？习近平指出：青年处在价值观形成和确立的时期，抓好这一时期的价值观养成十分重要。“这就像穿衣服扣扣子一样，如果第一粒扣子扣错了，剩余的扣子都会扣错。人生的扣子从一开始就要扣好。”总书记要求青年大学生从现在做起、从自己做起，要勤学、修德、明辨、笃实，做社会主义核心价值观的积极践行者。

首先，加强理论学习，提高担当意识。大学生对社会主义核心价值观的理性认知是一个从理论学习到情感内化再到价值认同的动态心理过程。大学生要自觉践行社会主义核心价值观，就要深入学习和领会社会主义核心价值观的精神实质和本质要求，把核心价值观内化于心，从情感上接纳和认同社会主义核心价值观，并深刻认识到自己作为大学生所应担当的责任和使命，从而把社会主义核心价值观外化于行，变成自觉积极的行动。因此，深入系统地学习社会主义核心价值观，准确把握核心价值观的深刻内涵和根本要求，是把核心价值观内化于心、外化于行的前提。大学生深入系统学习社会主义核心价值观的途径有：一是努力学好思政课，对社会主义核心价值观有一个比较系统、全面、深入的认识和理解。二是开展专题研究，对社会主义核心价值观有比较透彻深入的认识。三是阅读马克思主义中国化的经典文献，特别是习近平关于社会主义核心价值观的重要论述，能够比较准确地理解社会主义核心价值观的基本内涵和本质要求。

其次，用社会主义核心价值观引领正确价值观的形成。大学生处在价值观形成的重要时期，要用社会主义核心价值作引领，扣好人生的第一粒扣子。所谓用社会主义核心价值观作引领，就是要使核心价值观成为自己的基本价值遵循和行为准则，使个人的价值追求与国家、民族的价值追求统一起来，把个人价值追求融入国家、民族价值追求的过程中，在实现国家、民族的价值目标中实现个人的价值目标追求。这就要求，一方面要以社会主义核心价值观作为自己价值观的参照系，把国家、民族的价值目标作为个人价值目标确立的根据；一方面时时反省自己，校正自己的目标追求，使其与国家、民族价值目标追求相一致。

最后，要在日常学习、生活、工作中积极践行社会主义核心价值观。“道不可坐论，德不能空谈。”践行社会主义核心价值观必须从知行合一上下功夫，把社会主义核心价值观内化为自己的精神追求，外化为自己的处世方式与行为习惯，变成日常学习、生活、工作中的具体行动。比如勤奋学习，崇德修身，遵纪守法，热情待人，诚实友善等。

考核评价

1. 引导学生就社会主义核心价值观开展专题研究，撰写研究论文或研究报告，通过答辩方式考核；

2. 引导学生在日常学习、生活中践行社会主义核心价值观，让学生陈述自己在日常学习、生活中是如何践行社会主义核心价值观的。

资源链接

1. 于昕君，熊旭. 第十三届中国大学生年度人物候选人阿斯哈尔·努尔太事迹[EB/OL].（2018-04-20）. http://edu.people.com.cn/n1/2018/0420/c8216-29940362.html.

2. 邵京京，熊旭. 第十二届中国大学生年度人物候选人丁中贤事迹[EB/OL].（2017-04-20）. http://stu.people.com.cn/n1/2017/0420/c411610-29224374.html.

参考文献

[1] 习近平. 习近平谈治国理政：第1卷[M]. 北京：外文出版社，2018.

[2] 马克思，恩格斯. 马克思恩格斯文集：第2卷[M]. 北京：人民出版社，2009.

[3] 列宁. 列宁选集：第3卷[M]. 北京：人民出版社，1995.

[4] 习近平. 在庆祝中国人民政治协商会议成立65周年大会上的讲话[N]. 人民日报，2014-09-22.

[5] 马克思主义基本原理概论[M]. 北京：高等教育出版社，2018.

[6] 李萍，浦玉忠，薛建飞. 社会主义核心价值观的根本内涵界定[J]. 福建论坛·人文社会科学版，2014（10）.

[7] 王娅，瑞军. 社会主义核心价值观三个基本价值理念的把握[J]. 北方民族大学学报，2020（2）.

[8] 陈文斌，董丽娇. 社会主义核心价值观的要素之维[J]. 马克思主义理论学科研究，2019（6）.

[9] 王久高. 社会主义核心价值观的生成与内涵[J]. 中国特色社会主义研究，2014（4）.

[10] 王泽应. 社会主义核心价值观之本质规定性及路径选择[J]. 湖南师范大学社会科学学报，2007（5）.

[11] 管子·牧民[EB/OL].（2021-05-04）. https://so.gushiwen.org/guwen/book-34.aspx.

[12] 唐黎，周志山. 新时代大学生社会主义核心价值观认同培育研究[J]. 学校党建与思想教育，2020（9）.

[13] 汪信砚. 社会主义核心价值观与当代中国文化软实力建设[N]. 光明日报，2019-03-04.

[14] 田玉敏. 美国中小学核心价值观教育及其启示[J]. 中国青年研究，2008（11）.

［15］习近平. 青年要自觉践行社会主义核心价值观——在北京大学师生座谈会上的讲话[M]//习近平. 习近平谈治国理政：第1卷. 北京：外文出版社，2018：166–176.

［16］习近平. 培育和弘扬社会主义核心价值观[M]//习近平. 习近平谈治国理政：第1卷. 北京：外文出版社，2018：163–165.

［17］习近平. 提高国家文化软实力[M]//习近平. 习近平谈治国理政：第1卷. 北京：外文出版社，2018：160–162.

［18］关于培育和践行社会主义核心价值观的意见[M]. 北京：人民出版社，2014.

专题二

Topic 2

精神铸魂——弘扬中国精神

| 一体化设计目标及思路 |

中国精神是兴国强国之魂，中国精神的基本内容包括以爱国主义为核心的民族精神和以改革创新为核心的时代精神。本专题遵循思想政治工作规律、教书育人规律、学生成长规律，本着循序渐进、螺旋上升的大中小学思想政治理论课一体化教学理念，按照“小学段：感受中国精神之力”，进行中国精神的情感启蒙；“初中段：认识中国精神之义”，打牢中国精神思想基础；“高中段：铸牢中国精神之根”，提升中国精神政治素养；“大学段：弘扬中国精神之魂”，增强新时代使命担当的逻辑思路进行一体化教学设计。通过一系列符合各学段学生身心特点的教学活动，让学生逐步从感知、认知、深入理解到实际践行，铸牢爱国之魂，并在新时代将中国精神融会贯穿于自身学习、发展和奋斗历程中，增强实践中国精神的使命感、责任感和高度自觉性。

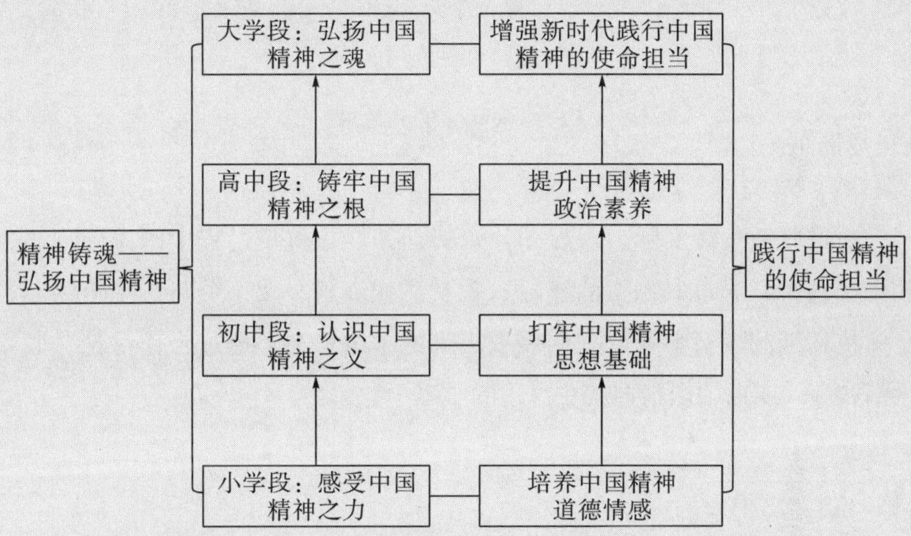
精神铸魂——弘扬中国精神
大学段：弘扬中国精神之魂
高中段：铸牢中国精神之根
初中段：认识中国精神之义
小学段：感受中国精神之力
增强新时代践行中国精神的使命担当
提升中国精神政治素养
打牢中国精神思想基础
培养中国精神道德情感
践行中国精神的使命担当

小学段：感受中国精神之力

教学目标

通过联系生活实际、观看图片资料，知晓在抗疫过程中国家展现出来的中国精神；通过联系生活实际，观看视频资料、文字资料，小组活动，了解疫情期间各行各业的人们展现出来的中国精神；通过合作讨论、联系生活实际，明白中国精神就在身边的小事中。

教学内容

一、中国精神，中国担当

二、中国精神，全民行动

三、中国精神，在我身边

教学重难点

学生通过对疫情危急状况的认识，感受到国家的责任担当和人民的巨大奉献；引导学生初步感受无处不在的中国精神。

学情分析

小学段的学生理解能力比较欠缺，自主意识和自主能力尚在萌芽阶段。他们更擅长运用具象思维认识新事物，例如生动的视频、图片、声音等，也习惯于在体验、感受中去思考、学习。所以本课以学生感受最深的新冠疫情为例，调动学生已有的认知和体验，通过多种活动让学生感受中国精神无处不在。

设计思路

1. 设计理念

以学生的生活为起点，注重学生的真实感受；联系现实，以新冠疫情为切口进行教学；以小见大，从抗疫中了解抗疫精神，感受中国精神。

2. 思维导图

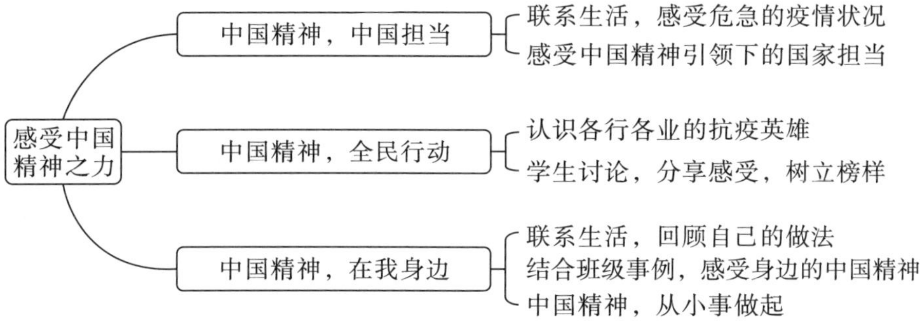

教学方法

讲授法、熏陶法、情景法、探究学习法、合作学习法。

实施方案

一、中国精神，中国担当

课堂导入

同学们，佩佩老师觉得2020年的寒假尤其特别，你们觉得呢？为什么？

预设：因为有新冠疫情、假期很长、戴口罩了、不能出门……

视频播放

（视频为疫情暴发后的紧迫情况）

提问

看完视频后，你们的感受是什么？

预设：难过、难受、不舒服……

提问

疫情让很多人失去了健康和生命，对全国人民来说这无疑是一场灾难。同学们，如果你们能向老天爷许一个愿望，你们会许什么愿望呢？

预设：我希望疫情快点结束。

过渡

老天爷没有听到你们的愿望，可是国家听到了。现在，我们一起来回顾一下我们的国家为抗疫做了什么。

背景导入

新冠肺炎疫情是新中国成立以来发生的传播速度最快、感染范围最广、防控难度最大的一次重大突发公共卫生事件，对中国是一次危机，也是一次大考。中国共产党和中国政府高度重视、迅速行动，为维护地区和世界公共卫生安全作出了重要贡献。

——《抗击新冠肺炎疫情的中国行动》

PPT展示、朗读

国家领导人和抗疫英雄的语录

1. 要始终把人民群众的生命安全和身体健康放在第一位。——习近平

2. 面对突如其来的疫情，中国政府始终坚持以人民为中心。——李克强

3. 不参加集会，出门戴口罩，注意洗手卫生，防自己也防别人，最重要的是不要到处跑。——钟南山

过渡

我们的国家始终把人民放在第一位，以最快的速度采取了一系列措施来控制疫情的传播和蔓延，最大限度地保护和挽救了人民的生命。孩子们，这就是中国精神。

资料展示

（展示相关资料）

提问

请同学们分成四人一小组进行观察、思考，然后说说你们发现了什么，有什么感受。

小结

是的，我们国家对疫情作出了迅速反应。

图片展示

火神山医院

介绍导入

这座医院总建筑面积超过3万平方米，架设箱式板房近两千间，接诊区、病房楼、ICU一应俱全……这个建筑面积相当于半个北京“水立方”的“战地医院”，从开始设计到建成完工仅用了10天时间。有1400名医护人

员，于2020年2月3日起在这所医院承担新冠肺炎的医疗救治任务。

提问

你们有什么感想？

小结

我知道建一所医院大约需要两年的时间，10天建成火神山，这被世界誉为“中国速度”。1天完成图纸，10天建造完毕，在4000多名工人昼夜不停地努力下，一座能容纳1000张床位的医院拔地而起，这就是中国速度！就像一场生命的接力赛，我们在与时间赛跑，与死神赛跑，为抗击疫情争分夺秒，为挽救生命争分夺秒！把人民的生命放在第一位，这就是中国精神！

提问

同学们，生活在这样的国度里，你们有什么样的感受呢？

小结

新冠肺炎疫情暴发，国家主席习近平亲自指挥、亲自部署，为中国人民抗击疫情坚定了信心。在中国共产党的领导下，全国上下贯彻“坚定信心、同舟共济、科学防治、精准施策”的总要求，打响抗击疫情的人民战争、总体战、阻击战。经过艰苦卓绝的努力，中国付出了巨大代价和牺牲，扭转了疫情局势，用一个多月的时间初步遏制了疫情蔓延的势头，用两个月左右的时间将本土每日新增病例控制在个位数以内，用三个月左右的时间取得了武汉保卫战的胜利，维护了人民生命安全和身体健康，经过举国上下的艰苦奋斗，76天后武汉解封。我们也回到了校园。

二、中国精神，全民行动

过渡

其实不只是火神山的建筑工人们，各行各业的人们也都在自己的岗位上为抗疫贡献了自己的力量！

视频播放

（选择相关视频材料，从不同角度展示、解读抗疫成果）

视频解说

这是全国派出的数百支医疗队、数万名医护人员，他们去了疫情最严重的湖北，夜以继日地奋战在疫情防控的第一线。北协和、南湘雅、东齐鲁、西华西四大天团，百年来第一次会师于湖北，一方有难、八方支援，共克时艰、万众一心。

这些是公安干警、村干部、社区人员、物业人员，他们同医护人员一样，不分昼夜，群策群力，事无巨细地做好艰巨的疫情防控工作。他们不惧风雨，无畏疫情，夜以继日地坚守岗位，奔走在各小区、各村落间，有突发任务随叫随到。在本该团聚热闹的日子里，无数防控人员无法与亲人团聚，在冰寒的夜晚坚守在战“疫”一线。

我们十四亿中国人民和爱国华侨，万众一心、守望相助。无数的民众“宅”在家里用自觉隔离的方式与疫情抗争，也有无数的百姓和家庭在抗疫中成为最美的“逆行人”。

无数的物流司机为运送抗疫物资日夜兼程，从不停歇；无数的公众人物捐款捐物，有的甚至不顾危险奔赴抗疫最前线，成为真正闪亮、给人温暖和力量的明星；企业和企业家正在进行为抗疫助力的接力赛。他们都在为生命接力，与时间赛跑。

提问讨论

请四人小组说一说，在刚才了解到的抗疫战士中，谁给你的印象最深刻？为什么？并为他们贴上“爱心”（“爱心”在课前准备）。

活动组织

请把你做的这颗“爱心”贴在中国地图上（黑板板书），送给心中伟大的抗疫战士。

提问

还有许多抗疫战士是老师还没有提到的，你们知道还有谁吗？

小结

各行各业的人们面对疫情，万众一心、众志成城，不畏艰难。同学们，这就是中国精神。

三、中国精神，在我身边

过渡

在我国14亿多人中，还有一群人，也是佩佩老师心目中的英雄。你们猜猜看，是谁?

展示本班学生照片

你们也是这次抗疫的小英雄，不信我们来瞧瞧。

展示疫情主题画作

我还保留着几幅你们在疫情期间的绘画作品。

提问

请你们说一说，画这些图时的想法。

点评

是呀，你们在为他们加油打气呢！他们感受到了你们的鼓励，会更有勇气去和病毒打仗，和时间赛跑。

提问

我们疫情期间还做了很多事，也是在为抗击疫情作贡献，你知道是什么吗?

点评

你们在疫情期间乖乖待在家，保护好自己，就减小了疫情扩散的可能性；你们好好锻炼身体没有生病，就相当于减轻了医生的负担；你们在家学习，为将来建设祖国做准备；你们还关心身在湖北的小朋友们，为他们寄去衣物和明信片，送去了温暖；你们帮忙做家务劳动，减轻了爸爸妈妈的负担，让他们更加专心地投入到自己的工作中……

过渡

心里装着他人，做好自己的分内事，就是我们小学生为抗疫作出的贡献，这也是中国精神。作为新时代的小学生，我们在帮助着身边的同学，也力所能及地帮助了更多的人，他们就是——远端学校的学生，140所远端学校的65000名同学，每天通过屏幕和我们一起学习。你们可是他们心目中的明星哦!

提问

请大家闭上眼睛认真想一想，我们可以怎样帮助远端的小朋友呢?

点评

对，我们要上好每一节课，成为他们的榜样。

小结

生活中有很多这样的小事，它们看似很简单，却很重要。这些小事里都藏着我们的中国精神。我们做好了自己的每一件小事情，学好了知识，将来才能帮助更多的人。今天你们是我们班的小英雄，明天你们就是祖国的栋梁。在抗疫期间，我们举国上下都表现出了生命至上、举国同心、舍生忘死、尊重科学、命运与共的抗疫精神，这也是中国精神。中国精神在抗疫中，也在我们的日常生活中。让我们带着这些精神，认真过好每一天吧!

考核评价

观看以“抗疫”为主题的纪录片——《同心战“疫”》，并完成以下任务。

1. 完成一幅以“抗疫战士”为主题的画作。

2. 选择一位印象最深刻的抗疫战士，给他（她）写一封信。

资源链接

1. 火神山医院：http://tv.people.com.cn/n1/2020/0202/c413792-31567377.html

2. 习近平. 携手抗疫 共克时艰[EB/OL].（2020-03-26）. http://cpc.people.com.cn/n1/2020/0327/c64094-31650097.html.

3.《同心战“疫”》纪录片：http://news.cctv.com/special/txzy/index.shtml.

参考文献

中华人民共和国国务院新闻办公室. 抗击新冠肺炎疫情的中国行动[M]. 北京：人民出版社，2020.

初中段：认识中国精神之义

教学目标

通过全民抗疫、深圳特区40多年改革创新的伟大实践等，帮助学生感受中国精神的磅礴力量，帮助学生理解中国精神、民族精神和时代精神的内涵，并引导学生树立弘扬中国精神之志。

教学内容

一、中国精神的内涵

二、民族精神的内涵

三、时代精神的内涵

四、传承和弘扬中国精神

教学重难点

理解中国精神在社会发展中的重大作用；如何初步培育和践行中国精神。

学情分析

初中生通过对现实生活的了解和对语文、历史、道德与法治等科目的学习，对中国精神已经有了一些感性的、零碎的认知。这为学习本课打下了一定的基础，但对中国精神仍缺少理性、全面、系统的认识。加上他们大多数时间在学校，信息相对闭塞，筛选信息的能力较弱，因此要注意采用循序渐进的教学方法和教学方案的可操作性。

设计思路

1. 设计理念

引导学生从故事、事例中理解中国精神，将对国家和民族的感性认识上升到理性认识的高度，并能够在日常生活中弘扬中国精神。

2. 思维导图

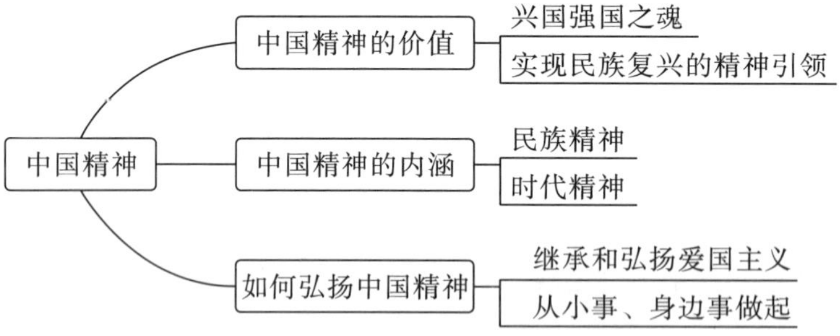

教学方法

引导讨论法、情景分析法、举例论证法、自主探究与合作探究结合法。

实施方案

一、中国精神的内涵

课前准备

播放“全民战‘疫’”视频

课程导入

2020年，新冠肺炎疫情侵袭武汉、席卷全国，一场防控疫情的人民战争轰然打响。这场疫情，让我们看到了病毒的残酷，也看到了一种熠熠生辉的精神。有那么一群有勇气和智慧的人，他们在死神和我们之间筑起一道墙，他们保卫着神州大地。今天我们透过这场疫情，来学习永恒的中国精神。

材料展示

视频：致敬平凡英雄

提问

1. 哪些抗疫人物让你印象深刻？说说你的理由。

2. 从他们的身上，我们能看到哪些闪光的品质？

教师总结

大家对精神品质的提炼非常准确，中国自古以来就有埋头苦干、拼命硬干、为民请命、舍身求法的人，从历史上的仁人志士到今天的抗疫战士，这些宝贵的精神品质一脉相承，早已融入我们的血脉和基因中。可见：一个民族，没有振奋的精神和高贵的品格，不可能屹立于世界民族之林。在五千年的发展历程中，中国精神形成了以爱国主义为核心的民族精神和以改革创新为核心的时代精神。

二、民族精神的内涵

课例：弘扬民族精神，凝聚全民力量

（一）抗疫，践行民族精神

过渡

习近平主席在十三届人大一次会议上，对民族精神给出了权威的定位和最新的阐释，下面我们一起来学习一下。

视频播放

习近平主席关于民族精神内涵的解释

提问

同学们，视频中习主席提到中华民族精神包括四个主要的方面，有谁知道分别是什么？

这四个伟大精神是如何体现的呢？我们来看一组材料。

材料展示

材料一：疫情发生以来，大家齐心协力，共克时艰。医护人员前赴后继赶往抗疫一线，人民解放军指战员闻令而动、敢打硬仗，广大公安民警、疾控工作人员、社区工作人员等坚守岗位、日夜值守，广大新闻工作者不畏艰险、深入一线。7500多名工人、近千台大型机械设备和运输车辆夜以继日、争分夺秒，众多企业更是星夜驰援，与时间赛跑，最终创造了10天建成一座火神山医院的世界奇迹。

材料二：“培养一个女孩，最少可以影响三代人。如果能培养出有文化、有责任的母亲，大山里的孩子就不会辍学，更不会成为孤儿。”带着这样的初心，张桂梅创办了全国第一所免费女子高中——云南丽江华坪女子高级中学。为让贫困女孩走进学校，她挨家挨户做工作，每天早上5点起床，第一个出现在校园里，每天至少3次巡校、查课；为让学生考出好成绩，她每天快凌晨1点才躺下。12年，1804个可能辍学的女孩走进大学！

华坪女子高中创办前，华坪县中考升学率还不到50%，2020年，达到90%以上，全县高考升学率多年在丽江保持第一。2011年起，华坪女子高中连续10年高考综合上线率100%，创造了滇西山区的“教育奇迹”。

材料三：玉麦乡地处祖国西南边陲，1964年至1996年的30多年间，桑杰曲巴家是这片土地上仅有的一户人家。一个爸爸，两个女儿，一栋房子，既是乡政府，也是他们的家。

父亲桑杰曲巴是个老民兵，放牧守边34年，从未离开过这片土地。卓嘎、央宗姐妹俩在父亲的带领下，加入了中国共产党，半个多世纪来，父女三人以放牧为生，守护着祖国数千平方公里的国土。父亲桑杰曲巴常对卓嘎和央宗说：“如果我们走了，这块国土上就没有人了！”这句话，两个女儿记了一辈子。她们知道，守护土地，就是守护国家。

材料四：2020年夏，入汛以来，在洪水侵袭下，灾区群众生产生活受到严重影响。

面对来势汹涌的洪水，广大党员、干部、群众闻“汛”而动。他们将个人安危置之度外，竭尽全力挽救生命；在大堤上，他们众志成城，用血肉之躯筑起了抵抗洪水的“铜墙铁壁”。哪里有危险，哪里就有他们英雄的身影。

抗洪精神薪火相传。人们不曾忘记，在1998年那场特大洪灾中，形成的“万众一心、众志成城，不怕困难、顽强拼搏，坚韧不拔、敢于胜利”的伟大抗洪精神。22年过去了，这种抗洪精神不仅没有因为时间的消磨而褪色，反而愈加散发出耀眼的光芒。

提问讨论

1. 民族精神在材料中是怎么体现的？

要求：学生分4小组进行讨论，每一组阐释一种精神的体现。

2. 民族精神的基本内涵是什么？体现在哪些方面？

（1）伟大的（　　　　）精神，体现在（　　　　　　　　　）

（2）伟大的（　　　　）精神，体现在（　　　　　　　　　）

（3）伟大的（　　　　）精神，体现在（　　　　　　　　　）

（4）伟大的（　　　）精神，体现在（　　　　　　　）。

教师总结

展示民族精神的基本内涵思维导图

（二）伟大的民族精神，支撑全民抗疫

过渡

多难兴邦，民族精神总是在关键时刻发挥着重要作用。下面请同学们观看视频，同时思考：民族精神在社会发展中发挥了什么作用？

视频播放

抗疫短片《三十三天》

提问

民族精神在全民抗疫中发挥了什么作用？

要求：分小组讨论

教师总结

最强大的超能力，就是我们共同的名字——中国人。因为有共同的文化基因，我们血脉相连，所以守望相助。这种精神像纽带一样把我们紧紧联系在一起，使得疫情发生后各地团结一心援助武汉，共克时艰，共渡难关。

民族精神是维系中华民族共同生活的精神纽带。

面对疫情，国难，英雄们选择挺身而出，逆流而上，埋头苦干，拼命硬干，驱散恐惧，带来安慰，让人们得到了支持，让人们看到了希望，正是这些中国的脊梁，为祖国撑起一片天。

民族精神是支撑中华民族生存、发展的精神支柱。

因为有希望和梦想，所以我们奋不顾身，和病毒展开艰苦卓绝的斗争，最终取得重大胜利。同时我们以最快的速度，复工复产，恢复经济发展。民族精神像一剂强心针，激励着我们推动祖国走向更强。

民族精神是推动中华民族走向繁荣、强大的精神动力。

教师总结

中华民族历经沧桑而锐气不减，千锤百炼而斗志更坚。一个重要原因就是民族精神历久弥新，永不泯灭。改革开放以来，以改革创新为核心的时代精神，是党带领各族人民在继承和弘扬民族精神的基础上赋予的新的时代内涵，体现在新时代各个方面。改革开放过程中，涌现出了很多时代楷模。他们的身影无处不在，我们不知道他们姓甚名谁，但我们知道他们为了谁。他们是最美中国人，他们是英雄群体，他们充分展示了中国人的精神面貌，他们为激发社会创造力注入了强大的力量。

三、时代精神的内涵

课例：深圳特区奋进的40年，奏响时代最强音

视频播放

深圳特区的40年，帮助学生感受深圳特区的巨大变化。

从GDP不到3亿元的边陲小县城到如今一跃成为GDP接近3万亿的国际大都市，从改革开放与创新的“探路者”到新时代的“示范区”，经历四十年披荆斩棘、蓬勃发展的深圳特区，是中国改革开放与创新之路上的耀眼标注，也以最具说服力的实践，证明着中国勇于改革开放与创新的巨大成功。

（一）回望70年代末的深圳

介绍2010年7月1日由广东人民出版社出版的《大逃港》。

材料展示

材料一：1979年春节前后，广东高要、四会等县，因谣传“边境开放”，有几千群众拖儿带女，涌向广州火车站，要去香港。顺德、南海等县，也谣传“边境开放三天，花30元港币可买票去香港”，造成连续几天都有几百名群众在广州火车站吵闹纠缠。这个事件也引发了邓小平建立深圳经济特区的想法。

材料二：当时深圳有个罗芳村，河对岸的香港新界也有个罗芳村。不过，深圳罗芳村的人均年收入是134元，而新界罗芳村的人均年收入是13000元；宝安一个农民劳动的日收入为0.7~1.2元，而香港农民劳动一日收入为60~70港元，两者差距悬殊。

通过介绍，引导学生思考大逃港现象产生的原因，引导学生认识改革开放的必要性。

（二）敢闯敢试的深圳精神

1979年，深圳GDP仅1.97亿元（人民币，下同），人均GDP606元；建市之初，深圳科研院所为“零”。深圳如何在“有形资源”极度匮乏的情况下，一次又一次“在危机中育新机，于变局中开新局”？

材料展示

材料一：建港填海的“开山炮”在深圳蛇口炸响，深圳特区敢为人先！这并不是一场注定胜利、志在必得的轻松远征，而是“杀出一条血路”的破釜沉舟，是“摸着石头过河”的实事求是，是“敢为天下先”的勇敢突围，是一条在无路中走出的新路、好路。

材料二：20世纪80年代初，深圳有一个口号在全国叫响：“时间就是金钱，效率就是生命。”有人说，中国走向市场经济正是从这句口号开始

的，深圳则为改革开放创造了一种模式。

讨论

看完图文资料，同学们思考讨论一下：20世纪80年代的深圳特区靠什么“杀出一条血路”？

（三）开放包容的深圳精神

经济特区诞生伊始，关于深圳的争论就如影随形。邓小平南方谈话全面解决了困扰国人的姓“社”姓“资”问题，明确提出“三个有利于”标准。根据这一标准，邓小平指出社会主义的本质是解放生产力、发展生产力，消灭剥削，消除两极分化，最终达到共同富裕。

在石破天惊中实现突进，在敢为人先中寻求突破。无数开创性的举措，就是从深圳的“冒天下之大不韪”，最后积累成中国特色社会主义市

场经济的常识——第一个进行分配制度改革；第一个实行工程招标，创造一天盖三层楼的奇迹；第一个改革人事制度，冻结原有级别、工资等级，实行聘用制；创办第一家企业自办的股份制银行、第一家股份制保险公司、第一家股份制中外合资企业……

提问

深圳特区在发展中取得了哪些新的成就？背后的精神是什么？

（四）深圳，再出发

“敢闯敢试、开放包容、务实尚法、追求卓越”的深圳精神将为这座城市叩响新的时代强音，为特区砥砺前行提供强劲的精神力量。目前，粤港澳大湾区正向创新湾区迈进，深圳提出要在形成全面开放新格局上率先突破、做得更好，携手港澳参与全球合作与竞争，打造粤港澳大湾区核心引擎，建设服务全国、面向世界的全球城市。改革不停顿，开放不止步。深圳，再出发……

头脑风暴

“深圳，再出发……”哪些方面应是深圳努力的方向？

四、传承和弘扬中国精神

课例：弘扬中国精神，我们这样行动

课程导入

诗人艾青曾说：“为什么我的眼里常含泪水？因为我对这土地爱得深沉。”正是因为我们爱家爱国，才会同心同向同德，团结起来，去创造去奋斗，去为了共同的梦想打拼。

在中华民族几千年绵延发展的历史长河中，爱国主义始终是激昂的主旋律。

提问

从古至今，我国有哪些令你们动容的爱国故事呢？

要求：分小组讨论，派代表把故事讲给大家听。

第1组：古代爱国故事（1840年以前）

第2组：近代爱国故事（1840—1949年 ）

第3组：当代和现代爱国故事（1949年至今）

第4组：疫情中“90后”的爱国故事

启发

我们从不同时代的爱国故事中可以看出，在不同的历史时代和文化背景下产生的爱国主义，具有不同的表现。这说明了我们的爱国主义与时俱进，不同的时代，具有不同的内涵。

同时我们从最后一个爱国事件中可以看出，祖国的命运和党的命运、社会主义的命运是密不可分的。只有坚持爱国和爱党、爱社会主义相统一，爱国主义才是鲜活的、真实的。

理论展示

爱国主义特点

教师总结

爱国，是人世间最深沉、最持久的情感，是一个人立德之源、立功之

本。孙中山先生说，做人最大的事情，“就是要知道怎么样爱国”。

过渡

那么今天的我们应该如何爱国呢？

提问

今天的我们应该如何爱国？分小组讨论，老师给予小组提示。

提示：爱国在当下，疫情形势依然严峻……

爱国，不仅仅是一句口号，它更是一种情怀和担当，需要我们落实到具体行动中……

爱国，需要我们从身边小事做起……

爱国，需要文明和理性……

教师总结

危难检验身手，大考淬砺精神。在中华民族深邃悠远的文明星空中，这场战“疫”展现了磅礴力量、凝铸了伟大精神；深圳特区奋进的40年，奏响了时代的最强音。伟大的中国精神必将清辉闪耀，激励我们继续前行。

考核评价

1. 观看相关纪录片，并撰写学习心得。
2. 开展“讲好身边的中国精神”故事会等活动。
3. 开展相关社会实践和志愿服务，以实际行动践行中国精神。
4. 完成小论文：深圳特区40年来取得伟大成就的原因。

资源链接

1. 中共中央党史研究室. 中国共产党的九十年[M]. 北京：中共党史出版社，2016.

2. 习近平. 习近平在深圳经济特区建立40周年庆祝大会上的讲话[EB/OL].（2020-10-14）. http://www.xinhuanet.com/pobitics/sz4026/wzsl.htm.

高中段：铸牢中国精神之根

教学目标

通过了解我国航天事业所体现的中国精神，明确以爱国主义为核心的中华民族精神和以改革创新为核心的时代精神的内涵；通过了解航天人对我国航天事业所作出的伟大贡献，培养学生的社会责任意识；帮助学生从古典史籍、历史事实和现实生活中，体会中国精神的深刻内涵；帮助学生明确新时代每一个中华儿女都有责任、有义务践行中国精神；帮助学生养成知行合一的公民意识，引导他们做好自己能做的事，做好身边的小事，争做忠诚的爱国者和改革创新的实践者。

教学内容

一、兴国之魂、强国之魂——伟大的中国精神

二、薪火相传，越燃越旺——伟大的中国精神

三、高擎支柱，挺立脊梁——伟大的中国精神

教学重难点

中国精神的内涵；爱国主义的地位、作用与特点；怎样弘扬中国精神。

学情分析

通过上一阶段的学习，学生已经掌握了中国精神的基本内涵，对中国精神的内涵有了初步认知和感悟。高中生的逻辑思维能力不断提升，政治敏锐度不断增强，在各种文化激荡下，必须引导其树立正确的观点。本学段将采取有效的教学措施促使学生将中国精神内化于心，外化于行。

设计思路

1. 设计理念

本课围绕一个主题“航天事业发展”，创设多个教学情境，设置系列问题，通过师生、生生合作探究，逐步引导学生深入挖掘和思考中国精神的相关内容。每个版块环环相扣，积极突破重难点，依据知识逻辑构建多个教学情景，借助问题驱动挖掘知识点，通过素养达成知识迁移，用“一例多境”的方式讲好中国精神。

2. 思维导图

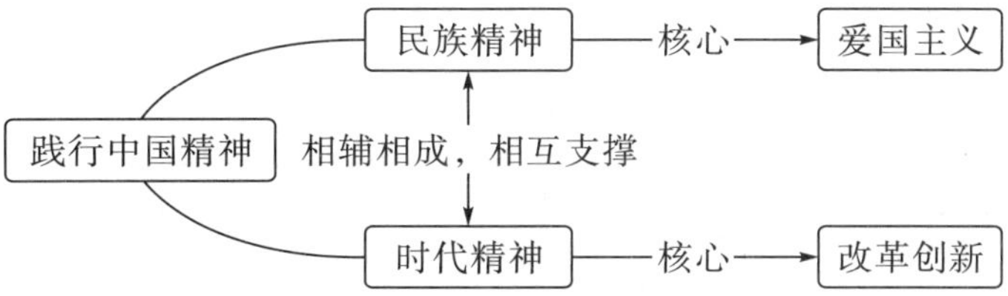

教学方法

启发式讲授法、问题探究法、小组合作学习法、主题式案例情境教学法。

实施方案

一、兴国之魂、强国之魂——伟大的中国精神

课程导入

长驱无垠，九天揽月。2020年11月24日4时30分，长征五号运载火箭在中国文昌航天发射场点火升空，将嫦娥五号探测器运送至地月转移轨道，开启我国首次地外天体采样返回之旅。23天后，2020年12月17日凌晨，嫦娥五号怀揣来自月球的岩石和土壤顺利返回地球。这是一趟满载而归的科学探索，也是一次智慧与勇气兼备的无畏探险，“嫦娥奔月”的背后折射出熠熠生辉的中国精神。

视频播放

《嫦娥五号发射》

提问

航天实践所展现的航天精神有哪些？

（一）中华民族精神的基本内涵

	含义	表现
伟大创造精神	中国人民辛勤劳作、发明创造	产生了思想巨匠、发明了科技成果、创作了文艺作品、传承了伟大史诗、建设了伟大工程……
伟大奋斗精神	中国人民革故鼎新、自强不息	建设了大好河山、开拓了辽阔海疆、开垦了广袤粮田、治理了大江大河、战胜了自然灾害、建设了城镇乡村……

续表

	含义	表现
伟大团结精神	中国人民团结一心、同舟共济	各族人民手挽着手、肩并着肩，英勇奋斗，浴血奋战，打败侵略者，捍卫民族独立和自由……
伟大梦想精神	中国人民心怀梦想、不懈追求	实现中华民族伟大复兴的梦想

教师总结

在五千多年历史中，中华民族形成了以爱国主义为核心，团结统一、爱好和平、勤劳勇敢、自强不息的伟大民族精神。中国人民是具有伟大创造精神、伟大奋斗精神、伟大团结精神、伟大梦想精神的人民。

视频播放

《弘扬航天精神，拥抱星辰大海》

材料展示

为了托举“中国第一星”，以钱学森为代表的一大批航天事业的亲历者、参与者，有的放弃国外优越的条件，有的告别繁华喧嚣的城市，扎根深山、转战大漠，隐姓埋名、奉献青春，群策群力、攻坚克难，以许党报国的雄心壮志和永存史册的业绩功勋，诠释着祖国利益高于一切的价值追求。

提问

爱国为什么不需要讨论？列举航天人的爱国表现。

（二）爱国主义是中华民族精神的核心

教师总结

爱国铸造航天精神的魂魄。航天伟业需要崇高精神作为支撑。从我国第一颗人造地球卫星“东方红一号”发射成功，几十年来，我国航天事业从无到有，从小到大，从弱到强，积淀传承了深厚的航天精神和文化。航天人在爱国主义精神强力助推下，完成了壮举。没有爱国精神，航天精神就没有了魂魄。当然，爱国不是挂在墙上的口号，而是航天人用脚踏实地的实际行动证明了的爱国担当。当下，航天人的爱国精神理当成为各行各业工作者的标杆，被发扬光大。

爱国主义是中华民族精神的核心，其贯穿于创造精神、奋斗精神、团结精神、梦想精神四种精神中。这四种精神在实际行动中时时刻刻都体现着爱国主义，实现祖国的强大和中华民族的伟大复兴。

爱国主义贯穿民族精神的各个方面。无论什么时候，爱国主义都是动员和鼓舞中国人团结奋斗的一面旗帜，是各族人民风雨同舟、自强不息的精神支柱。

提问

同学们，你们爱国吗？你们觉得什么是爱国？

（展示不同群体的回答）

基层民警：爱岗敬业，忠于职守就是最大的爱国。

市场商贩：爱国就是好好拉菜，让人民吃上放心菜。

国足队员：爱国就是能帮国家取得好成绩。

游客：维护地面清洁，听到一些不实言论不要轻易传播也是爱国。

小学生：爱国就是扶老奶奶过街。

大学生：爱国就是从身边小事做起，当好一颗螺丝钉，为社会贡献自己的微薄力量，为祖国建设添砖加瓦。

高中生：……

（三）高扬爱国主义的旗帜

教师总结

不要把爱国看得那么神秘、高不可攀，把我们的智慧、时间、能力献给自己的岗位，每一个人把工作做好了，国家强大了，这就是爱国。爱国不是抽象的，而是具体的。在不同历史时期，爱国主义有共同的要求，也有不同的具体内涵。在当代中国，爱国主义的本质就是坚持爱国和爱党、爱社会主义高度统一。发展中国特色社会主义，拥护祖国统一，是新时期爱国主义的主题。

材料阅读

创新是航天精神的真谛

向着太空的每一次进发，都把中国创新写到更高远的天空。运载效率世界领先，有效载荷大幅提升，形成相对完备的运载火箭型谱……新一代运载火箭研制取得的一系列创新成果，熔铸着“特别能攻关”的精神血脉，为“中国创造”写下新的激昂乐章。

东方红系列卫星翱翔太空，长征运载火箭100多次成功发射，10年来10名航天员天地往返……中国航天事业的发展，始终坚持自力更生、自主创新，既是落实创新驱动发展战略的生动体现，也为加快实施这一战略提供了有益经验。当今的中国，无论是推动经济发展转型升级，还是守护环境建设“美丽中国”，都需要最大限度地激发创新活力、最大限度地发挥创新精神。当人们随着火箭点火而仰望星空时，矢志创新的航天精神，必将带来更多创新的触动。

在天津经济技术开发区的这片盐碱地上，中国新一代运载火箭基地正拔地而起，赓续着中国人的飞天梦想。让改革为创新的引擎点火，让航天精神激发创新活力，民族复兴的脚步就会更加铿锵有力。

提问

创新是推动航天事业发展的内驱力，谈谈你们对此的认识。

过渡

创新是成就航天精神永不枯竭的动力。太空无垠，探索无限。对中国航天而言，每一个新高度都是一个新起点。创新，引领中国航天跻身世界领先行列。航天创新，不能等待观望，不可亦步亦趋。我国航天人坚持自主创新，敢于挑战世界难题，为我国航天事业走自主创新的发展道路增加了一次又一次的信心和经验。创新精神有着无穷大的动力，在中国航天人身上，显现出令世界刮目相看的中国力量，这种创新的力量引领着中华民族一步又一步地往实现“中国梦”的路上靠近。

（四）改革创新是时代精神的核心

教师总结

时代精神内涵丰富，主要体现为解放思想、实事求是，与时俱进、勇于创新，知难而进、一往无前，艰苦奋斗、务求实效，淡泊名利、无私奉献的精神。在时代精神这一有机整体中，改革创新居于核心地位。因为改革创新是时代的最强音，是中华民族繁荣发展的灵魂，是我们国家兴旺发达的不竭动力。所谓创新，就是解放思想、实事求是、与时俱进。社会的发展一刻不会停顿，改革创新也就永无终点，坚持创新、创新、再创新，才能实现跨越、跨越、大发展。正是依靠改革创新精神，我们创造了改革开放40多年来举世瞩目的辉煌成就。以改革创新为核心的时代精神，在建设和谐社会的进程中，已深深熔铸在中华民族的生命力、创造力和凝聚力之中，成为社会主义核心价值体系的精髓之一。

二、薪火相传，越燃越旺——伟大的中国精神

（一）民族精神的时代性

名言展示

富贵不能淫，贫贱不能移，威武不能屈。——孟子

三军可夺帅也，匹夫不可夺志也。——孔子

修身、齐家、治国、平天下。——《大学》

先天下之忧而忧，后天下之乐而乐。——范仲淹

天下兴亡，匹夫有责。——顾炎武

教师总结

这些名言说明早在春秋战国时期，中华民族精神的价值取向就已基本

形成。在以后的各个历史时期，不断充实和发展。也就是说，民族精神作为民族文化的结晶，其形成和发展是长期历史积淀的过程，也是随着时代变化而不断丰富的过程。

（二）中国共产党对中华民族精神的丰富和发展

过渡

近百年来，中国共产党在奋斗过程中，不断丰富和发展中华民族精神，主要体现在两个时期：新民主主义革命时期、社会主义革命和建设时期。

提问

同学们，在新民主主义革命时期，形成了哪些革命精神？

红船精神、井冈山精神、长征精神、延安精神、红岩精神、西柏坡精神……

材料展示

井冈山精神、延安精神、红岩精神、西柏坡精神的内涵及图片。

新中国成立后，在社会主义革命和建设中，特别是在改革开放新时期，中国共产党继续弘扬中华民族精神，不断为中华民族精神增添新的时代内容。这一时期形成了哪些精神？

雷锋精神、“两弹一星”精神、大庆精神、抗洪精神和载人航天精神……

材料展示

雷锋精神、“两弹一星”精神、大庆精神、抗洪精神和载人航天精神的内涵及图片。

提问

同学们，你们知道航天精神的时代性表现吗？

（学生结合拓展阅读材料）

教师总结

中国航天事业从无到有、从小到大、从弱到强，走出了一条具有鲜明中国特色的发展道路。伴随着航天事业的发展，在出成果、出人才的同时，航天科技工业培育形成了航天传统精神、“两弹一星”精神和载人航天精神。航天三大精神是航天文化在不同历史时期的具体体现和继承发展，是伟大的民族精神与航天实践相结合的产物，是中国航天事业之魂，也是中国航天企业文化之魂。

航天精神的发展，是以爱国主义为核心的民族精神和以改革创新为核心的时代精神的生动诠释。

（三）民族精神与时代精神相辅相成

教师总结

以爱国主义为核心的民族精神和以改革创新为核心的时代精神相辅相成、相互支撑。民族精神注入以改革创新为核心的时代精神才能博采众长、日益丰富，具有生机和活力。只有坚持以爱国主义为核心的民族精神，才能使时代精神不移根基、不失本色。

三、高擎支柱，挺立脊梁——伟大的中国精神

材料展示

【回顾历史的沉思】

材料一：抛开古人浪漫的遐想，我们为什么要“上天”？天，是人类生活继大陆、海洋、大气层之后的第四环境，是国家主权的第四个疆域。它也是人类资源寻求的重要方向，除了开发轨道资源、研究环境资源，人们还在将太阳系的其他行星中是否有地球稀缺的东西、适合人类居住的地方，作为探索宇宙、认识宇宙的长远目标。

材料二：从1970年4月24日长征一号运载火箭把东方红一号卫星送上天

起，中国航天逐步具备了进入太空、利用太空和捍卫太空的三种能力。虽然我国起步时间晚，但是我们的研发能力突出。当年的东方红一号卫星重达一百七十三公斤，比前四个国家（苏联、美国、法国、日本）的卫星重量加起来还要大，这是我国科技工作者创造的又一里程碑式的壮举。50余年来，航天精神代代相传、生生不息，中国航天自力更生、勇攀高峰，不断演绎着中国精神、中国力量。

材料三：东方红一号卫星任务的完成，显著提升了我国的国际影响力。正如邓小平同志所说："如果六十年代以来中国没有原子弹、氢弹，没有发射卫星，中国就不能叫有重要影响的大国，就没有现在这样的国际地位。"东方红一号卫星发射成功，打破超级大国对航天尖端技术的垄断，我国成为世界上第五个用自制火箭发射国产卫星的国家，进一步夯实了国家安全发展的基石。这是在中国共产党的领导下，广泛动员社会力量大协作的成果，彰显了举国体制的巨大优势，奠定了中国航天根基。"上得去，抓得住，听得着，看得见"，艰辛起步，目标明确。在基础薄弱、条件简陋，无参照样本、无完整资料的情况下，老一辈航天人因陋就简，土法上马，攻克一系列关键技术和工艺难关，从元件、材料到单机、分系统以至整星，实现系统综合集成、工程整体优化，取得系列重大突破。系统工程的理论与方法成为航天工程管理的"传家宝"，自主创新的技术与能力成为攀登科技高峰的"压舱石"，不怕困难的豪情与斗志成为航天发展的"动力源"。中国航天出成果、出装备、出人才，造就了一批科技大师、工程"两总"、大国工匠，打造了老中青三代梯次接续、充满活力的人才队伍。

【面对未来的选择】

材料一：始终抢抓机遇，自主创新。2020年，我国实施了探月三期、北斗导航、首次火星探测等国家重大工程。中国航天围绕集中力量办大事，抓住重大科技工程、抓住急需尖端需求、抓住关系未来的根本和基础，充分发挥重大专项对技术、科学的牵引和"扳机"作用。强化底线思维，坚持技术推动、需求拉动，坚持结果导向、问题导向，加大航天基础能力建设力度，切实解决影响制约发展的瓶颈短板问题。

始终集智攻关，协同创新。航天是大融合大联动的创新。要按照“发挥市场经济条件下新型举国体制优势，集中力量、协同攻关”要求，更加注重有效统筹各类主体、工程总体及各大系统单位，协同各层科技力量，形成航天重大项目的战略布局和系统安排；有效发挥各类创新资源优势，崇尚首创、鼓励冒险、允许试错、宽容失败，激励科学大家、领军人才、青年才俊和创新团队矢志创新、专注创造；有效汇聚社会优势资源，完善航天创新体系，实现由大向强的行稳致远，带动整体实力攀升。

始终共享共赢，开放创新。世界航天进入大发展时代，同场竞技、联袂展示。要坚持共商共建原则，加强航天领域基础科学研究国际交流，推动大科学计划、工程与中心建设，开展多领域、多层次、多形式国际交流，扩大创新能力开放合作。坚持和平利用外层空间一贯宗旨，积极参与国际外空规则制定和全球防灾减灾等国际创新治理，主动布局全球创新网络、设置合作议题，使更多人享受航天新发展带来的福祉。

材料二：中国航天将以习近平新时代中国特色社会主义思想为引领，赓续“两弹一星”精神、载人航天精神和探月精神，牢记初心使命，不畏艰险挫折，继续追天揽月征程，共享和平美好太空。

提问

1. 航天梦如何助力强国梦、复兴梦？

新时代书写中国精神

（1）弘扬和培育中国精神，最重要的是发挥“主心骨”的作用。中国特色社会主义理论体系，是马克思主义中国化的最新成果，是我们应对世界范围相互激荡的各种思想文化的“主心骨”。

（2）弘扬和培育中国精神，必须继承和发扬中华民族的优良传统。既要珍惜和爱护中华民族的优秀文化传统，又要继承和发扬党在长期革命斗争和建设实践中形成的优良传统。

（3）弘扬和培育中国精神，必须正确对待外来思想文化的影响。既要借鉴世界各国人民创造的先进文化成果，汲取世界各民族的长处，又要警惕西方敌对势力对我国进行西化、分化的图谋，确保国家的文化安全。

（4）弘扬和培育中国精神，必须将弘扬民族精神与弘扬时代精神相结合。

（5）弘扬和培育中国精神，必须立足于实践。中国精神产生于社会实践，弘扬和培育中国精神要立足于发展中国特色社会主义的伟大实践。

（6）弘扬和培育中国精神，必须发挥人民群众的主体作用，每个公民都要积极投身文化建设的实践，做中国精神的传播者、弘扬者和建设者。

2. 作为学生，实现航天梦，你们将如何接力？

新青年践行中国精神

从“神一”到“神十”，再到“神十一”“神十二”……从无人伴行到载人飞天，从航天员“囚禁”在舱中到在太空中“蹒跚学步”，从“神男”独步天下到“神女”并肩而行，中国航天事业实现了跨越式发展，令许多西方大国纷纷摘掉了有色眼镜，看我中华民族在宇宙苍穹中书写“东方神奇”；也让国人真正体验了扬眉吐气的酣畅。六十多年的航天辉煌等待你们去续写。

太空之路永无止境，我们赶超航天强国的伟大实践也永无止境。让我们高擎中国精神，承载亿万同胞的希望，在太空中放飞伟大的“中国梦”。

考核评价

1. 对本课涉及的考试内容，可以通过课堂提问、课堂限时训练、课后练习、检测等方式给予考核评价。

2. 通过学生参与本课教学的表现，如课前准备、课上发言、合作探究、课堂学习行为和品质等，对学生参与教学活动的程度和效果予以随时的、整体的评价。也可根据学生撰写的演讲稿、征文、调研报告等给予评价。评价应该以激励为主，发现学生的闪光点，激励他们深入思考，调动他们的学习兴趣，注意发挥学生所长。

资源链接

1. 视频播放：《嫦娥五号发射》，https://haokan.baidu.com/v?vid=14810561562635130692&pd=bjh&fr=bjhauthor&type=video.

2. 视频播放：《弘扬航天精神，拥抱星辰大海》，https://haokan.baidu.com/v?vid=11011616082574085400&pd=bjh&fr=bjhauthor&type=video.

参考文献

[1] 王蒙. 中国精神读本[M]. 杭州：浙江文艺出版社，2019.

[2] 陈勇. 北极星政治[M]. 成都：四川师范大学电子出版社，2021.

大学段：弘扬中国精神之魂

教学目标

1. 帮助学生深刻理解中国精神的历史底蕴、来源和内涵；帮助学生理解中国精神是以爱国主义为核心的民族精神和以改革创新为核心的时代精神的辩证统一；帮助学生理解中国精神的时代价值，为其提供正确的精神指引和强大的精神支撑。

2. 通过全面阐述爱国主义的基本内涵，揭示“四爱”之间的内在关联，引导和帮助学生理解爱国主义的深层意蕴和根本属性；通过深刻阐释新时代弘扬爱国主义精神的主要内容，帮助学生树立正确的历史观、民族观、国家观、文化观，增强中华民族的归属感、认同感、尊严感、荣誉感，坚定四个自信；通过阐明新时代践行爱国主义的基本要求，引导学生胸怀爱国之情、锤炼爱国之志、实践爱国之行。

3. 通过历史回顾及比较，帮助学生深刻认识和理解改革创新是改革开放以来最鲜明的时代底色，是当代中国最鲜明的时代特征、时代风尚，以及其自主性、首创性、先进性等本质特征；帮助学生深刻理解新时代中国更加需要大力弘扬改革创新精神，引导他们以实际行动大力弘扬改革创新时代新精神，以实际行动赋予改革创新时代新内涵，在新时代改革创新实践中实现人生价值。

教学内容

一、实现中国梦必须弘扬中国精神

二、弘扬新时代爱国主义精神

三、弘扬以改革创新为核心的时代精神

教学重难点

民族精神和时代精神的辩证关系；弘扬中国精神的时代价值；改革创新的本质特征；如何让学生明白为什么新时代更需要大力弘扬改革创新精神；大学生如何将改革创新精神与自身成长成才有机结合。

学情分析

大学生在之前学段中，对中国精神即以爱国主义为核心的民族精神和以改革创新为核心的时代精神，已经有了一定认识和理解，具备了较好的中国精神知识基础与政治素养。今天的大学生正处于中国特色社会主义新时代，因此需要结合新时代对其进行全面的、系统的、深入的中国精神教育，培养其将中国精神融汇、贯穿于新时代自身学习、发展和奋斗历程中，增强实践中国精神的使命感、责任感和高度自觉性。

设计思路

1. 设计理念

本阶段在之前学段的学习基础上，重点培养学生“内化于心、外化于行”的综合素质；注重理论分析与教学针对性，突出教学的理论透彻性和教学的现实感，以具体鲜活的案例将较为抽象的“中国精神”转化为生动的“中国故事”；既注重恰当引用习近平总书记关于中国精神的重要论述，又注重结合历史、现实、未来及青年个人成长，引导学生深刻理解论述真谛；将关于中国梦、中国精神的宏大叙事与学生个体的成长成才、历史使命承担有机结合起来，激发学生自觉弘扬中国精神、担当民族复兴历史重任的青春激情。

2. 思维导图

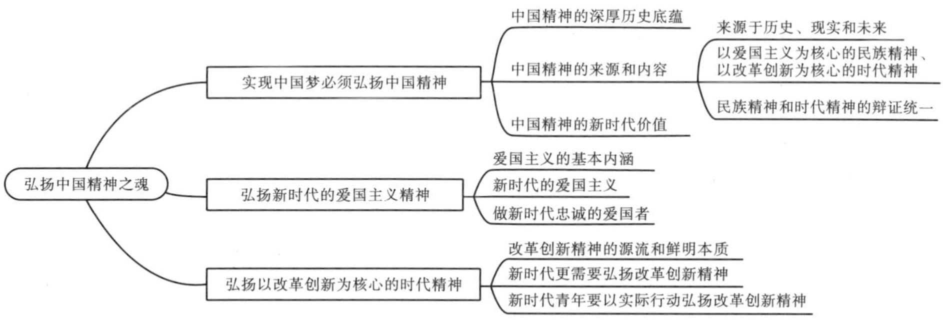

教学方法

理论分析法、辩证分析法、案例分析法、互动教学法、历史分析法、比较分析法、课内理论分析与课外主题实践结合法。

实施方案

一、实现中国梦必须弘扬中国精神

课程引入

四大文明古国唯有中华文明薪火相传、连绵不休，中华文明为什么能“幸运”地延续了下来呢？

“人无精神则不立，国无精神则不强”，中华文明源远流长、历久弥新，其中有一种特殊的基因，这就是——伟大的中国精神！中华民族在漫长的历史长河中形成了哪些优秀的精神传统？我们谈论的中国精神究竟来源于哪里，包含哪些基本内容？中国精神对伟大中国梦的实现以及青年个人成长和发展究竟有何重要作用呢？

（一）中国精神的深厚历史底蕴

中华民族历史上形成了重精神的传统。独特的中华民族塑造了独具特色的中华民族优秀精神气质和品格，基本可以概括为：对物质生活与精神生活、精神追求的关系的辩证理解；对理想的不懈追求、上下求索；重视道德修养和道德教化；推崇理想人格，追求高尚人生境界。

中华民族近现代以至当代注重对精神传统的继承和弘扬。中国共产党自诞生以来，一贯重视精神的重要作用，创新性地形成和发扬一系列新的优秀革命和建设精神，比如革命时期的井冈山精神、长征精神、延安精神，等等；中华人民共和国成立后，在社会主义建设中形成了大庆精神、铁人精神、“两弹一星”精神、红旗渠精神，等等；改革开放后，形成了女排精神、抗洪精神、奥运精神、载人航天精神，等等。在中国特色社会主义新时代，中国共产党、中华民族对中国精神的重视，对优秀中国精神的继承和发扬，对适应新时代发展要求的新中国精神的培育，达到了全新的高度。习近平总书记特别强调要更好地构筑中国精神、中国价值、中国力量，为人民提供精神指引。

过渡

在中华民族的伟大历史实践中，又凝聚出怎样的中国精神呢？

（二）中国精神的来源和内容

1. 中国精神究竟来源于哪里，包括哪些基本内容？

材料展示

“人民日报”公众号：中国精神，到底在哪里？我们必须要搞清楚！

教师总结

我们看到，中华民族在历史长河中形成的重精神的优秀传统，在中华民族的伟大历史实践中，其精髓凝聚和汇聚为具有鲜明民族特色和时代特色的中国精神；中国精神既是历史的，也是现实的和未来的，无数为国家和民族的生存、发展和壮大作出贡献的人，无数在生活中闪耀真善美的人，都是中国精神的践行者；中国精神包容甚广、气势宏大，基本内容就是：以爱国主义为核心的民族精神，以改革创新为核心的时代精神。

过渡

应该如何进一步理解以爱国主义为核心的民族精神、以改革创新为核心的时代精神，以及二者的辩证统一关系呢？

2. 以爱国主义为核心的民族精神

党的十六大报告指出：“在五千多年的发展中，中华民族形成了以爱国主义为核心的团结统一、爱好和平、勤劳勇敢、自强不息的伟大民族精神。”习近平在第十三届全国人民代表大会第一次会议上的讲话中强调，中国人民在长期奋斗中培育、继承、发展起来的伟大民族精神，为中国发展和人类文明进步提供了强大精神动力，中国人民是具有伟大创造精神的人民，是具有伟大奋斗精神的人民，是具有伟大团结精神的人民，是具有伟大梦想精神的人民。这些都是对中国精神集中的、科学的概括。

无论是从历史到今天，还是从现实到未来，透过表象看本质，我们看到：中华民族精神内涵丰富，但无论怎样表达，都紧紧围绕着对国家的热爱这个核心，都从不同侧面体现着对祖国的忠诚和热爱的深厚情感；多样化的中华民族精神也集中统一为以爱国主义为核心，中华民族历史上无数可歌可泣的爱国奋斗、抗争事迹，更是爱国主义精神的直接表达。

过渡

我们理解了以爱国主义为核心的民族精神，又应当如何理解以改革创新为核心的时代精神呢?

3. 以改革创新为核心的时代精神

第一，时代精神围绕改革创新精神为核心展开。四十多年的改革创新中涌现出的无数感动中国的先进典型、英雄群体、时代楷模，从不同维度生动展现了当代中国的时代精神：或承载人民至上、以人为本、公平正义、诚信友爱的价值追求；或体现廉洁奉公、爱岗敬业、淡泊名利、甘于奉献的高尚品格；或展现解放思想、求真务实、积极探索、勇于创新的科学精神；或彰显自强不息、艰苦奋斗、顽强拼搏、敢于胜利的英雄情怀，等等。时代精神正枝繁叶茂，而这些时代精神无论怎样表达和展开，紧紧围绕的核心都是——改革创新精神!

第二，改革创新精神内涵丰富。改革创新精神内涵不断丰富和发展，而其基本内涵在于：一是突破、打破探索的思想观念，具体指突破常规、大胆探索，打破条条框框、打破各种不符合实际和规律的观念、体制束缚；二是不甘落后、奋勇争先、追求进步的责任感和使命感，具体表现为不自满自足、故步自封，保持“落后就要挨打”的危机感和忧患意识、警醒意识以及“一万年太久，只争朝夕”的奋发精神和竞争意识；三是坚韧不拔、自强不息、锐意进取的精神状态，即敢啃硬骨头的闯劲，咬定青山不放松的韧劲，生命不息、奋斗不止的拼劲；四是求真务实、与时俱进的精神风貌，也就是真抓实干、不断创新、不断进步的务实追求，等等。

过渡

民族精神和时代精神又有什么关系呢?

4. 中国精神是民族精神与时代精神的辩证统一

第一，中国精神因民族精神和时代精神，具有鲜明民族特性又不失鲜明时代特色。民族精神赋予中国精神民族特征，时代精神赋予中国精神时代内涵。中华民族伟大民族精神，具有中华民族鲜明特色，改革创新精神重塑、丰富、发展了当代中国精神，使中国精神带有鲜明的改革创新时代特色。

第二，民族精神在历史上都曾经是时代精神，时代精神本身就是一个时代最鲜明的民族精神。中华民族伟大民族精神，都曾经是时代精神。当代改革创新的时代精神，也已经成为中华民族当代最具鲜明时代特征的民族精神。

第三，弘扬民族精神，必须立足时代、顺应时代而不断变革创新。民族精神哺育和启发时代精神，时代精神立足民族精神根基、承接民族精神基因，不忘本来又面向未来，引领中华民族不断前行。中华民族伟大民族精神，在改革创新时代不断得以发扬光大。同时，中华民族也正是在改革创新实践中，在继承和弘扬民族精神中，结合时代发展和需求，创新性地形成了改革创新时代新精神。

第四，中华民族精神与改革创新的时代精神二者相得益彰，紧密融汇、统一于中国精神，共同成为引领时代前行、具有鲜明时代性和强大生命力的重要根源，共同成为中华民族的精神家园，共同为中华民族奋进、创新、走向复兴提供强大精神支撑和力量。

过渡

我们又应该如何深刻认识中国精神的重大价值和意义呢？新时代青年

又应该如何弘扬中国精神呢？

（三）中国精神的新时代价值

习近平总书记指出："实现中国梦必须弘扬中国精神。这就是以爱国主义为核心的民族精神，以改革创新为核心的时代精神。这种精神是凝心聚力的兴国之魂、强国之魄。爱国主义始终是把中华民族坚强团结在一起的精神力量，改革创新始终是鞭策我们在改革开放中与时俱进的精神力量。全国各族人民一定要弘扬伟大的民族精神和时代精神，不断增强团结一心的精神纽带、自强不息的精神动力，永远朝气蓬勃迈向未来。"

1. 中国精神具有多方面重大新时代价值

在当代，无论是对中华民族整体，还是对新时代青年群体及个人，中国精神都具有重要的意义和价值。

第一，中国精神是凝聚中国力量的精神纽带。历史和现实启示我们：一盘散沙什么也干不成，人民的力量无穷无尽，实现中国梦的根本力量在于人民。要实现中国梦，必须大力弘扬中国精神中的伟大团结精神，即团结统一、爱好和平等，以聚人心、形共识、汇力量，最终实现伟大梦想。

第二，中国精神是激发创新创造的精神动力。历史和现实告诉我们：一个缺乏创新创造精神的民族，既不会创造出辉煌的历史，也不会有光明的未来。坚持创新创造精神，国家才能发展，民族才有希望。在中国梦实现过程中，唯有更加充分地发扬中国精神，勇于变革、勇于创新，创新思路、创造方法，才能解决前进道路上的一切难题。

第三，中国精神是推进复兴伟业的精神定力。历史上，没有一个民族能够通过模仿他国而实现真正振兴，也没有一个民族在彷徨不定中成就自己的光荣和梦想。中国梦的实现任重道远，因此必须大力弘扬中国精神，踏踏实实、从容不迫、排除干扰、坚定"四个自信"，最终实现宏大愿景。

第四，中国精神是新时代青年担当民族复兴使命的精神指引。青年兴则国家兴，青年强则国家强；青年是整个社会力量中最积极、最有生气的力量，国家的希望在青年，民族的未来在青年。新时代青年大学生要担当实现中华民族伟大复兴重任，就要以中国精神引领自身奋斗，激发前进动力，将个人成长成才与时代使命承担结合起来，为国家富强、民族振兴、人民幸福贡献自己的智慧和力量。如此，方能不辜负这伟大的时代。

2. 新时代青年要注重以实际行动弘扬中国精神

当青春遇上新时代，唯有实际行动，才是对中国精神最好的诠释。新时代青年大学生要弘扬中国精神，必须付出艰苦的努力和实际行动。既要树立远大个人理想，也要热爱伟大祖国；既要练就过硬本领，也要锤炼品德修养，成为德智体美劳全面发展的时代新人；既要勇于砥砺奋斗，也要勇担时代责任；既要有家国情怀，也要有人类关怀，更要发扬中华文化崇尚的四海一家、天下为公精神，为实现中国梦、中华民族伟大复兴而奋斗，为推动共建“一带一路”、推动构建人类命运共同体而努力。

二、弘扬新时代爱国主义精神

课程引入

塞涅卡（古罗马）曾讲：“没有人因幅员大小或者国力强弱而爱自己的国家，人们爱它因为它是自己的祖国。”杜勃罗留波夫（俄国）曾言：“真正的爱国主义不应该表现在漂亮的话语上，而应该表现在为祖国谋福利，为人民谋福利的行动上。”那么，当青春遇上新时代，应当怎样理解爱国主义呢？大学生又应当如何做忠诚的爱国者呢？

（一）爱国主义的基本内涵

爱是一种情感、一种思想、一种行为，情感是基础，思想是灵魂，行为是体现。真正的爱应当是情感、思想和行为一致，以行为表现出来。现代意义的“国”至少应当包括自然要素、社会要素、文化要素、政治要素这四个要素。爱国主义是中华民族精神的核心，体现了人们对自己祖国的深厚情感，解释了个人对祖国的依存关系，是人们对自己故土家园、种族和文化的归属感、认同感、尊严感与荣誉感的统一，其基本要求就是：要在情感、思想和行为上爱祖国的大好河山，爱自己的骨肉同胞，爱祖国的灿烂文化、爱自己的国家。

（二）新时代的爱国主义

第一，坚持爱国主义和爱社会主义的统一。社会主义道路是历史和人民的选择。历史证明只有社会主义才能救中国。社会主义制度建立后，中国人民继续艰苦创业，虽然其中历经曲折，但仍取得了巨大的成就，尤其是自改革开放以来更是取得了举世瞩目的成就。因此，爱国主义与爱社会主义的统一，是中国历史发展的必然结果。只有坚持将爱国和爱党、爱社会主义相统一，爱国主义才是鲜活的、真实的，这是当代中国爱国主义精神最重要的体现。

第二，维护祖国统一和民族团结。新时代弘扬爱国主义精神，必须把维护祖国统一和民族团结作为重要着力点和落脚点。维护国家主权和领土完整，维护民族团结，是国家的核心利益和全体中华民族的核心诉求。任何旨在制造国家分裂、损害国家主权和领土完整的言行，破坏民族团结的行为，都会遭到具有强烈爱国主义精神的海内外中华儿女的坚决反对。拥护祖国统一，反对分裂是对全体中华儿女包括港澳台同胞以及海外侨胞的基本要求。

第三，尊重和传承中华民族历史和文化。对祖国悠久历史、深厚文化的理解和接受，是人们爱国主义情感培育和发展的重要条件。中华优秀传统文化是中华民族的精神命脉，是中华民族得以延续的文化基因，也是我们在世界文化激荡中站稳脚跟的根基；中华文化独一无二的理念、智慧、气度、神韵，增添了中国人民和中华民族内心深处的自信和自豪。必须尊重和传承中华民族历史和文化，以时代精神激活中华优秀传统文化的生命力，延续文化基因，萃取思想精华，推进中华优秀传统文化创造性转化和创新性发展，在传承与创新中树立和坚持正确的历史观、民族观、国家观、文化观，增强中国人的骨气和底气。

第四，在全球化时代坚持弘扬爱国主义。可以说，经济全球化更加需要爱国主义。在经济全球化的今天，固然应当摈弃单纯的、狭隘的国家利益观念，但国家仍然是民族利益最具权威的代表者与组织形式，在国家利益上，虽然国家之间存在部分共同利益，世界也存在共同的世界利益，但远未达到实质上的“世界大同”。每个公民除了个人身份，还有国家身份。世界上哪个民族如果削弱了国家的存在，那个民族就将遭受灭顶之灾。经济全球化不等于政治、文化的一体化，更不等于不同民族国家利益的“一体化”“无差别化”；从“基于本国维护国家利益”到“基于全球维护国家利益”，经济全球化实际上对爱国主义提出了更高、更迫切的需求，不同国家对经济全球化的核心考量在于“是否能使本民族国家利益最大化”。在经济全球化的今天，国家利益仍然至上，爱国主义只能加强，不能削弱。我们在促进世界共同利益方面不遗余力，在维护本民族国家利益上也同样旗帜鲜明！这也正如国家主席习近平强调的：任何外国不要指望中国会拿自己的核心利益做交易，不要指望中国会吞下损害国家主权、安全、发展利益的苦果。

第五，坚持立足民族又面向世界，构建人类命运共同体。坚持推动构建人类命运共同体，是新时代坚持和发展中国特色社会主义基本方略的重要内容。当今世界，没有哪个国家能够独自应对人类面临的各种挑战，也没有哪个国家能够退回到自我封闭的孤岛。如何共同建设一个持久和平、普遍安全、共同繁荣、开放包容、清洁美丽的世界，是全人类的共同利益和共同价值追求。构建人类命运共同体的理念，源于中国，属于世界，是中国与世界的交响协奏。中国人民的梦想同各国人民的梦想息息相通，实现中国梦离不开和平的国际环境和稳定的国际秩序。当代中国的爱国主义继承并发扬了中华文化协和万邦、热爱和平的优秀传统，对内积极倡导爱国主义，对外主张平等互利、和平共处的国际交往原则，积极维护国际和平与文明和谐。新时代弘扬面向世界的爱国主义精神，意味着我们要有更加宽广的世界胸怀和全球视野，为维护人类共同利益、推动人类文明发展进步提供中国智慧，始终做世界和平的建设者、全球发展的贡献者、国际秩序的维护者。

（三）做新时代忠诚的爱国者

爱国更需要实际行动。今天，我们应该怎样践行爱国主义、做忠诚的爱国者呢?

第一，坚定维护和推进祖国统一。保持香港、澳门长期繁荣稳定，实现祖国完全统一，是实现中华民族伟大复兴的必然要求，是不可阻挡的历史进程，也是全体中华儿女的共同心愿。新时代大学生要坚定认识并为此作出自己应有的贡献；要始终准确把握“一国”和“两制”的关系：“一国”是根、是本，根深才能叶茂，本固才能枝荣；要在促进两岸交流合作的同时，坚决反对分裂图谋，绝不允许任何人、任何组织、任何政党在任何时候、以任何形式、把任何一块中国领土从中国分裂出去。

第二，积极维护和促进民族团结。处理好民族问题、促进民族团结，是关系祖国统一和边疆巩固、关系民族团结和社会稳定、关系国家长治久安和中华民族繁荣昌盛的大事。我们都要像爱护自己的眼睛一样维护民族团结，像爱护自己的生命一样维护社会稳定，自觉做民族团结进步事业的建设者、维护者、促进者，牢固树立正确的祖国观、民族观，铸牢中华民族共同体意识，尊重兄弟民族的传统文化、风俗习惯和宗教信仰；要认清各种分裂主义势力的险恶用心和反动本质，坚持原则、明辨是非，坚决与破坏民族团结的行为作斗争；在危急关头、关键时刻，要立场坚定、挺身而出，敢于同各种分裂活动作斗争，坚决捍卫民族团结进步、共同繁荣发展的大好局面。

第三，切实维护国家安全。首先，要树立总体国家安全观。国家安全是指一个国家不受内部和外部的威胁、破坏而保持稳定有序的状态。2014年4月15日，习近平总书记首次提出总体国家安全观，并首次系统提出“11种安全”，包括政治安全、国土安全、军事安全、经济安全、文化安全、社会安全、科技安全、网络安全、生态安全、资源安全、核安全。国家安全问题事关国家安危和民族存亡。今天，国家安全形势越来越复杂，大学生要增强国家安全意识，对境内外敌对势力的渗透、颠覆、破坏活动保持高度警惕，切实履行维护国家安全的义务。其次，要增强国防意识。强大的国防是国家生存与发展的安全保障。我国宪法明确规定，保卫祖国、抵抗侵略是中华人民共和国每一个公民的神圣职责。大学生既是社会主义现代化建设的有用人才，也是国防建设的后备人才，必须具有很强的国防观念和忧患意识，自觉接受国防和军事方面的教育训练，关心国防、了解国防、热爱国防、投身国防，积极履行国防义务，成为既能建设祖国、又能保卫祖国的优秀人才。再次，要积极履行维护国家安全的义务。我国宪法明确规定了公民应履行维护国家安全的基本义务。《国家安全法》《保守国家秘密法》《国防法》《兵役法》《反间谍法》等法律明确规定了公民维护国家安全的各项具体的法律义务。大学生应自觉遵守国家安全法律，履行维护国家安全的法律义务。对每一项责任和义务，每个大学生都应该勇于担当，尽职尽责。

三、弘扬以改革创新为核心的时代精神

课程引入

改革开放已经走过40多年的历程，回顾波澜壮阔的改革开放历史，寻找其中的本质和规律，可以为我们面向未来提供更好的启迪。

（一）改革创新精神的源流和鲜明本质

案例和设问

以深圳为例。深圳能有今天的成就，靠的是什么？勤奋？但仅仅是勤奋就足以实现这样的飞跃发展吗？靠地理位置优越吗？……答案除了党的正确领导、中国人民的智慧和勤奋、勇抓机遇等，还有一种最鲜明、最重要、最本质的东西——改革创新精神！不仅仅是深圳，全国数十年的改革创新实践从多方面、多维度呈现了宏大的历史画卷。

互动交流

请同学们谈谈自己感受到的因改革创新带来的深刻发展变化。

教师总结

我们是改革开放的亲身经历者、见证者、参与者、受益者，改革创新实践彻底改变了中国，改革创新是改革开放以来最鲜明的时代底色，是当代中国最鲜明的时代特征、时代风尚。改革创新精神根植和成长于改革创新实践沃土中，成为改革创新实践凝聚的时代最强音，成为改革开放以来中华民族时代精神的核心和时代精神最鲜明的体现！

但什么才是真正的改革创新？改革创新精神的鲜明本质是什么？比如，中国高铁作为一张靓丽的中国名片，仅仅靠引进他国技术就能实现世界领先吗？显然不能！中国高铁不仅未止步和满足于最初的“引进、消化、吸收”，还系统性地进行着持续“再创新”：从完成第一代中国高铁的历史使命，即从引进到消化、吸收，还有零部件的国产化，到自主研发

出新一代高速动车组CRH380系列，在牵引传动、网络控制等核心技术上进行全面再创新，完成第二代中国高铁“自主化”的使命，再到凭借自己修炼多年的强大内力，将之前从世界各国引进的技术融会贯通、冶于一炉，制造出以CR“复兴号”为代表的新型动车组系列，完成第三代中国高铁建立中国标准体系的使命，中国高铁才一步步驶向了世界最高水平的舞台。

因此，改革创新精神的本质首先在于自主性，特别是在科学技术上，靠自力更生突破核心技术，本来就是中国创新的最鲜明底色。真正的改革创新必然是自主创新，是战胜自我和超越自我。其次在于首创性，真正的改革创新必然具有“第一次”的特征，尽管它不排除学习和借鉴别人，但其成果必然不与任何已有成果雷同，更不是生搬硬套、拙劣模仿。再次在于先进性，真正的改革创新必然顺乎文明之潮流、体现时代之脉动、展示历史之未来，因而能够独领风骚、影响深远，如果只是历史回声的共振、甚至是历史沉渣的泛起，则不是改革创新，而是复辟倒退。我们的中国特色社会主义建设，如果没有自主性、首创性、先进性，何来“四个自信”呢?

（二）新时代更需要弘扬改革创新精神

第一，历史和现实启迪我们必须改革创新。中国在漫长的历史长河中，把变通求新、革故鼎新、与时俱进等创新创造观念沉淀为中华民族最深沉的民族禀赋。中华民族发展史上充满着变革和创新精神，几千年前，中华民族的先民们就秉持“周虽旧邦，其命维新”的精神，开启了缔造中华文明的伟大实践。正是因为坚持变革创新，才成就了我国历史上全面的、长期的辉煌。1975年出版的《自然科学大事年表》记载，明代以前，世界上重要的发明创造和重大的科学成就大约有300项，其中中国大约有175项，占总数的57%以上。

近代欧洲掀起科技革命，中国却逐步落后。近代中国为什么会从领先世界迅速走向落后？英国学者李约瑟在《中国科学技术史》一书中提出：“尽管中国古代对人类科技发展作出了很多重要贡献，但为什么科学和工业革命没有在近代的中国发生？”中华民族近代落后的重要原因之一，就在于创新能力不足！

新中国成立特别是自1978年改革开放以来，我们在党的领导下，在坚持社会主义基本制度的基础上，锐意改革并开展全方位创新，国家面貌发生了翻天覆地的变化，人民生活水平得到极大提高，中华民族才得以真正屹立于世界先进民族之林，中国人才有了更充足的底气，改革创新的时代精神也成为当代爱国主义最好的诠释和注脚。

总结中华民族发展历史、特别是改革开放以来的改革创新实践经验，习近平总书记深刻谈道：“创新是民族进步的灵魂，是一个国家兴旺发达的不竭源泉，也是中华民族最深沉的民族禀赋。”他在庆祝改革开放40周年大会上的讲话中还特别指出：“改革开放是党和人民大踏步赶上时代的重要法宝，是坚持和发展中国特色社会主义的必由之路，是决定当代中国命运的关键一招。40年来，我们始终坚持解放思想、实事求是、与时俱进、求真务实，勇敢推进理论创新、实践创新、制度创新、文化创新以及各方面创新，不断赋予中国特色社会主义以鲜明的实践特色、理论特色、民族特色、时代特色，形成了中国特色社会主义道路、理论、制度、文化，以不可辩驳的事实彰显了科学社会主义的鲜活生命力，社会主义的伟大旗帜始终在中国大地上高高飘扬！”

第二，改革创新精神具有重要国际意义。今天，创新是国际竞争新优势的集中体现，创新强则国家强。今天，凡是创新力强的国家都是先进的国家；先进国家的“先进”集中体现在其强大的创新力上。根据历年来世界知识产权组织发布的全球创新指数可以看出，瑞士、瑞典、美国、新加坡、德国、以色列、韩国、法国等国家的创新指数都名列前茅，他们都是先进创新型国家，这些国家无一不将创新置于核心地位，他们都在用自己的先进诠释着创新创造的意义和巨大威力。

第三，中国的未来更需要改革创新精神。在中国特色社会主义新时代，我们还面临着艰巨的难题和新挑战：发展不平衡不充分、发展质量和效益不高、创新能力不强。比如，从世界范围来看，我们的制造业还处于第三梯队，大多还处在产业链的中低端；我们的基础科学还比较落后；我们的实体经济、生态环境、民生建设、城乡区域发展和收入分配、社会文明水平、社会矛盾和问题的解决、全面依法治国、国家治理体系和治理能力建设、意识形态领域、国家安全、党的建设等方面，还存在诸多难题。因此，要把我国建成富强民主文明和谐的社会主义现代化强国，实现中华民族的伟大复兴，更需大力弘扬改革创新精神，百尺竿头，更进一步！

过渡

当青春遇上新时代，新时代青年又应如何以实际行动来弘扬改革创新精神呢？

（三）新时代青年要以实际行动弘扬改革创新精神

新时代中国梦的实现有赖于青年。直面新时代新挑战，为实现新时代新目标、新任务，新青年更要有现实的担当，更要大力弘扬改革创新时代新精神，以实际行动赋予改革创新新内涵，为新时代爱国主义注入更鲜活的血液，在新时代改革创新实践中实现人生价值。

第一，将改革创新理念内化为思维。这里的关键词是要打破陈规陋习，树立大胆突破未知领域的信心，以创新创造为目标，大胆探索未知领域。创新不是形式上的、无意义的创新，创新也不是要“抛弃一切”，而是要“站在巨人的肩膀上成就未来”。

第二，培养改革创新的责任感和担当精神。中华民族的伟大复兴必须付出艰苦卓绝的努力，必须坚持持续、深入的改革创新。作为新时代青年，确应有“铁肩担道义”之精神，面对经济、社会发展中的种种问题，敢于面对、敢于担当、敢于实践、敢于改革、勇于奉献。同时，作为新时代青年，处在“双创”时代，更应顺应潮流，顺时而动，用青春在改革中挥洒汗水，用奋进谱出创新的华章。

第三，切实增强改革创新的本领。改革创新不仅是口号，更是行动和能力的体现，因此青年大学生应扎实系统地学好专业知识，积极培养创新型思维方式，抓住一切机会全面投身改革创新实践，特别是“双创”实践中。

第四，积极投身新时代改革创新实践。首先，创新观念，深入研究和解决学习和工作中的新情况、新问题，勇于突破不合时宜的观念、做法、体制和机制，使改革创新成为一种自觉的思维理念、行为方式和目标追求。其次，创新思路，要用改革创新的精神去拓展新的学习和工作领域。再次，创新方法，要善于抓住需要创新的重点，找准学习和工作的切入点，以点带面，推动整个学习和工作的改革创新。最后，创新机制，要围绕自身学习和工作中的重点、热点和难点，重视从机制上查找原因，通过改革创新，建立健全适应新形势、新任务的学习和工作机制，寻求解决问题的治本之策。

新时代的号角早已吹响，青年奋进正当时。各位青年同学，你做好准备了吗？

考核评价

以“弘扬伟大抗疫精神”“弘扬以改革创新为核心的时代精神”等为主题，结合新时代发展和自身实际，开展实践，并对实践成果进行教学展示和评比，实践形式不限，考核标准兼顾形式和内容的统一、思想性和实践性的统一等。

资源链接

1. 习近平. 在第十二届全国人民代表大会第一次会议上的讲话[N]. 人民日报，2013-03-18.

2. 习近平. 在同各界优秀青年代表座谈时的讲话[N]. 人民日报，2013-05-05.

3. 习近平在中共中央政治局第二十九次集体学习时强调 大力弘扬伟大爱国主义精神为实现中国梦提供精神支柱[N]. 人民日报，2015-12-31.

4. 习近平. 共同构建人类命运共同体[M]//习近平. 习近平谈治国理政：第2卷. 北京：外文出版社，2017.

5. 习近平. 在十三届全国人大一次会议闭幕会上的讲话[N]. 人民日报，2018-03-21.

6. 习近平. 在中国科学院第十九次院士大会、中国工程院第十四次院士大会上的讲话[M]. 北京：人民出版社，2018.

7. 习近平. 在庆祝改革开放40周年大会上的讲话[N]. 人民日报，2018-12-19.

专题三

Topic 3

道德修身——培养社会主义道德观

| 一体化设计目标及思路 |

根据“在道德修养方面提出明确要求”的目标，按照循序渐进、螺旋上升的原则，遵循思想政治工作规律、教书育人规律、学生成长规律，对大中小学思想政治课课程目标进行一体化设计。依据小学生从家庭逐渐走向集体生活的人生阶段，设计了小学段的“走进传统美德”，使小学生感受身边道德之美，增强道德情感。根据初中生逐渐走向社会、开始公共生活的人生阶段，设计了初中段的“遵守社会公德”，使初中生明是非、讲规则、辨善恶，为成为合格公民打下思想基础。根据高中生走向成人的关键时期，设计了高中段的“践行公民道德”，使高中生明方向、知荣辱，自觉遵守公民基本道德规范，为成为合格公民打下坚实的道德基础。根据大学生担当使命、责任的要求，设计了大学段的“修美德明大德”，使大学生系统、深刻地认识、理解社会主义道德的价值意义，识大局，积极担当引领社会良好道德风尚的使命与责任。

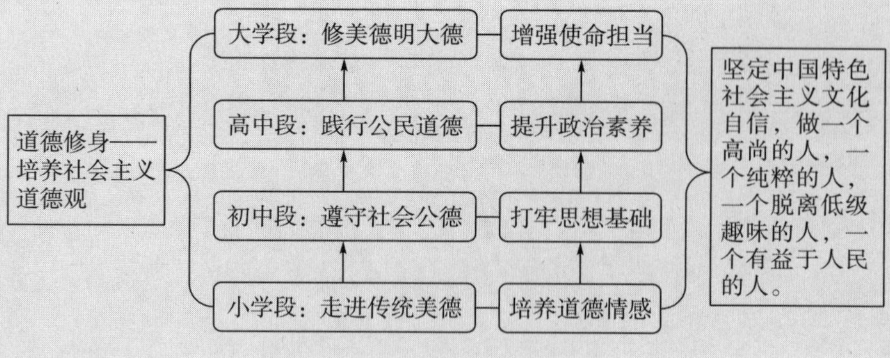

小学段：走进传统美德

教学目标

总体目标：引导学生从提高自身修养出发，通过低段和高段的舞台经历，将礼貌、好学、善良等中华传统美德融于一身，以提升内在的方式感悟中国传统文化魅力。

低段目标：一是调动学生全身感官感受压力和紧张，感受自身情感，感受表现出来的动作、语言、情感，用舞台作为学生自我情感表达的平台；二是通过把故事改编成戏剧的方式，培养学生懂礼貌、好学、善良的道德品质；三是锻炼学生的课堂参与性和互动性。

高段目标：一是调动学生全身心体验戏剧的魅力，慢慢学会如何流畅、自信地表达，最终能够在表现中体现自己的经验和知识；二是通过把故事改编成戏剧的方式，培养学生勇敢、独立、开拓的道德品质；三是锻炼学生的动手能力、表达能力、团队协作能力。

教学内容

一、礼貌、好学与善良

二、勇敢、独立与开拓

教学重难点

通过戏剧演绎，逐渐培养学生的优秀道德品质。

学情分析

1–3年级：学生刚从幼儿园毕业不久，身心发展还处于萌芽状态，对小学生活充满新鲜感，但又不习惯，因而一时难以适应；对学习新事物有好奇心，很乐意和同学接触、交谈，但不懂礼貌；处于低段的学生有直观、具体、形象等思维特点。随着学生在学校和家庭的成长，他们逐渐适应了小学的学习生活，开始有自我控制能力，好表现自己，竞争意识和上进心有所发展，能树立近期的奋斗目标，都想争取成为好学生。随着入学时间的增长，学生的思维慢慢由形象思维过渡到能进行一定的抽象思维，但仍然以形象思维为主，思维的直观性、具体性、形象性仍然是其共同特点，同时，他们模仿性强，是非观念淡薄。想象能力也由模仿性和再现性向创造性过渡；学生自我意识逐渐发展，逐渐学会道德原则的评价标准，评价能力开始发展，行为表现往往是能提出自己的见解，但不善于全面地评价。道德感、正义感开始萌芽，但道德认知水平仍然较低，辨别是非的能力也不强，很容易受到外界的影响。

4–6年级：学生正处在由儿童期向少年期转变的过程，他们的独立意识开始增强，已经不满足于单纯地听老师的话，也不满足于接受课堂教学。他们爱看课外书，对自然现象、社会现象产生了兴趣。到了五年级，学生开始进入少年期，身心的发展正处在由幼稚趋向自觉、由依赖趋向独立的半幼稚半成熟交错的矛盾时期。心理上具有以下特点：能认识和掌握一定的道理观念，道德感情开始多变而且不轻易外露；开始以一定的道德标准来评价人、事或社会现象，但仍有片面性。

设计思路

1. 设计理念

以舞台为载体，以学段为界限，演绎故事内容，让学生深刻感悟故事中所体现的优秀道德品质。

2. 思维导图

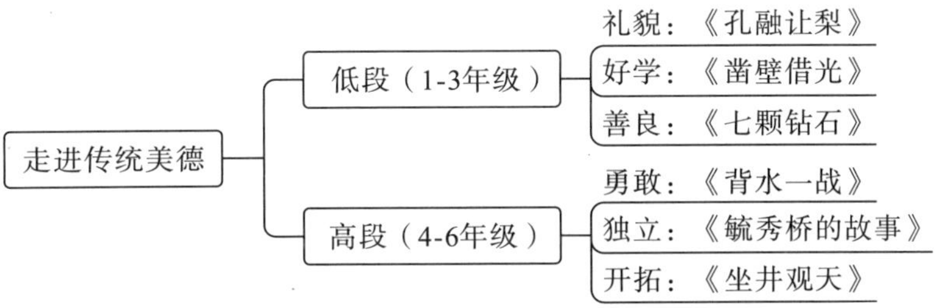

教学方法

分段实施，层层递进：根据小学生的身心发展特点，从识记故事到精彩演绎故事是一个循序渐进的过程。让学生逐渐丰富自己的知识和经验，能够越来越充分地表达自己的情感，同时学会从故事中养成优良的品质。

体验戏剧，多维收获：以形式多样的戏剧为桥梁，让学生在体验不同的故事演绎中，全方位地收获多种知识、多种情感，丰富自己的表达能力、丰富自己的生活经验等，从而提高学生的整体素质。

实施方案

一、礼貌、好学与善良

改编目的和改编建议

让学生通过自己舞台上的表现初步感受戏剧的魅力，能够有勇气说出自己的台词，做出动作，为未来不断精进自身表演实力奠定基础。

由于学生还处于低段，所以对学生的要求不要太高，能够有勇气上舞台，说出自己的台词即可，不用过分强调情感、动作的难度。

课例一：礼貌

孔融让梨

孔融小时候家里有五个哥哥，一个弟弟。

有一天，家里吃梨。一盘梨子放在大家面前，哥哥让弟弟先拿。你猜，孔融拿了一个什么样的梨？他不挑好的，不拣大的，只拿了一个最小的。孔融父亲看见了，心里很高兴：别看这孩子才四岁，还真懂事哩。就故意问孔融："这么多的梨，又让你先拿，你为什么不拿大的，只拿一个最小的呢？"

孔融回答说："我年纪小，应该拿个最小的；大的留给哥哥吃。"

父亲又问他："你还有个弟弟哩，弟弟不是比你还要小吗？"

孔融说："我比弟弟大，我是哥哥，我应该把大的留给弟弟吃。"

你看，孔融讲得多好啊。他父亲听了，哈哈大笑："好孩子，好孩子，真是一个好孩子！"

孔融四岁，知道让梨。上让哥哥，下让弟弟。大家都称赞他。

教学建议

1. 根据内容让学生进行戏剧表演。

2. 通过采访的方式询问所参演的学生和台下观看的学生的直观感受，同时让学生在观看和表演中体会故事所蕴含的品德。通过提问的方式让学生主动从生活中提取相关的经验和经历，起到了示范和加深的作用。

教师总结

通过《孔融让梨》的故事，我们知道了在生活中要学会尊老爱幼、学会谦让、学会礼貌待人，做一个有涵养的好孩子。

课例二：好学

凿壁借光

西汉时候，有个农民的孩子，叫匡衡。他小时候很想读书，可是因为家里穷，没钱上学。后来，他跟一个亲戚学认字，才有了看书的能力。

匡衡买不起书，只好借书来读。那个时候，书是非常贵重的，有书的人不肯轻易借给别人。匡衡就在农忙的时节，给有钱的人家打短工，不要工钱，只求人家借书给他看。

过了几年，匡衡长大了，成了家里的主要劳动力。他一天到晚在地里干活，只有中午歇晌的时候，才有工夫看一点书，所以一卷书常常要十天半月才能够读完。匡衡很着急，心里想：白天种庄稼，没有时间看书，我可以多利用一些晚上的时间来看书。可是匡衡家里很穷，买不起点灯的油，怎么办呢？

有一天晚上，匡衡躺在床上背白天读过的书。背着背着，突然看到东边的墙壁上透过来一线亮光。他霍地站起来，走到墙壁边一看，啊！原来从壁缝里透过来的是邻居的灯光。于是，匡衡想了一个办法：他拿了一把小刀，把墙缝挖大了一些。这样，透过来的光亮也大了，他就凑着透进来的灯光，读起书来。

匡衡就是这样刻苦地学习，后来成了一个很有学问的人。

教学建议

1. 根据内容改编成戏剧后呈现在舞台上。

2. 通过现场提问，调动学生的经验和经历，让学生回答从刚才的表演中收获了什么，是否学到了勤奋好学的优秀品质，自己有没有像匡衡一样好学的经历呢。

教师总结

通过刚才你们用心又精彩的表演，我们能够看出匡衡是一个好学的孩子。我们都应该向他学习，让自己不断进步。

课例三：善良

七颗钻石

很久很久以前，地球上发生过一次大旱灾，所有的河流和水井都干涸了，草木丛林也都干枯了，许多人及动物都干渴而死。

一天夜里，一个小姑娘拿着水罐走出家门，为她生病的母亲去找水。小姑娘哪儿也找不到水，累得倒在草地上睡着了。当她醒来的时候，拿起罐子一看，罐子里竟装满了清澈新鲜的水。小姑娘喜出望外，真想喝个够，但又一想，这些水给妈妈还不够呢，就赶紧抱着水罐跑回家去。她匆匆忙忙，没有注意到脚底下有一条小狗，一下子绊倒在它身上，水罐也掉在地上了。小狗哀哀地叫起来。小姑娘赶紧去捡水罐。

她以为，水一定都洒了，但是没有，罐子端端正正地在地上放着，罐子里的水还满满的。小姑娘把水倒了一点在手掌里给小狗喝，小狗把它都舔净了，变得欢喜起来。当小姑娘再拿水罐时，木头做的水罐竟变成银的。小姑娘把水罐带回家，拿给母亲。母亲说："我反正就快要死了，还是你自己喝吧。"又把水罐递给小姑娘。就在这一瞬间，水罐又变成了金的。这时小姑娘再也忍不住，正想凑上水罐去喝的时候，突然从门外走进来一个讨水喝的过路人。小姑娘咽下口水，把水罐递给了这个过路人。这时突然从水罐里跳出了七颗巨大的钻石，接着从里面涌出了一股巨大的清澈又新鲜的水流。

而那七颗钻石越升越高，升到了天上，变成了七颗星星。

教学建议

1. 根据内容改编成戏剧后呈现在舞台上。

2. 通过与孩子们的互动，问一问孩子们从刚才的表演中有没有想到什么，自己有没有善良的时候呢，做了一次善良的事情，自己获得了什么感受。

教师总结

孩子们能够在故事演绎中看到小姑娘善良的品质，并且懂得什么叫作善良，什么叫作舍己为人。希望孩子们能从故事中培养自己对人对事的善良品质，让自己成为一个豁达的人。

二、勇敢、独立与开拓

改编目的和改编建议

处于高段的学生已经有了一定的舞台经历，能够通过自己的理解用较为准确的肢体语言比较顺畅地表达丰富的含义，初步达到让学生通过在舞台上的表演感受戏剧的魅力，感受故事所体现的优秀品质的教学目标。此学段的学生面对台下能够不再胆怯，能够自如地表演，能够初步享受舞台带来的自信和勇敢。

学生已经处于高段，对表演的要求应该比低段的要求有所提升，逐渐开始强调情感、动作等要具有一定的难度。并且节目长度增加，道具、台词变化大，要能够满足剧本中多角色、多场景的要求。

课例一：勇敢

背水一战

汉高祖三年（前204年），汉军和赵军在井陉交战，汉军大将韩信利用赵军主帅陈馀轻敌之心，摆下兵家大忌的背水阵，鼓吹本军将士奋勇作战以求死里逃生，并另调两千轻骑趁隙夺取赵军军营，并在军营内插满汉旗。赵军想回营稍做歇息之余惊见本营插满汉军旗帜，以为汉军已经全部俘获赵国的国王和将领们，大势已去，于是军队大乱，纷纷落荒潜逃一哄而散。

教学建议

（1）学生进入高段后，应结合自身的经验和经历将内容改编成戏剧后呈现在舞台上。

（2）在表演过程中，学生是否能够体会到汉军战士身上那种勇敢无畏的精神呢？学生在生活当中有没有看到或者听到真人真事，可以在互动中分享一下。最后让学生分享自己的一次勇敢经历。通过这个经历，学生自己收获了什么？

教师总结

孩子们能够知道什么是勇敢，也明白故事中所体现的勇敢品质，要在生活或者学习中时刻提升自己面对困难的勇气。这才是真正地学到了，做到了。

课例二：独立

毓秀桥的故事

康熙年间，贵州巡抚刘荫枢告老回乡后，想用一生的积蓄为家乡建一座桥。但是子女却反对他："您当了一辈子高官，我们却没沾到一点光，好不容易盼到您回家，您却如此不顾我们。"刘荫枢很伤心，他觉得自己虽然一身清白，但忽视了对子女的教育。

于是，他用尽积蓄，历时五年，修成大桥，取名“毓秀桥”。桥修好后，他对子女说：“我之所以用全部积蓄修桥，就想用事实告诉你们，自己的路自己走，自己的生活自己创，靠天，靠地，不如靠自己。”

为了彻底消除孩子们依赖父母的心理，他以十五两白银的价钱把桥卖给了官府。刘荫枢的所作所为深深地打动了他的子女。他的孩子日后都成了国家的栋梁。

教学建议

1. 学生进入高段，可以最大限度地设计戏剧台词、道具等进行舞台呈现。

2. 在表演过程中，学生是否能够逐渐体会一种叫作独立的精神？学生在生活、学习中慢慢地学会了独立，自己穿衣服，自己回家等，独立挑战一件有困难的事情，都是一种成长。然后，请学生分享自己做过或现在正在独立完成的一件事情。

教师总结

学生知道什么叫作独立，但理解还不够深刻。为什么要独立？因为每一个人都是一个单独的个体，会成长，会有自己的生活，会有自己的人生，独立是为了对自己负责。至于如何独立，需要自己去探索和经历，才能学会独自一个人面对生活和工作。

课例三：开拓

坐井观天

青蛙坐在井里。小鸟飞来了，落在井沿上。

青蛙问小鸟：“你从哪儿来呀？”

小鸟回答说：“我从天上来，飞了一百多里，口渴了，下来找点儿水喝。”

青蛙说："朋友，别说大话了！天不过井口那么大，还用飞那么远吗？"

小鸟说："你弄错了。天无边无际，大得很哪！"

青蛙笑了，说："朋友，我天天坐在井里，一抬头就能看见天。我不会弄错的。"

小鸟也笑了，说："朋友，你是弄错了。不信，你跳出井来看一看吧！"

教学建议

1. 学生进入小学最后一个年级，既处于小学最后一个阶段，也处于即将进入的中学阶段。处于这个阶段的学生拥有一定的自我意识，能够根据自身的经历和经验改编故事《坐井观天》。

2. 在整个舞台表演中，学生是努力进取，还是原地踏步没有跳出舒适圈？采访表演学生与观众能否感受到舞台剧体现的开拓精神。学生有没有学到开拓精神，并在生活和学习中有所体现呢？

教师总结

通过改编故事《坐井观天》，学生明白了什么叫作开拓精神。开拓就是跳出舒适圈，勇敢地去探索未知的世界，拓宽自己的眼界，收获不一样的经验。

考核评价

评价主体为学生，采用学生自评、生生互评的方式，关注学生认知的真实发展历程，以多元评价促进思想成长，夯实学生的认知实践。

资源链接

1. 黄爱华，徐大军，陈漪. 中小学戏剧教育的三种实践模式[J/OL]. 杭州师范大学学报，2009（5）. https://mall.cnki.net/magazine/magadetail/HSXX200905.htm.

2. 林存富. 教育戏剧在语文教学中的应用策略[J]. 上海教育科研，2019（5）.

3. 赵灵萍. 儿童教育戏剧在学校教育中的价值与应用[J]. 艺术评论，2016（6）.

4. 马亚琼. 中国儿童戏剧研究现状与问题探究[J]. 湖南科技学院学报，2016（3）

5. 吴颖惠. 中小学戏剧教育区域创新实践探索[J]. 创新人才教育，2016（4）.

初中段：遵守社会公德

教学目标

通过对社会公德基本规范的教学，让初中生对社会公德的基本内容有具体的了解；体验社会公德对社会公共生活的意义，学会在实际生活中爱社会、爱他人、爱自然；自觉遵守社会公德，明辨是非，敢于和善于同不文明行为作斗争。

教学内容

一、文明礼貌，助人为乐

二、爱护公物，遵纪守法

三、保护环境

教学重难点

如何做到文明礼貌、助人为乐、爱护公物、遵纪守法、保护环境；体验文明礼貌、助人为乐、爱护公物、遵纪守法、保护环境的意义。

学情分析

经过小学对传统美德的切身体验，学生对道德之美有了初步的感受。但初中生处于青春期，可能会出现一定程度的逆反心理，部分学生对遵守道德规范持消极态度，甚至通过违反道德规范来显示自己的个性。初中生逐渐走进社会公共生活中，应当遵守的道德规范不仅包括传统美德，还包括社会公德，社会公德应当成为初中生养成遵守道德的重点内容。因此，有必要加强初中生的社会公德教育。

设计思路

1. 设计理念

人的思想品德是在认识生活，并在生活实践基础上逐步形成的。初中思想政治课正是在学生逐步扩展的生活经验的基础上，让他们正确认识自我，处理好与他人，与集体、国家和社会，与自然的关系。因此，将社会公德划分为三个层次，设计了人与人、人与社会、人与自然之间的关系的相关道德规范，促进初中生切身体验社会公德的价值。

2. 思维导图

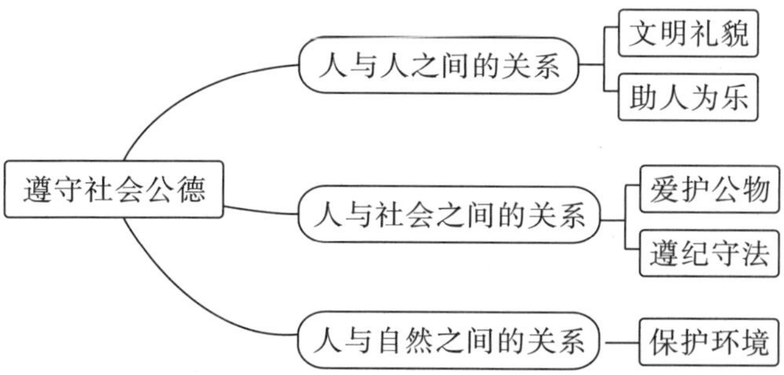

教学方法

课堂讲授法、探究与分享法、情景体验法、阅读感悟法、空间拓展法。

实施方案

课程导入

生活中，我们等公交车时，自觉排队；坐公交车时，为老人让座，看到有人乱扔垃圾，我们提醒他打扫干净……这些行为或现象体现了什么？

学生回答：

教师总结

以上列举的生活中的种种行为、现象体现了社会公德。社会公德又是什么呢？社会公德是全体公民在社会交往和公共生活中应该遵循的行为准则，涵盖了人与人、人与社会、人与自然之间的关系，具体内容是文明礼貌、助人为乐、爱护公物、遵纪守法、保护环境。

一、文明礼貌，助人为乐

【探究分享一】

有一次，列宁同志下楼，在楼梯狭窄的过道上，正碰见一个女工端着一盆水上楼。那女工一看是列宁，就要退回去给他让路。列宁阻止她说："不必这样，你端着东西已走了半截，而我现在空手，请你先过去吧！"他把"请"字说得很响亮，很亲切。然后自己紧靠着墙，等女工上楼了，他才下楼。

【探究分享二】

从一九六一年开始，雷锋经常应邀去外地作报告，他出差机会多了，为人民服务的机会就多了，人们流传着这样一句话："雷锋出差一千里，好事做了一火车。"一次雷锋外出在沈阳站换车的时候，一出检票口，发现一群人围着一个背着小孩的中年妇女，原来这位妇女从山东去吉林看丈夫，车票和钱丢了。雷锋用自己的津贴买了一张去吉林的火车票塞到大嫂手里，大嫂含着眼泪说："大兄弟，你叫什么名字？是哪个单位的？"雷锋说："我叫解放军，就住在中国。"

提问

你们生活中还有哪些能够体现文明礼貌、助人为乐的事？

……（学生回答）

教师总结

文明礼貌是人与人和谐相处、待人处世的基本礼节，是一种美德，更是一种修养，能够体现一个人的道德涵养。助人为乐是中华民族的传统美德，每年的3月5日是"学雷锋纪念日"，我们要学习和传承雷锋精神，做新时代的"活雷锋"。

二、爱护公物，遵纪守法

（一）爱护公物

【探究分享三】

学生调查汇报班级课桌损坏情况，并让学生观察被损坏的课桌。

讨论：课桌损坏给我们的学习带来了哪些不便？

学生回答。

模拟表演：一个学生坐在被损坏的课桌上学习，字写不好，最后又因椅子不好，摔伤了腿。

讨论：同学们，你们平时看到损坏公物的行为，会怎样做一个爱护公物的小卫士？

教师总结

爱护公物要从身边小事做起，“不因善小而不为，不因恶小而为之”。

（二）遵纪守法

【探究分享四】

（展示遵纪守法的相关事迹材料）

提问

上述事例告诉我们，遵纪守法，从我做起。违法犯罪对我们个人、对家庭、对社会都有很大的影响，那我们应该怎样预防违法犯罪呢？

……（学生回答）

教师总结

法律这简单的两个字已告诉我们如何去做了。法，是依法；律，是律己。法律就是依法律己。遵纪守法是社会公德最基本的要求，是人的基本道德和法律素质。我们要做一个新世纪遵纪守法的合格中学生。

三、保护环境

【探究分享五】

提问

1. 校园里的各种垃圾是如何产生的？

2. 怎样做才能让我们的校园环境更加优美呢？

3. 校园的这些垃圾你们认为应该怎样处理呢？请提出合理化建议。

……（学生讨论回答）

教师总结

热爱自然，保护环境，关注我们的地球家园，关心我们的校园，展开绿色活动，倡导绿色文明是新时代对我们提出的要求，让我们携起手来积极投身于创建绿色校园的活动，让我们为社会与环境的可持续发展作出贡献。

考核评价

1. 撰写一篇遵守社会公德的演讲稿，举行一场演讲比赛。
2. 利用假期进行社会实践活动，走进社区，走进社会，亲近自然。
3. 参加一次志愿者服务活动，提升道德修养。

资源链接

百度百科. 社会公德[EB/OL].（2021-05-04）. https://baike.baidu.com/社会公德/2746856？fr=aladdin.

高中段：践行公民道德

教学目标

明确社会公德、职业道德、家庭美德、个人品德的基本规范和作用；培养学生的理解能力、理论联系实际能力等；引导学生在实际生活中爱家庭、爱职业、爱社会，从而明确自己的角色，增强责任意识，自觉遵守各种道德规范，做合格的社会主义公民。

教学内容

一、社会公德、职业道德、家庭美德、个人品德的基本规范

二、社会公德、职业道德、家庭美德、个人品德的重要作用

三、养成良好社会公德、职业道德、家庭美德、个人品德的途径和方法

教学重难点

职业道德、家庭美德、个人品德的基本规范；养成良好的社会公德、职业道德、家庭美德、个人品德的途径和方法。

学情分析

通过上一阶段的学习，学生已经掌握了社会公德的基本内涵和要求，具备了基本的社会公德素养。高中阶段是人生发展和道德品质形成的关键时期，也是世界观、人生观和价值观形成的黄金时期。本学段将主要介绍公民基本道德规范，通过学习与实践，进一步引导学生自觉遵守公民基本道德规范，为成为合格公民打下坚实的思想政治基础。

设计思路

1. 设计理念

为贯彻新课程理念，着眼于当代社会发展和学生成长需要，立足于学生现实的思想道德生活，本课紧扣公民思想道德这个话题，以我国抗击新冠肺炎疫情为背景，通过创设“问题情境”，将学习目标转化为问题；通过由浅入深的“追问”，实现有效学习；通过反思、判断，实现行为选择，以提升学生对公民道德素养的认知、理解和感悟，并由此内化于心，外化于行，从而提高思想政治课的实效性。

2. 思维导图

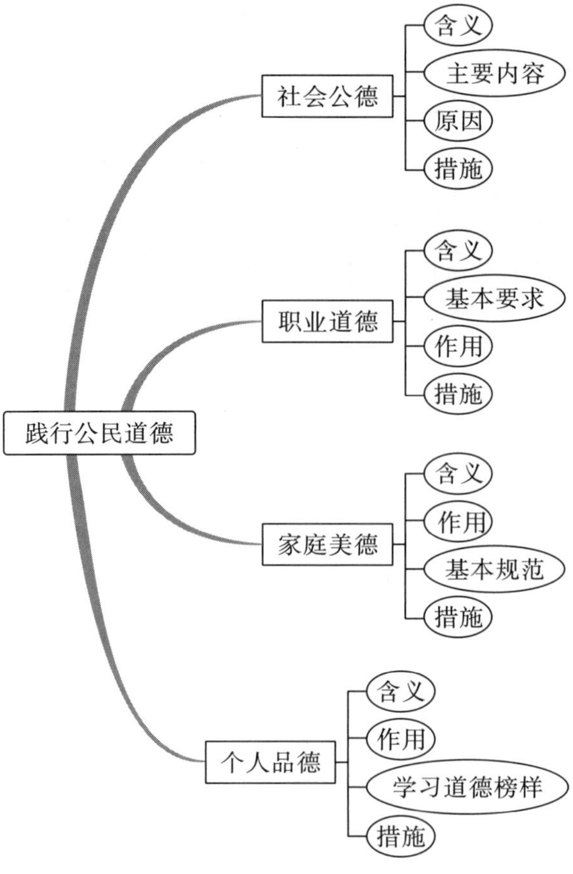

教学方法

情境教学法、合作探究法。

实施方案

一、社会公德

课程导入

自2020年1月开始，突如其来的新冠肺炎疫情在全球各国肆虐。在这场突发性的危机面前，在党中央的集中统一领导下，全国各族人民万众一心，众志成城，快速有效地缓解和控制了这场危机。在这次疫情中，多年来公民道德建设的成果得到了展现，不足也充分地暴露出来。当今社会日益成为“你中有我，我中有你”的命运共同体，社会公德的重要性越来越凸显。当公共危机爆发时，公众责任与政府责任同样重要。公众的理性、良知、责任、勇气、团结等对应对危机弥足珍贵。那么，什么是社会公德？在公共危机爆发时公民又该遵循哪些社会公德规范呢？

（一）社会公德的含义

材料展示

在全国人民上下同心防控新冠肺炎的严峻形势下，也出现了一些不和谐的音符。不听劝阻硬闯防控关卡者有之，哄抬物价牟取暴利者有之，借机偷盗诈骗者有之，谩骂殴打防控人员者有之，失职渎职者有之，妖言惑众者有之，甚至有的人从疫区出来却故意隐瞒不报，还聚众打牌、聚餐等，造成多人被感染，被隔离。

提问

谈谈你们对这一事件的看法。

……（学生回答）

教师总结

刚刚这则材料给我们展示的就是一个个有关社会公德的例子。那么，什么叫社会公德呢？初中时已有定义，即全体公民在社会交往和公共生活中应该遵循的行为准则，涵盖了人与人、人与社会、人与自然的关系。

（二）社会公德的主要内容

提问

除了刚才所举的例子以外，在现实生活中，大家还知道哪些是社会公德或违背社会公德的现象？请举例说明。

……（学生回答）

教师总结

总结公共场合中十大不文明行为，展示社会公德的主要内容。从我国实际出发，吸收世界各国道德建设的成功经验，我们倡导的社会公德的基本规范是：文明礼貌、助人为乐、爱护公物、保护环境、遵纪守法。

过渡

为什么要遵守社会公德？

（三）为什么要遵守社会公德

【探究与分享】

观点一：社会公德很重要，但它与我没有多大关系；

观点二：社会公德可有可无，讲不讲公德无所谓；

请结合社会公德的作用谈谈你们对上述观点的看法。

教师总结

观点一，认为与个人没有多大关系是错误的。社会公德是最简单、最基本、最普遍的行为规则，对所有社会成员都具有规范效力，应该成为每个公民的道德操守。观点二，没有认识到社会公德的重要性。遵守公德既方便他人，也方便自己。并且社会公德，是展示公民道德修养与文明的“窗口”，讲不讲公德，体现着一个人的文明素养和一个社会的文明程度。

提问

遵守社会公德是我们每个人的责任，我们不妨假设一下，在疫情期间，我们都不遵守社会公德，社会将会怎样?

……（学生思考回答）

教师总结

社会公德是对公民思想行为的规范和约束，也是人们社会生活的需要，对维护社会公共利益、稳定公共秩序关系极大；是民族、个人生存和发展的需要，是每个公民自由幸福和全面发展的重要保证。社会公德是公民生活最基本的行为规范，是社会活动最起码的道德要求，是衡量文明发展程度的一种标志。

（四）如何加强社会公德建设

提问

2021年，新冠肺炎疫情依然在全球肆虐，各国已经进入疫情防控常态化模式。请同学们结合现实思考，在疫情防控常态化背景下，我们应该怎么做?

……（学生思考回答）

教师总结

社会公德应该成为每个公民的道德操守。作为公民应如何培养良好的社会公德?

克服私心，方便他人也方便自己。

奉献爱心，尊重他人也尊重自己。

遵守公德，人人有责。

社会公德，往往表现在言谈举止之间，人人都能做到。但真正树立公德观念、养成遵守公德的习惯，仍需要严格要求自己，从大处着眼，小处着手，长期坚持。

【本节小结】

社会公德建设，起于意识，重在实践。让我们从自身做起，从大处着眼，从小处着手，长期坚持，共同促进社会文明和谐发展。

二、职业道德

课程导入

面对疫情，有这么一群人，他们不顾个人安危、不计个人得失，舍小家、保大家，默默坚守岗位，在疫情防控斗争中用行动诠释着责任和担当。接下来我们一起来认识他们。

“最美逆行者”：快递小哥汪勇

2020年1月23日武汉暂时关闭离汉通道后，顺丰快递小哥汪勇“最美逆行”，自大年三十开始义务接送金银潭医院医护人员上下班，之后他为医护人员和滴滴司机及时供餐，争取相关部门支持落实1.5万份餐食持续供应，搭建起一个应急餐食的免费配送备用网络，解决了7800名医护人员及一线人员的供餐问题。

抗疫“螺丝钉”：音乐教师华雨辰

自新冠肺炎疫情发生以来，音乐教师华雨辰作为志愿者连续奋战在抗疫一线，先后从事接送医生护士上下班、配合交警测量来往车辆人员体温、装卸和搬运物资，以及在青山方舱医院担任播音员等志愿服务工作，平均每天服务8个小时，最长的时候超过12个小时，足迹遍布了武汉三镇的大街小巷。

马路天使：环卫工人

每天太阳还未升起，环卫工人们就开始忙碌起来，为阻断疫情传播，他们任劳任怨，埋头苦干，不怕脏，不怕累，默默无闻地奉献着。在疫情面前，他们奋斗在工作岗位，毫无退缩，为打赢这场没有硝烟的战争贡献着自己的一份力量。

身患绝症与新冠周旋的人民英雄：张定宇

身为院长，张定宇选择隐瞒自己的病情，日夜坚守，果断决策，带领全体医护人员共救治2800余名新冠肺炎患者，为湖北保卫战、武汉保卫战取得决定性胜利作出了重大贡献。

俗话讲“行有行规，业有业德”，以上四类人群虽然工作性质不同，但都在自己的职业活动中坚守着相应的职业道德，为社会的稳定和人民的健康无私奉献着。那究竟什么是职业道德？职业道德的基本规范是什么？如何培养职业精神？我们带着这些问题走进今天的课堂。

（一）什么是职业道德

提问

刚才我们看到在我国抗击疫情过程中的四类人群代表，分别是快递小哥、教师、清洁工和医务工作者，请问同学们，这四种职业的工作要求是一样的吗？

……（学生回答）

教师总结

快递：及时送货，善于沟通；

教师：教书育人，为人师表；

清洁工：恪尽职守，吃苦耐劳；

医生：救死扶伤，甘于奉献。

由此可见，职业道德是指所有的从业人员应该遵循的行为准则，它涵盖了从业人员与服务对象、职业与职工、职业与职业之间的关系。

过渡

通过刚才内容的讲解，我们知道职业道德即从业人员应该遵循的行为准则，大家思考一下，这些行为准则会不会因时因地因人而异呢？

（二）各行各业共同的职业道德

【探究与分享】

提问

前面我们简单了解了四种职业的职业道德，除了已经提到的道德内容外，以上四种职业还应该遵循什么样的职业道德呢？

现在给大家3分钟时间，全班分成四个大组。请每组同学将以下职业道德的内容填到相应位置，使这四种职业的职业道德更加完善。

爱岗敬业　诚实守信　办事公道　服务群众　奉献社会

关爱学生　准时送达　大爱无疆　不怕脏累

快递员：______

教师：______

清洁工：______

医生：______

四组同学完成任务后，老师请同学来做一个简单分析。

教师总结

不同的职业道德规范，体现着不同的职业特点，同时包含着职业行为共有的基本道德要求。在我国，职业道德的基本规范是：爱岗敬业、诚实守信、办事公道、服务群众、奉献社会。

（三）职业道德的作用

提问

请同学们结合抗击疫情过程中的快递小哥、老师、清洁工和医务工作者来谈谈，国家的发展、社会的安定能不能离开各行各业的职业道德？树立职业道德对于行业和社会发展有什么作用？

……（学生回答）

教师总结

职业道德规范对于规范从业人员的职业行为，树立良好的行业作风，保证各类生产和各项工作顺利进行，起着不可忽视的作用。随着现代社会分工的发展和专业化程度的增强，市场竞争日益激烈，职业道德在公民道德建设中的意义更加凸显。职业道德的好坏，不仅影响个人的职业活动，还影响整个社会的职业风气，影响整个社会的物质生产和社会生活。

（四）践行职业道德

提问

同学们，高中读完后我们将进入大学深造，你们想报考什么大学、读什么专业实际上就是在树立职业理想，进行职业选择，而职业选择与职业理想和职业道德是密不可分的。在谈论职业规划时，有同学提出了关于职业理想的不同看法，大家觉得这些看法合理吗？为什么？

【探究与分享】

给3分钟时间，全班分成四大组，就以下观点展开讨论。

观点一：不想当将军的士兵不是好士兵，我注定要成为像比尔·盖茨那样的成功者。

观点二：做一名受人崇拜的影视明星，这是我唯一的职业追求。

观点三：只要挣钱多，将来干什么都行，这就是我的职业理想。

观点四：我家的钱够用一辈子，我不想为工作而活着，不需要职业精神和职业道德。

学生分组讨论，代表发言。

教师总结

通过以上四组同学的发言，我们看到培养职业理想、践行职业道德的途径和方法主要有以下四点：

1. 树立正确的职业价值观，端正职业态度。这是衡量职业道德水平的重要标准。

2. 树立正确的职业理想。它包括维持个人生活、实现个人价值和承担社会义务三方面内容。只有从业者主动承担社会义务，为社会作贡献，才把握了职业精神的真谛。

3. 学习职业道德知识。

4. 提升职业生涯中的人生境界。在未来的职业活动中，通过长期的职业精神磨砺，自觉践行职业道德，才能在职业生涯中实现人生境界的升华。

【本节小结】

疫情防控中职业道德表现最突出的是奋战在抗疫一线的广大工作人员。“三百六十行，行行出状元”，不管你们做哪一行，希望同学们都能坚守本行业的职业道德，把个人的理想同社会的需要、国家的发展有机结合起来。

三、家庭美德

课程导入

歌曲《我想有个家》：我想有个家，一个不需要华丽的地方，在我疲倦的时候，我会想到它。我想有个家，一个不需要多大的地方，在我受惊吓的时候，我才不会害怕。谁不会想要家，可是就有人没有它，脸上流着眼泪，只能自己轻轻擦……

有人说：家是永远画不倦的风景，每一片朝霞都会带来无限的遐思，每一轮落日都会勾起满腹的牵挂。

提问

亲爱的同学们，在你们心中，家是什么？

……（同学回答）

教师总结

看来同学们对家的理解都很深入。接下来，我们一起走进今天的课堂。

（一）家庭美德的含义

在家庭生活中，人们必须面对各种家庭关系，想要拥有和谐的家庭，每一位成员都应遵守家庭道德，约束并指导自己的行为。那么，什么是家庭道德？

家庭道德是调整各种家庭关系的道德原则和规范。家庭道德所调整的关系涉及家庭生活中的各种问题，如缔结婚姻、教育子女、赡养老人、分担家务、支配经济以及邻里相处等。

（二）家庭道德的作用

家庭是社会的细胞，家庭稳定，社会才能相对稳定。近年来，我国青少年犯罪率一直呈上升趋势，并呈现不断低龄化的特征。对青少年犯罪进行归因时，家庭因素在诸多因素中居第一位。调查表明，67%的暴力性犯罪的青少年，长期或近期处于气氛恶劣家庭，尤其是暴力家庭环境中。可见，践行家庭美德有着非常重要的作用。

1. 家庭道德规范是评价人们在恋爱、婚姻、家庭、邻里交往中行为是非、善恶的标准。

2. 家庭道德规范能引导、激励家庭成员正确处理家庭关系和邻里关系，对家庭和睦、家人安康、社会和谐起着重要作用。

（三）我们需要什么样的家庭美德

我们都希望有一个幸福的家庭，那什么样的家庭会幸福呢？请大家来看一段材料。

抗击疫情，逆行中的“最美家庭”

34岁的李国瑞是陕西省定边县公安局治安大队消防中队指导员，春节期间，新冠肺炎疫情汹涌来袭。李国瑞一家人和“温馨团圆的年”挥手作别，各自分赴战场，逆行迎战。

李国瑞——“人民卫士”守护千家万户。疫情出现后，接到通知的李国瑞第一时间赶赴一线，投入到排查从湖北返回（抵达）定边人员的工作中。

妻子郭京——“白衣战士”为了让更多人平安回家。郭京是定边县人民医院的一名副护士长。1月24日，大年三十，当得知要选派医护人员驰援武汉疫情中心时，她率先请缨，申请加入抗击新冠肺炎的队伍。

母亲高秋燕——“医者仁心”不能只顾自家。李国瑞的母亲高秋燕是医疗战线上的“老战士”，退休后被返聘回定边县人民医院彩超室工作。疫情出现之后，高秋燕提前上岗。

父亲李定——“党员之家”要舍小家为大家。父亲李定是卫生系统的老干部，也是一名老党员。平日里他和妻子默契配合，挑起看护小孙子孙女、照顾一家老小饮食起居的重担。

面对新冠肺炎疫情，有无数个家庭各自为战，闭门不出，有效防护，阻断病毒传播。然而，还有多少个像李国瑞这样的家庭，他们各自毅然出发，逆行抗疫，相互守望，彼此支撑，让更多的小家和我们的国家尽快战胜疫情，重返往日美好时光。

【探究与分享】

提问

材料中这个家庭聚集了一群忙碌的人，但为什么还有人用“幸福”来形容这个家呢?

……（学生回答）

教师总结

这说明一个家拥有了爱就会幸福，爱的道德意义体现在一个家庭是这样的：

1. 不同年龄阶段之间的爱：父母对我们的爱，父母对爷爷奶奶的爱，我们对父母长辈的爱。——尊老爱幼

2. 夫妻之间的爱：丈夫对妻子的爱，妻子对丈夫的爱。——男女平等、夫妻和睦

3. 对家的爱：为家的幸福生活奋斗。——勤俭持家

4. 邻里之间的爱：邻里之间互帮互助。——邻里团结

家庭美德的基本规范：

1. 尊老爱幼。它是社会主义家庭美德的首要规范。

2. 男女平等。它是家庭民主、夫妻和睦的前提，也是社会进步、道德进步的体现。

3. 夫妻和睦。它要求把相互忠诚、相互尊重、相互帮助当作调节夫妻关系的道德准则。

4. 勤俭持家。在我们当前建设资源节约型、环境友好型社会的进程中，勤俭持家更是需要倍加倡导的家庭美德。

5. 邻里团结。邻里之间应团结互助，以保证家庭的幸福美满与社会和谐。

（四）让家庭充满亲情，让邻里更加团结

家庭道德是一种亲情道德。亲情是维护家庭幸福美满的特殊力量。培育家庭美德，也就是培育家庭亲情的过程。

【探究与分享】

提问

1. 你们和父母经常沟通吗？

2. 你们觉得父母的做法有哪些需要改进的地方？

3. 遇到事情的时候，你们的家庭是如何解决的？

4. 你们认识你的邻居吗？对于增加邻里之间的感情，你们有什么好的建议？

……（学生回答）

教师总结

亲情的培育，有赖于家庭成员之间的沟通交流。

亲情的凝聚和升华，有赖于积极健康的家庭文化的培育。

邻里友情是亲情的延伸和扩展，是协调邻里关系的情感基础。

最后，请每位同学给父母写一封信，内容可以包括你对父母的感恩、家里存在的问题以及自己提出的一些解决办法等。

【本节小结】

习近平总书记强调：“家庭教育涉及很多方面，但最重要的是品德教育，是如何做人的教育。”作为公民道德建设的关键一环，家庭的作用不可或缺。新时代新征程，培育家庭美德，崇尚良好家风，才能为家庭谋和谐、为他人送温暖、为社会作贡献。

四、个人品德

课程导入

17年前，非典暴发，67岁的他说：“医院是战场，作为战士，我们不冲上去谁上去？”17年后，新冠肺炎疫情暴发，他毅然决然为了广大人民的健康挺身而出。他临危受命，白衣为甲，出任国家卫健委高级别专家组组长，全程高度关注疫情发展，以精湛学术研究和深厚临床经验为基础撰写了新冠肺炎诊疗方案。

2020年8月11日，习近平签署主席令，授予钟南山“共和国勋章”。在获奖感言中，他说道：“‘健康所系，性命相托’，就是我们医者的初心；保障人民群众的身体健康和生命安全，就是我们医者的使命。”

请同学们阅读材料并思考：钟南山院士身上最值得赞叹的品质是什么?

……（学生回答）

教师小结

勇气、担当、讲实话、做实事、甘于奉献，等等，这是钟南山院士身上最稳定的道德品质，这种稳定的道德品质叫作个人品德。接下来，我们一起来学习个人品德的含义。

（一）个人品德的含义

个人品德是指表现在个人身上的稳定的道德品质，它是一定的社会道德原则与规范在个体身上内化的结果，包含着道德认知、道德情感、道德意志、道德信念和道德行为等。

（二）个人品德的作用

提问

钟南山院士一生中的大部分时间都奋斗在我国的医疗战线上，在非典型肺炎和新冠肺炎疫情防控中作出了巨大贡献。为什么他会获得“共和国勋章”，成为我们学习的楷模？

……（学生回答）

教师总结

钟南山院士为我们青少年树立了良好的榜样；他不畏艰难险阻，疫情最严重时甘当“逆行者”，以实际行动诠释了“人民至上、生命至上”的理念；他甘于奉献，夜以继日埋头苦干的精神不仅感染了医护人员，也感染了全国人民。由此我们可以体会到个人品德的作用：

1. 个人品德影响我们的人际关系；

2. 个人品德对个人的发展有重要的影响；

3. 个人品德影响社会的道德状况。

（三）学习道德榜样

提问

除了钟南山院士，你们知道还有哪些人获得过国家勋章和国家荣誉称号？这些道德榜样何以有如此巨大的力量呢？

……（学生回答）

教师总结

国家主席习近平2020年8月11日签署主席令，根据十三届全国人大常委会第二十一次会议表决通过的全国人大常委会关于授予在抗击新冠肺炎疫情斗争中作出杰出贡献的人士国家勋章和国家荣誉称号的决定，授予钟南山“共和国勋章”，授予张伯礼、张定宇、陈薇（女）“人民英雄”国家荣誉称号。

什么是抗疫精神？是84岁的钟南山院士临危受命，逆行赶往武汉的坚毅与刚强；是72岁的张伯礼肩负使命，把胆留在武汉的舍生忘死；是张定宇不顾身患渐冻症奔忙在战疫一线的无私与无畏；是女将军陈薇夜以继日全力拼搏，与病毒展开殊死较量的决心与毅力；也是满页的红手印旁写下"若有战，召必回，战必胜"的铿锵与豪迈；更是大雪纷飞时，基层工作人员全身皆白依然坚守岗位的责任与担当。

每个人在成长过程中都会有自己的榜样，树立道德榜样是进行道德教育和提高道德修养的好方法。提升个人品德的第一个途径——向道德榜样学习。

（四）脚踏实地，提升个人品德

正是因为有了钟南山、张伯礼、张定宇、陈薇等这样有高度社会责任感的医务工作者们，才使得我们打赢了这场战役。道德榜样不是高不可及的，而是人人都可以学习达到的。疫情当前，不断跳动的数字，不断更新的疫情实况，都在考验着人们的规则意识与理性认知。有的人无知无畏，心存侥幸，不加防护，不听劝阻；有的人无视规则，没有理性，造谣传谣。一个强大的国家，需要有规则意识和理性认知的公民。特别是面对疫情的时候，更需要我们遵守规则，用更加理性和客观的态度对待当前发生的一切，决不能做无视规则、失去理性的事情。

【探究与分享】

提问

同学们，回想一下，在这场战"疫"中，你们在哪？在做什么？

……（学生回答）

教师总结

日常生活中，我们提升个人品德应注意以下三点。

1. 重在实践：人们道德品质的提升，关键要落在实践中。

2. 循序渐进：道德学习和实践，只能按照其固有规律，由小到大，由近及远，由少到多，由浅入深，逐渐养成。

3. 学会慎独：在道德实践中，要严于律己，始终保持表里一致。

【本节小结】

个人品德在此次疫情防控中得到了充分的展现，同时个人品德的提升有利于社会整体道德水平的提升。

考核评价

1. 写一篇关于遵守公民道德品质的800字小论文。

2. 利用周末时间或者假期进行社会实践，比如：进行道德问卷调查、社区志愿服务、到养老院及孤儿院参与服务活动，等等，感悟道德的力量，提升自身的公民素养。

资源链接

中共中央，国务院. 新时代公民道德建设实施纲要[EB/OL].（2019-10-27）. http://www.xinhuanet.com/polistics/2019-10/27/c-1125/58665.htm.

大学段：修美德明大德

教学目标

通过对道德理论、社会主义道德体系、道德实现等的教学，引导和帮助学生树立马克思主义的历史唯物主义道德观；从道德的历史逻辑、价值逻辑、理论逻辑、实践逻辑等方面，引导学生系统、深刻地认识和理解社会主义道德，增强中国特色社会主义道德文化自信。将社会主义道德内化为个人品德，修美德；外化于行，坚定道德的自觉性。勇于批判社会不道德行为，积极发挥引领社会风尚的作用，增进明大德的自觉性、自信力。

教学内容

一、道德的力量

二、道德的体系

三、道德的践行

教学重难点

道德的功能和作用；社会主义道德的核心和原则；社会主义道德的理性与价值追求；坚定道德意志；引领社会风尚。

学情分析

大学生经过小学、中学的道德教育，对道德知识有初步了解，有较丰富的道德情感，但存在知行分离的问题。虽然小学、中学强化了个体的道德品性，但道德的社会担当不足，在涉及自身利益时，还是可能出现不顾道德规范的情形；易受他人言行影响，道德理性、道德自觉不足。而大学要求大学生不仅修美德，还要明大德，通过自觉的道德行为引领社会道德风尚。因此，要加强对大学生的道德理性教育，使他们系统、深刻理解道德理论、社会主义道德体系，坚定道德意志，实现被动式遵守转向主动式遵守，并且将个人道德修养转化为经时济世的精神力量，引领社会形成良好的道德风尚。

设计思路

1. 设计理念

本专题以“修美德明大德”为主线，进一步升华小学、初中、高中的传统美德、社会公德、公民道德，设计了道德的力量、道德的体系、道德的践行三大内容，相应回答了“为什么”要“修美德明大德”“修美德明大德”的内容或要求、“如何”达到“修美德明大德”的目标。最终，促进大学生担当起“大德”的使命与责任。

2. 思维导图

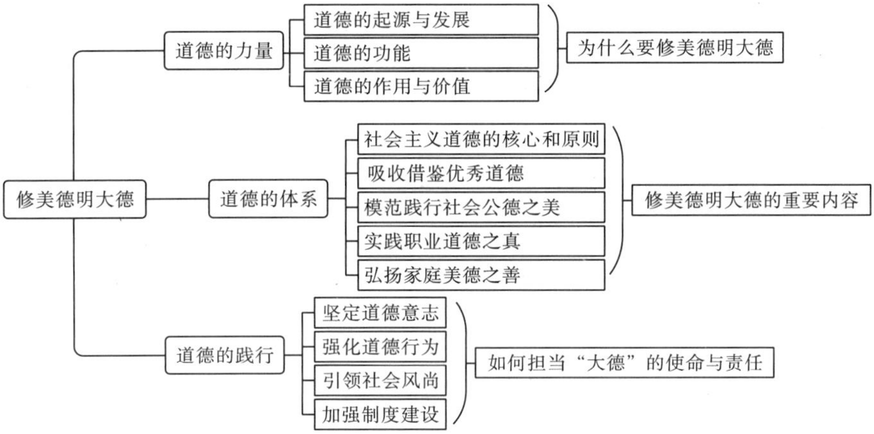

教学方法

本专题既有较强的理论性，又有较强的实践性。教学要坚持马克思主义的立场、观点，运用逻辑论证、事实论证、比较分析、阶级分析等方法，注重论证的逻辑性和严密性，做到“以理服人”；注意联系我国社会生活实践中的具体案例、现象，增强教学的说服力和感染力，做到“以情动人”；可组织学生进行讨论和辩论，发现并及时澄清一些模糊和错误认识。

实施方案

一、道德的力量

课程导入

2008年9月发生的“毒奶粉事件”，以“三鹿”奶粉为代表的一系列品牌的奶制品，包括一些巧克力都检出三聚氰胺。2021年“3·15”曝出羊肉“瘦肉精事件”等。

提问

市场经济是否需要道德？为什么？

教师总结

大家对道德力量的理解并不完全相同，甚至有的人对道德的力量表示怀疑。那么，什么是道德？道德有何力量？何以有力量？道德的力量可否由法律取代？

（一）起源与发展：道德力量的历史逻辑

道德是人们在社会生活中形成的关于善与恶、公正与偏私、诚实与虚伪、美与丑等观念、情感和行为习惯，并依靠社会舆论和个人内心信念来调节人与人、人与自然关系的规范体系。简言之，道德是以善恶为评价方式，主要依靠社会舆论、传统习俗和内心信念来发挥作用的行为规范的总和。其价值内核主要有善、美、真、公正等。

从道德的起源来说，有“天意神启论”“先天人性论”“情感欲望论”“动物本能论”。这些关于道德起源的观点，是主观唯心主义、客观唯心主义，或者是形而上学的旧唯物主义，无法正确揭示道德的起源。马克思主义理论的历史唯物主义告诉我们，对道德的正确认识应当回到其产生的历史境遇中。人类最初的生活实际是道德主导的生活，道德正义价值理念深入人心，比如原始氏族、部落中人与人的关系、分配关系等均由道德进行调整。因此，马克思主义道德观认为，劳动创造了人和人类社会，形成了各种社会关系并产生了调节社会关系的道德。

随着生产力水平的不断提高，人类社会发展到一定时期便陷入了不可解决的自我矛盾中，因而产生了国家，以“社会正式代表”的名义，将人类长久以来形成的道德理念外化为行为规则并宣布或制定为共同规则，规定人们的权利和义务及其界限。这个共同规则就是法律，是由国家制定或认可的，由国家强制力保障实施的行为规范的总和。此时，从道德中分离出了法律，但并不意味着法律完全取代了道德，道德仍然发挥着重要作用，而且在家庭、经济、社会、政治、文化等更广泛的领域发挥着作用。

道德与法律的区别

	道　德	法　律
人性假设	人性善	坏人
存在场	人类生活的各方面、各领域	最基本的方面和领域
规范	规范内心，较为模糊、原则性、个性	规范外在行为，明确、具体、普遍性
价值追求	更高的正义	基本正义，社会最基本的底线

人类社会不断推进，在这个过程中，诚如其产生具有特定的历史境遇一样，道德同其他社会意识形态一样，随着生产力、生产关系的变化而不断变化，整体而言是曲折上升的历史过程，最终走向社会主义和共产主义道德。社会主义和共产主义道德是人类道德合乎规律发展的必然产物，是人类道德发展史上的一种崭新类型，是对人类道德传统的批判与继承，并必然随着社会的进步和实践的发展而与时俱进。

教师总结

因此，从道德的历史过程来看，人类社会自始至终都离不开道德，道德在人类社会发展过程中发挥着特定的作用，是法律等其他规则不可替代的。而今天的市场经济只是人类社会发展过程中的一个阶段，市场经济背景下的全部生活都离不开道德。

（二）功能：道德力量的理论逻辑

道德的力量来自其功能。功能是指事物或方法本身所具有的效能、作用。道德的功能就是道德本身具有的效能或作用。认识功能、规范功能、调节功能是道德最基本的功能，此外还有导向功能、激励功能等。这是道德具有力量的源泉。

（三）作用与价值：道德力量的实践逻辑

【活动1：辩论】

将学生分为两大组，就道德的作用和价值进行辩论，正方观点是“道德万能论”，反方观点是“道德无用论”。

道德万能论：又称道德决定论，认为道德可以在社会发展中决定一切，或者说能够解决一切问题。在他们看来，社会更迭、国家兴亡、人生祸福等，都取决于道德。

道德无用论：又称非道德主义，完全否定道德的社会作用，认为道德只是个人的某种情绪和爱好，是个人的私事，与社会生活完全无关。他们认为人的本性是自私的，弱肉强食是自然界的，也是人类社会发展的规律，所以道德至多是弱者为限制、反抗强者而提出的借口。

教师总结

通过正反双方同学的辩论，人们对于道德的作用和价值有了一定认识，但认识并不深刻或准确。

1. 道德的作用。道德的作用是指道德的认识、规范、调节、激励、导向、教育等功能的发挥和实现所产生的社会影响及实际效果。道德的作用主要表现为调节作用，即道德通过调整人们之间的关系维护社会秩序和稳定；对经济基础的能动作用，即道德对社会的发展既有推动作用，也可能产生阻碍作用；教化作用，即道德具有重要的认识功能和育人功能，它不但能引导人们正确认识和处理人与人、人与社会、人与自然的相互关系，教育人们不去做有害的事情，而且能净化人们的心灵，培养高尚的道德品质和情操，引人向善。

2. 道德的价值。道德的价值即道德通过发挥作用，满足人们和社会关系的需要。道德有建立社会秩序的价值，即人们遵守道德指引、调节等而形成的社会秩序。道德有提高效益和效率的价值，即道德建立良好秩序，公平、合理地分配成本，让每个主体都知道自己该做什么、怎么做，可以有效地提高效益、效率。道德也有给人们和社会带来公平感的价值，即道德以规则形式面对每一个人，每一个人都应当遵守，从而满足人们的公平需要，消除人们心中因不公平感而引发的愤怒，从而构建和谐社会。

3. 科学认识道德的作用和价值。批判“道德万能论（决定论）”和“道德无用论”两种极端的看法。不同的道德对社会发展产生不同的作用，而且道德与法律、纪律等发挥的作用不同，相互配合。

【本节小结】

道德从其历史、功能、作用和价值方面展示了与法律和其他规则所不及的力量。如此，大学生应当修美德明大德，坚定道德担当的自觉性，让道德发挥巨大的社会效益。

二、道德的体系

课程导入

展示相关材料并讨论

1. 当代大学生的道德现状如何？举例说明。

2. 当前社会的道德现状如何？举例说明。

教师总结

当代大学生社会道德表现好的一面，是良好的社会道德活动——做好事、做大事，如大学生参与无偿献血、环境保护等公益活动，参与“学雷锋”“三下乡”以及多种形式的青年志愿者活动；也存在一些不足——做小事，如环境卫生意识差、争抢公共交通、随地吐痰、公共场所大声喧哗、浪费粮食等。这些现象表明大学生道德知行分离，注重个人修身而忽视引领社会风尚，重要原因在于许多大学生对社会主义道德的价值理性认识不清。

视频播放

余秋雨谈道德理性

教师总结

社会主义道德看似平常的字词背后，深刻体现了真、善、美、公平公正等价值追求，以及巨大的社会意义。

（一）社会主义道德的核心和原则

1. 为人民服务是社会主义道德的核心。为人民服务是社会主义经济基础和人际关系的客观要求，是社会主义市场经济健康发展的要求，是先进性要求和广泛性要求的统一，是社会主义道德区别和优越于其他社会形态道德的显著标志。

2. 集体主义是社会主义道德的原则。集体主义已经成为调节国家利益、社会整体利益和个人利益关系的基本原则。它强调国家利益、社会整体利益和个人利益的辩证统一，强调国家利益、社会整体利益高于个人利益，重视和保障个人的正当利益。

（二）吸收借鉴优秀道德成果

1. 传承中华传统美德。学生在中小学阶段已在实践中体验了中华传统美德，而大学阶段则需要系统而深刻地认识、理解中华传统美德，明确中华传统美德重视整体利益，强调责任奉献；推崇“仁爱”原则，注重以和为贵；提倡人伦价值，重视道德义务；追求精神境界，向往理想人格；强调道德修养，注重道德践履等基本内容。大学生不仅要体验中华传统美德，还要明大德，即坚持准确区分精华与糟粕，加强中华传统美德的现代性、创造性转化和创新性发展，成为传承中华传统美德理论与实践的担当者和社会引领者。

2. 发扬中国革命道德。中国革命道德具有丰富而独特的内涵，既包括革命道德的原则、要求、态度、修养、风尚等方面，也包括革命理想、革命精神等方面。为实现社会主义和共产主义理想而奋斗；全心全意为人民服务；始终把革命利益放在首位；树立社会新风，建立新型人际关系；修身自律，保持节操。大学生要继续发扬革命道德，这是大德之担当应有之义。

3. 借鉴人类文明优秀道德成果。市场经济以其强大的扩张力将世界联系在一起，不同国家或民族之间的文化交流、碰撞、相互借鉴和吸收不可避免。文明因交流而多彩，文明因互鉴而丰富。同时，当今任何民族或国家的文明发展和道德进步，都不可能脱离其他民族或国家的文明、道德成果的影响，而且全人类还有共同的利益需要道德规范。因此，应当积极、自觉吸收世界优秀文化成果。大学生担当借鉴人类文明优秀道德成果的重要使命，要坚持马克思主义的立场、观点和方法，在批判的基础上加以借鉴、吸收，剔除其带有阶级和时代局限性的糟粕，吸收其带有普遍性和一般性、对今天有积极意义的精华。

（三）模范践行社会公德之美

通过初中、高中的社会公德教育，学生对社会公德的基本内容已有了解，也体会了社会公德对社会公共生活的意义，但是尚未系统性地认识、理解社会公德的价值意义，以及社会公德体现的道德之美。

1. 社会公德建立公共生活秩序之美。公共生活是相对于私人生活而言的。私人生活以家庭内部活动和个人活动为主要领域，私人空间里人们的行为是相对独立的，因而具有一定的封闭性和隐秘性。而公共生活具有活动范围广泛性、活动内容开放性、交往对象复杂性、活动方式多样性等特征。因此，公共生活中，必定发生人与人的直接或间接联系，这就需要公共秩序。而道德是建设公共秩序的重要力量，社会公德建立良好的公共秩序，让公共生活有序，形成良好的和谐社会，体现公共秩序之美。

2. 社会公德所包含的价值之美。社会公德包括文明礼貌、助人为乐、爱护公物、保护环境、遵纪守法。而每一个内容背后则体现出深刻的道德真、善、美，并且以真、善达到道德之美的目的。比如，文明礼貌反映一个人的道德修养，展示人对人的友善、友好，构建人人身心愉悦的社会关系，形成和谐社会之美。又如，遵纪守法就是公平、公正地分配权利与义务，建立公平、公正的社会秩序，提高效率，也带给人们公平感，从而形成社会的有序、和谐之美。而保护环境不仅实现康德所言的“纯粹之美”，也实现“依存美”。

因此，大学生应当自觉践行社会公德，不仅自身模范遵守，而且应当引领社会，积极同违反社会公德的行为作斗争，实现大德至美。

（四）实践职业道德之真

高中阶段学生从实践中体会了职业道德之善、之美，而实质上，职业道德相对于社会公德之美来说，更追求道德之真。

1. 职业道德价值之真。职业道德首先确保劳动质量。职业是指人们由于社会分工所从事的专门业务和具有的特定职责，并以此作为主要生活来源的社会活动，本质是人们的劳动。劳动创造了人类，人类因为劳动获得自身的进化和延续所需要的物质、文化生活资料，从而得以不断发展下去，因此，任何一份创造财富的职业都应当引以为荣。但并非所有的劳动都能够创造社会所需要的财富，职业道德可以确保劳动质量，从而创造社会所需要的财富，满足社会的需要。其次，建立真诚的职业关系。从业人员与服务对象、职业与职工、职业与职业之间的关系归根到底是人与人的关系，但这个人与人的关系是与特定职业相联系的。在职业活动中真诚待人，比如从业人员与服务对象实现公平交易，职工对待自己的职业活动认真、积极，从而建立和谐的职业关系。最后，提高效率。职业道德为人们提供了行为准则，职业道德的指引，可以激励人们的劳动积极性，建立人与人之间良好的信任关系，促进社会持续健康、有序发展。因此，职业道德的内核是至真，至真才有至美之结果。

2. 职业道德内容之真。爱岗敬业、诚实守信、办事公道、服务群众和奉献社会是职业生活中的基本道德规范。这些规范背后包含着道德的价值准则，概括而言，爱岗敬业、诚实守信、办事公道体现至真；服务群众、奉献社会体现善、美。因为爱岗敬业、诚实守信、办事公道的至真，所以体现出服务群众、奉献社会的善与美。

（五）弘扬家庭美德之善

家庭是社会的基本细胞，是人生的第一所学校。小学、中学我们已体验家庭美德之善，而在大学则需要深刻理解家庭美德的至善价值。

1. 家庭美德的理性与价值。家庭美德重视家庭建设，注重家庭、家教、家风，体现以善为核心价值观的行为准则。家庭和睦则社会安定，家庭幸福则社会祥和，家庭文明则社会文明。家庭是人生的第一课堂，父母是孩子的第一任老师，应该把美好的道德观念从小就传递给孩子。家风是指一个家庭或家族的传统风尚或作风，家和万事兴，家乱万事废。家庭美德内在的善最终呈现出社会之美。

2. 家庭美德内容之善。家庭美德以尊老爱幼、男女平等、夫妻和睦、勤俭持家、邻里团结为主要内容。其中尊老爱幼、夫妻和睦、男女平等、勤俭持家集中体现“善”，因其“善”而扩及邻里团结，体现社会关系和谐之美。

【本节小结】

综上所述，社会主义道德体系包括道德核心、道德原则、道德理想、道德态度，以及社会公德、职业道德、家庭美德等具体规范，这些规范的背后都有深刻的真、善、美、公平公正等社会理性价值观，而且总是从内在的“善”向外在的“美”发展。因此，道德不能停留在自己认为“善”的狭隘层面，还必须扩大到社会“美”的层面；扩大到长期、持续的所有时间范围。这不仅是大学生应修的美德，更是应明的大德，也是大学生应担当的责任内容。

三、道德的践行

讨论

如何践行社会主义道德

教师小结

尽管践行社会主义道德的具体行为表现多种多样，但要自觉忠实践行社会主义道德，应当从坚定道德意志开始。

（一）坚定道德意志：社会主义道德内化为个人品德

道德意志是人自觉地确定道德行为目标并克服困难，以实现道德行为目标的心理状态。一些人的道德认识较好，对道德也有积极的情感，但是道德意志较为缺失，部分大学生知行分离等都是道德意志缺失的表现。因此，坚定道德意志是践行道德行为的重要环节。

坚定道德意志要积极将社会主义道德内化为个人品德。个人品德是通过社会道德教育和个人自觉的道德修养所形成的稳定的心理状态和行为习惯。表现出对社会主义道德的自信与坚守，不会随波逐流，而且勇于与不道德行为作斗争。坚定道德意志的方法应当是学思并重、省察克治、慎独自律、知行合一、积善成德。

（二）强化道德行为：做大事、做小事

1. 向道德模范学习。道德模范主要是指思想和行为能够激励人们不断向善且为人们所崇敬、模仿的先进人物。我们既要学习危急时刻挺身而出的英雄，也要学习长期默默奉献的模范，坚持做好“好事”“大事”，也要坚持做好“小事”。

2. 参与志愿服务活动。志愿服务是指志愿贡献个人的时间及精力，在不求任何物质报酬的情况下，为改善社会、促进社会进步而提供的服务。志愿服务的精神是奉献、友爱、互助、进步，以满足他人、社会需要为目标，而不应当以自己获得成就感和幸福感为目标。因此，积极参加志愿活动是践行大德的重要方式。

3. 自觉做好“小事”。“小事”就是日常生活中需要我们长期践行的道德行为，如自觉遵守公共秩序、爱护公共财物、不随地吐痰等。做一件好事、大事并不难，难的是一辈子做好“小事”。尤其在没有监督的情况下，因为“小事”是长期的、持续的、全方位的，需要坚定的道德意志甚至道德信仰。自觉做好“小事”要求时刻慎独自律。

（三）引领社会风尚：正确道德判断，形成良好的道德舆论

1. 坚持正确的道德判断。道德判断即人们用理性的道德标准对事物、现象作出道德评价的行为。正确的道德判断一方面可以促进自身践行道德。另一方面，可以形成良好的道德舆论，引导他人，在面对公共事件时，正确的道德判断可以教育不道德的人，树立道德的榜样作用，从而引领社会风尚，形成尊德尚德的社会环境。要形成正确的道德判断，最根本的就是要坚持以唯物史观的基本原理来看待道德，深刻理解在社会主义生产实践基础上形成的以生产资料公有制为主体的道德所具有的历史优越性、时代进步性，牢固树立中国特色社会主义道德观念。方法上，了解事

物或行为真相，是形成正确道德判断的基础，不能以偏概全，以讹传讹，必须根据道德的价值标准作出理性评判。

2. 形成良好的道德舆论。营造良好的道德氛围就是教育，尤其是舆论宣传教育要理性、客观，形成公正、良善的道德舆论。不能为求关注，以道德的名义做不道德的行为，形成道德绑架；也不能对不道德行为给予赞赏，甚至不以为耻，反以为荣。因此，在推进社会主义道德建设中，必须要牢牢把握正确舆论导向，加强对社会普遍关注的道德热点问题的引导，批评背离社会主义道德的错误言行和丑恶现象。

3. 正确处理道德判断与良好道德舆论的关系。正确的道德判断是前提，形成良好的道德舆论是结果，不能将二者割裂开来。否则，就会出现想营造良好的道德舆论，结果却适得其反的情况。

（四）加强制度建设：完善道德践行机制

道德的实现依靠人们的内心信念和社会舆论的力量，但社会舆论的力量不能仅限于赞扬或谴责，而需要通过其他稳定的制度建立起激励或惩罚机制。因此，需要不断完善道德践行的制度，比如实现诚信的信用制度。对见义勇为的保护制度、对劣迹明星的限娱制度等。此外，还可以建立对不承担社会责任的单位或个人的“黑名单制”，并定期向社会公布。把道德与法律制度、管理规章等结合起来，充分发挥法律制度、管理规章的约束或强制性，更好地促进道德践行。

【本节小结】

综上所述，个体方面，主观上坚定道德意志；客观上道德自觉，积极践行道德行为，做好大事、小事。社会方面，主观上有正确道德判断，形成良好道德舆论，引领社会风尚，推进道德自觉；客观上完善道德的制度性践行机制，坚定道德意志。个体与社会、主观与客观结合，促进大学生修美德、明大德，担当起忠实践行社会主义道德、引领社会风尚的使命与责任。

考核评价

1. 考核内容：道德的起源、发展及其功能和作用，明确道德力量源于其功能，体现为作用，贯穿于人类发展全过程；社会主义道德体系的构成、理性精神和价值意义；如何引领践行道德的社会风尚。

2. 考核方式：课堂参与；小论文；社会热点案例分析；调查报告。

资源链接

1. 中共中央，国务院. 新时代公民道德建设实施纲要[EB/OL].（2019-10-27）. http://www.xinhuanet.com/polistics/2019-10/27/c-1125/58665.htm.

2. 本书编写组. 思想道德修养与法律基础[M]. 北京：高等教育出版社，2018.

专题四

Topic 4

文化强国——坚定中国特色社会主义文化自信

| 一体化设计目标及思路 |

中华文化是中华民族共有的精神家园，建设文化强国，是中国特色社会主义文化建设的新目标、新境界，是坚定文化自信之必然的根本性战略选择和安排，对中华民族伟大复兴、“中国梦”的实现意义重大。本专题遵循思想政治工作规律、教书育人规律、学生成长规律，本着循序渐进、螺旋上升的大中小学思想政治理论课一体化教学理念，按照“小学段：感受中华文化魅力”，对小学生进行中华文化的情感启蒙；“初中段：走进中华文化之境”，打牢文化自信的思想基础；“高中段：坚定文化自信”，提升文化自信的政治素养；“大学段：增强文化强国的使命担当”，增强学生文化自觉、自信的使命担当的逻辑思路进行整体一体化教学设计。通过一系列符合各学段学生身心特点的教学活动，让学生逐步感知、认知中华文化，逐步坚定文化自信，以至自觉担当文化强国建设重任。

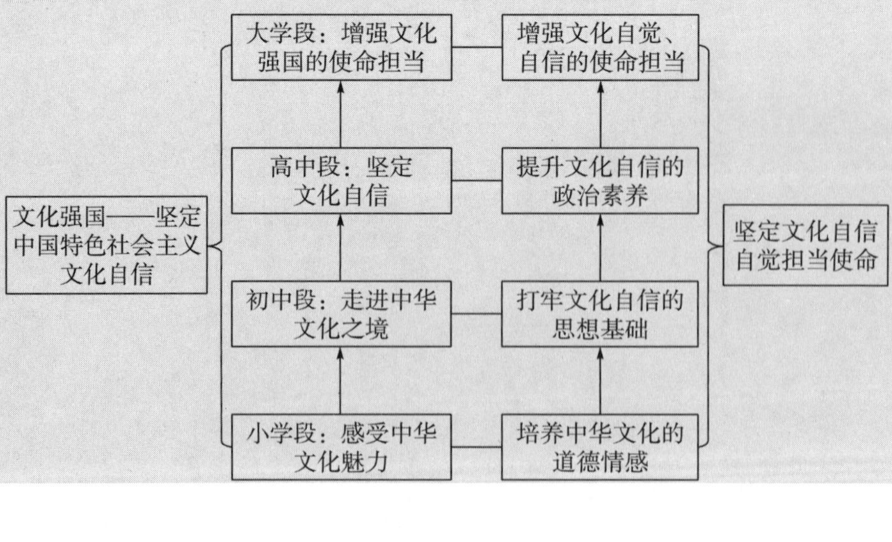

小学段：感受中华文化魅力

教学目标

帮助学生了解生活中存在的中华传统文化的主要形式；通过一系列的活动体验，让学生初步感知中华传统文化；激发学生学习更多优秀传统文化的兴趣。

教学内容

一、传统习俗在身边

二、走近二十四节气

三、二十四节气之秋分

教学重难点

让学生知道传统文化丰富多彩且就在生活中；体验经典习俗，借助二十四节气活动感受传统文化的独特魅力。

学情分析

大多数小学生对传统文化比较生疏，强烈的好奇心能让他们在一定任务的驱动下去发现和学习传统文化。同时，小学生以形象思维为主，传统文化对他们来说比较抽象。因此，本学段在学习过程中要为小学生提供切身的体验，让他们感受到传统文化就在身边，就在生活中。

设计思路

1. 设计理念

现在的小学生身处声光电刺激过度的智能时代，与传统文化的距离较为遥远。对小学生进行传统文化教育，须遵循他们的身心特点，尊重他们的生活实际。以任务为驱动，以发现、体验为基本方法，让小学生通过自己的观察和实践，发现传统文化就在身边，并初步感知中华文化的魅力。

2. 思维导图

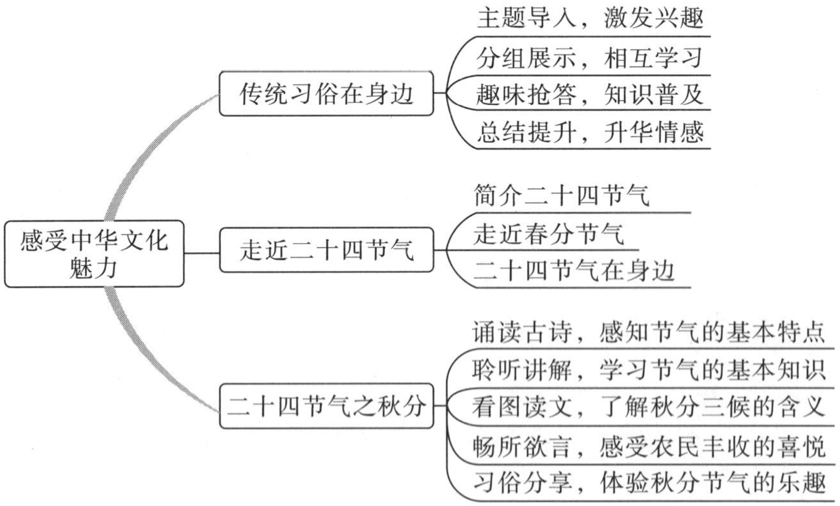

教学方法

活动体验法。

实施方案

中华民族是一个历史悠久、勤劳勇敢、充满智慧的民族，在历史的迭代与变迁中，形成了丰富多彩、博大精深的优秀传统文化。神话传说、民间故事、诗词歌赋、二十四节气、传统节日等，似一颗颗璀璨的星星，闪耀在中华传统文化这一广阔、厚重的天幕中。

一、传统习俗在身边

课前准备

1. 将学生按民间艺术、传统节日、民俗故事、诗词歌赋等分成若干小组，并以此搜集资料。

2. 学生整理搜集到的资料，并设计展示成果。

（一）主题导入，激发兴趣

课程导入

同学们，往事越千年，传承永不变，中华文明博大精深，源远流长。中华文明从五千年风雨中漫步而来，经历了历史的沉淀，依旧灿烂。在上一周，经过各小组的认真准备，相信同学们对传统文化与华夏文明有了更多的了解。今天我们将共同走进传统文化，感受传统文化的魅力。

课件展示

1. 传统节日的插画；

2. 古代建筑图片：如故宫、苏州园林、布达拉宫等；

3. 民间艺术图片：如窗花、剪纸、京剧、脸谱、水墨画等；

教师总结

同学们，生活中，我们处处可以感受到丰富多彩的中华传统文化。我们有精美的民间工艺，如剪纸、陶瓷；我们有古老的民间艺术，如戏剧、国画；我们有绵延千年的传统节日、二十四节气……在生活中，我们时时处处都可以感受到丰富多彩的中华传统文化。

（二）分组展示，相互学习

同学们，经过刚刚的热身，相信大家对传统文化有了更大的兴趣。下面，请各小组上台进行汇报展示。其他小组认真聆听，稍后进行讨论交流。

1. 民间艺术：展示窗花、特色书签等作品，并讲解特色元素；

2. 传统节日：挑选春节、端午节、中秋节、七夕节等传统节日，提前根据节日特征绘制插画，在课堂上展示；

3. 民俗故事：以小话剧的形式展示，需提前制作面具、道具等；

4. 诗词歌赋：以飞花令的形式，与班上同学互动，进行诗词接龙游戏。

过渡

每个小组都展示出中华文化不一样的风采，下面我们针对传统文化来考考大家，看看哪个小组得分最高，得分最高的小组将有特殊奖励。

（三）趣味抢答，知识普及

趣味答题

1. 中国有一个传统习俗，农历腊月二十三或二十四过小年，通常人们要吃（B）

A. 元宵　　B. 灶糖　　C. 腊八粥　　D. 饺子

2. 中华民族的摇篮是（C）

A. 黑龙江流域　　B. 松花江流域　　C. 黄河流域　　D. 长江流域

3. “一日不见，如隔三秋”里的“三秋”是指（B）

A. 三个月　　B. 三年　　C. 三个季度　　D. 三十年

4. 我国的京剧脸谱色彩含义丰富，红色一般表示忠勇侠义，白色一般表示阴险奸诈，那么黑色一般表示什么？（A）

A. 忠耿正直　　B. 勇猛刚强　　C. 神怪形象　　D. 凶暴残忍

5. “入木三分”这个成语原本是用来形容什么的？（B）

A. 文章　　B. 书法　　C. 绘画　　D. 刀工

6. “月上柳梢头，人约黄昏后”描写的是哪个传统节日？（B）

A. 中秋节　　B. 元宵节　　C. 端午节　　D. 七夕节

（四）总结提升，升华情感

教师总结

经过刚刚激烈的角逐，我们已经决胜出得分最高的小组，下面请该小组上台领取奖品。（奖品设置宜为有关传统文化的小礼品，如特色书签、书画扇、小贴画等）

同学们都谈到了祖国的传统文化多么丰富多彩，是呀，它不仅仅局限于我们今天所呈现的这些专题。比如，你们可以去学习民族舞蹈，体会其中的乐趣；可以在中央电视台戏曲频道欣赏京剧，感兴趣的同学还可以学唱几曲，等等。我们常用灿烂辉煌、源远流长等词来形容祖国的传统文化，可见我国传统文化底蕴丰厚，魅力无穷。

出示课件（老师的、学生的）及《走进北京》，直观地再现各种传统文化、自己家乡的历史与文化，再次给学生视觉上的震撼。

中华优秀传统文化多么像一座巨大的宝库啊，你们愿不愿意继续探宝呢？那么，除了今天我们研究的专题，你们还打算探究哪些内容呢？

二、走近二十四节气

活动体验

活动场地：校园

活动准备：设置四个不同的节气习俗体验小组，准备好相关物料。给学生发放不同序号的盲卡，让他们根据盲卡上的序号到相应的小组进行体验。

（一）简介二十四节气

过渡

二十四节气始于立春，终于大寒，循环往复，周而复始，对中华民族的深刻影响延续至今。2016年，二十四节气被正式列入联合国教科文组织人类非物质文化遗产代表作名录。在国际气象界，二十四节气被誉为“中国的第五大发明”。毋庸置疑，二十四节气是中华优秀传统文化重要的组成部分。今天，就让我们一起来了解二十四节气。

音频播放

二十四节气歌

春雨惊春清谷天，夏满芒夏暑相连。

秋处露秋寒霜降，冬雪雪冬小大寒。

每月两节不变更，最多相差一两天。

上半年来六廿一，下半年是八廿三。

教师总结

二十四节气在数千年的历史长河中，是人们进行农事活动的指南针，也是人们衣食住行的航标灯。在过去的农耕社会，二十四节气与老百姓的生活息息相关。即便是在今天这样的智能时代，它对我们的生活依然有着举足轻重的影响。

（二）走进春分节气

从立春到大寒，每个节气都有它丰富的内涵和独特的魅力。为了更好地了解二十四节气，我们可以学习优秀的诗文，体验传统游戏，品味节气美食；也可以像农民伯伯那样，顺应每个节气的特点，在条件允许的情况下做一回快乐的农夫。今天，我们为同学们准备了不同的节气体验项目。请大家根据自己手中盲卡上的序号，找到相应的体验小组，尽情去体验吧。

序号1——迎春组

材料准备：四张教师讲桌、大桌布，风筝全套材料若干，风车若干，节气空白书签若干。

宣传语：迎春——春风拂面风车转，忙趁东风放纸鸢。

活动规则：

1. 两人一组，每组领取风筝、风车DIY材料包各一套。

2. 合作制作、美化。制作精美者获得两个印章。

3. 放风筝、转风车。风筝飞得高的同学和风车转得快的同学，可分别获得两个印章。

奖品设置：参加迎春活动的同学都可以获得纪念奖——风车。

序号2——HUA春组

材料准备：桌椅若干、花材若干。

活动规则：

1. 吟春诗：组织者出示与春天的古诗相对应的图片，参与者根据图片背诵相应的古诗。

2. 插春花：通过吟诗关卡者，来到插花处。领取花材，根据自己的想象动手完成插花作品。用一句古诗或一个成语来自己的作品命名。

序号3——塑春组

材料准备：桌椅若干、煮熟的鸡蛋若干、春天的新鲜蔬菜若干。

活动规则：

1. 立蛋：一分钟内，一人竖立一个熟鸡蛋。参与活动者每人获得一枚印章，立蛋成功者获得两枚印章。

2. 画春牛：每人用一块土豆蘸印泥印在纸上，大拇指印牛头，再用勾线笔画其他细节。参与活动者每人获得一枚印章，完成优秀者获得两枚。

3. “烹”春食：用提供的蔬菜在纸盘上摆出所选择的菜名。参与活动者每人获得一枚印章，完成优秀者获得两枚。

序号4——品春组

材料准备：桌子两张，春卷皮、汤圆、三丝若干。

1. 粘雀子嘴：用煮好的汤圆去粘事先切好的黄瓜嘴或者胡萝卜嘴，然后品尝。

2. 吃春卷：粘完雀子嘴后，每人一个春卷，拆开包装后包春卷，包好后品尝。

活动规则：

1. 有序排队，4人一组粘雀子嘴。汤圆完整地放到“雀子嘴”里，即可得两枚印章。

2. 4人一组包春卷、品春卷，春卷包得漂亮者可得两枚印章。

（三）二十四节气在身边

体验活动结束后，各组同学回到教室，分享自己的体验感受。学生可以先在小组内发言，然后各组推选一个代表作总结发言。

教师总结

同学们，在没有空调和暖气的年代，人们的衣食住行主要依靠二十四节气的指引。而今，因为有了先进的科技，一年四季都可以过得非常舒适，我们可能会觉得二十四节气已经远去了。事实上，它一直都在那里，而我们的农民伯伯们，依旧遵循着春耕夏长、秋收冬藏的自然规律，默默地顺应着规律生活。用心感受，二十四节气就在我们身边。

三、二十四节气之秋分

（一）诵读古诗，感知节气的基本特点

课堂导入

（教师出示与“秋分”相关的图片或文字等）孩子们，今天我们走进一个新的节气——秋分。首先，我请孩子们来读两首诗。

秋分

左河水

暑退秋澄气转凉，日光夜色两均长。
银棉金稻千重秀，丹桂小菊万径香。

秋词

刘禹锡

山明水净夜来霜，数树深红出浅黄。

试上高楼清入骨，岂如春色嗾（sǒu）人狂。

提问

师：你能从诗中读出节气的什么特点呢？

……（学生回答）

（二）聆听讲解，学习节气的基本知识

课堂展示

师：出示说文解字的PPT，理解“秋分”乃是昼夜平分。

生：聆听、学习、感受近期的天气变化。

师：据古籍《春秋繁露》记载：“秋分者，阴阳相半也，故昼夜均而寒暑平。”秋分当天，日夜时间均等，而后夜渐长日渐短。

秋分，农历二十四节气中的第十六个节气，时间一般为每年的公历9月22至24日。南方的气候从这一节气开始入秋。一是太阳在这一天到达黄经180°（秋分点），太阳几乎直射地球赤道，全球各地昼夜等长（不考虑大气对太阳光的折射与晨昏蒙影），而后夜渐长而昼渐短；二是从秋分这一天起，昼夜温差加大，气温逐渐降低，慢慢步入深秋时节。正如诗句所言：“一年好景君须记，最是橙黄橘绿时。”

（三）看图读文，了解秋分三候的含义

我们的祖先富有智慧，他们细心地发现，虽然一个节气有十五天，但是在这十五天里又会出现很多不同的自然现象，于是他们将五天分为一候，秋分节气也有三候。

一候雷始收声。古人认为雷是因为阳气盛而发声，秋分后阴气开始旺盛，所以不再打雷了。因此，雷声不但是暑气的终结，也是秋凉的开始，更是万物开始衰败的征兆。

二候蛰虫坯户。由于天气变冷，蛰居的小虫开始藏入穴中，并且用细土将洞口封起来以防寒气侵入。

三候水始涸。是说此时降雨量开始减少，由于天气干燥，水汽蒸发快，所以湖泊与河流中的水量变少，一些沼泽及水洼处便处于干涸之中。

（四）畅所欲言，感受农民丰收的喜悦

课堂导入

通过秋分三候，我们似乎感受了一种沉重的肃杀之气，但事实上，这个节气是一个令人喜悦的丰收节气。许多农作物在这个节气成熟，田野山间处处弥漫着秋收的喜悦和芳香。2018年6月21日，国务院关于同意设立“中国农民丰收节”的批复发布，同意自2018年起，将每年农历秋分设立为“中国农民丰收节”。

提问

同学们，你们知道这个节气有哪些农作物成熟吗？你们感受过丰收的喜悦吗？

……（学生畅所欲言）

（五）习俗分享，体验秋分节气乐趣

过渡

二十四节气是古人生产生活的重要依据，每个节气干什么，吃什么，都很有讲究。秋分是一个重要的节气，五谷丰登，秋意渐浓。古时，秋分这一天都有什么习俗呢？下面，我们一起看看吧！

材料展示

粘雀子嘴

秋分这一天农民都按习俗放假，每家都要吃汤圆，而且还要把没有馅的十多二十个汤圆煮熟，用细竹叉扦着置于室外田边地坎，名曰“粘雀子嘴”，免得雀子来破坏庄稼。

送秋牛

秋分到，便有送秋牛图的习俗，即把二开红纸或黄纸印上全年农历节气，还要印上农夫耕田图样，名曰“秋牛图”。送图者都是些民间善言唱者，主要说些秋耕和吉祥不违农时的话，每到一家更是即景生情，见啥说啥，说得主人乐而给钱为止。

竖蛋

“秋分到，蛋儿俏。”秋分这一天，是南北半球昼夜平分的日子，地球地轴与地球绕日公转的轨道平面处于一种力的相对平衡状态，利于“竖蛋”。加之秋分时节，天朗气清，人心舒畅，思维敏捷，动作麻利，易于“竖蛋”。

投壶

投壶是古代秋分节气期间宾主宴饮时盛行的游戏，千百年来一直备受欢迎。准备好投壶的工具，尽情地感受这规则简单、趣味性强的传统游戏吧。看，娴熟的，往往心手相应，一投即中；生疏的，屡败屡战，毫不气馁。

活动体验

学生体验投壶游戏。

教师总结

同学们，通过近距离感受秋分，我们了解了很多传统习俗，学习了优秀的传统文化。其实，传统文化离我们并不遥远，它就在我们的身边，就在我们的生活里。希望同学们以后多留心相关的传统文化，用学习优秀传统文化的方式表达我们对祖国的热爱。

考核评价

通过学生活动参与度评价表，对学生学习程度、表现等作评价。

同学活动参与评价表

活动时间		活动主题	
活动形式		参与人数	
一级指标	二级指标		评价
参与行为	1. 能积极主动参与活动		☆☆☆☆☆
	2. 能注意倾听他人发言		☆☆☆☆☆
	3. 踊跃回答主讲人的启发性提问		☆☆☆☆☆
	4. 尝试自己解决疑难，必要时主动与同学交流合作		☆☆☆☆☆
参与能力	1. 在集体讨论或小组活动中积极发言		☆☆☆☆☆
	2. 根据问题情景，积极探索解决问题的策略，善于表达观点		☆☆☆☆☆
	3. 注意力高度集中，始终保持良好的注意状态		☆☆☆☆☆
参与效果	1. 情绪饱满，参与兴趣浓厚，学习热情高昂		☆☆☆☆☆
	2. 在活动中的参与率达85%以上，参与行为持久		☆☆☆☆☆
	3. 回答问题正确率较高，吸纳更新观念快		☆☆☆☆☆
参与类型	□获取型　□共享型　□交互型		
总体印象			

资源链接

1. 经典节气习俗及诗文

节气游戏	春分竖蛋、放风筝，立夏称人，秋分投壶，小寒挤油渣渣
节气美食	立春春饼、芒种鲤鱼汤、霜降柿子、立冬饺子
节气耕种	春分DIY风筝、秋分谷物画、霜降插花、冬至九九消寒图
节气工艺	芒种前后，种瓜种豆；谷雨种花
节气诗文	（1）左河水的二十四首节气诗歌 （2）其他作者诗歌 春季：《村居》《清明》 夏季：《小池》《晓出净慈寺送林子方》 秋季：《山行》《秋词》 冬季：《立冬》《江雪》《冬景》

2. 视频资源：《舌尖上的芒种》

3. 视频资源：五分钟课程网之《二十四节气》

初中段：走进中华文化之境

教学目标

通过对春节文化的感悟和体验，帮助学生初步认识中华文化的特点、价值和作用，初步理解文化自信的内涵和重要意义；通过对春节习俗资料的搜集整理和分享，进一步提高学生搜集、处理、运用信息的能力和语言表达能力；帮助学生了解源远流长、博大精深的中华文化，珍爱自己的精神家园，增强文化认同感，树立文化自信。

教学内容

一、赏多彩文化——中华文化的特点

二、品文化价值——中华文化的重要性

三、扬文化风采——树立文化自信

教学重难点

中华文化的特点与重要性；中华文化的重要意义和价值；坚定文化自信。

学情分析

通过上一个阶段的学习，学生已经感受到了丰富多彩的中华优秀传统文化，认识到传统文化就在我们身边；初中学段学生思维的独立性和批判性增强，但仍具有表面性和片面性特点，其抽象思维能力有所发展，但大多仍处于经验型。本学段将从学生熟悉的生活经验入手，帮助学生认识中华文化特点、价值和作用，初步理解文化自信的内涵和重要意义等。

设计思路

1. 设计理念

本课教学坚持“贴近学生、贴近生活、贴近实际”的原则，根据初中学生的学情特点，以中国四大传统节日之一的春节为载体，采用主题情境式教学法，共设置了赏多彩文化、品文化价值、扬文化风采三个部分。第一部分赏多彩文化，从学生熟悉的春节文化习俗入手，激发学生的参与热情，通过课前春节习俗的资料搜集与整理，让学生感悟中华文化的源远流长、博大精深。第二部分品文化价值，通过“年”对中国人的意义的探究活动，挖掘中华文化对民族、国家的重要意义，认识到中华文化积淀着中华民族最深层的精神追求，代表着中华民族独特的精神标识，为中华民族的伟大复兴提供精神动力。第三部分扬文化风采，设置了两个探究活动：

活动一，通过春节日益成为全球性节日的情境，感悟中华文化的影响力、传播力，树立文化自信；活动二，为春节更好地“走出去”提建议，便于学生初步理解如何树立文化自信，增强文化认同感，同时为高中学段的深入学习打下基础。

2. 思维导图

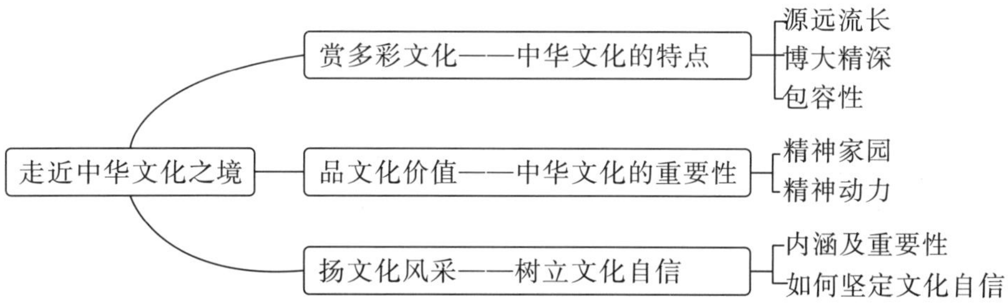

教学方法

主题情境式教学法、项目式教学法。

实施方案

一、赏多彩文化——中华文化的特点

课程导入

竞猜活动——民族节日知多少

向学生展示有关节日的图片（如贴春联、灯会、踏青、赛龙舟、登高、赏月等），让学生猜猜这些图片展示的是中华民族的哪些传统节日？

……（学生回答）

教师总结

每个国家、民族都有自己的传统节日和文化，这是一个国家和民族的文化特色，也是一个国家、民族区别于其他国家和民族的重要原因。庆祝民族节日是民族文化的集中体现，是民族情感的集中表达。春节，中国四大传统节日之一，是中华民族最隆重、历史最悠久的传统佳节。作为中国人集体遵循的习俗和心灵归宿，春节已成为一种固有的文化现象，一场特定的文化盛宴。那么，同学们你们知道春节的来历吗？

（一）源远流长

视频播放

视频《春节的来历》

关于春节的起源有多种说法，其中几种较具代表性的说法，如春节源于腊祭，春节源于巫术仪式说，春节源于鬼节说等，但其中被普遍接受的说法是春节由虞舜时期兴起。公元前2000多年的一天，舜即天子位，带领着部下人员，祭拜天地。从此，人们就把这一天当作岁首。据说这就是农历新年的由来，后来叫春节。

现代民间习惯上把过春节又叫作过年。我国古代民间虽然早已有过年的风俗，但那时并不叫作春节。因为那时所说的春节，指的是二十四节气中的“立春”。南北朝则用春节泛指为整个春季。据说，把农历新年正式定名为春节，是辛亥革命后的事。由于那时要改用阳历，为了区分农、阳两节，所以只好将农历正月初一改名为“春节”。

提问

春节已有4000多年的历史，今后还将一直传承下去，由此我们可以看出中华文化有何特点？

……（学生回答）

教师总结

探访人类文明的发祥地，那些曾经与中华文明相伴而行的古老文明，有的衰落了，有的消亡了，有的融入了其他文明。而起源于黄河、长江流域的中华文明虽历经沧桑，却犹如浩浩荡荡的黄河、长江奔流不息，始终显示出顽强的生命力和无穷的魅力。源远流长是中华文化的基本特征之一。

（二）博大精深

各具特色的春节习俗

我国幅员辽阔，民族众多，风俗多样。在春节期间，全国各地均会举行各种庆贺新春的活动，形成了地方独特的年俗。如在北方，人们大年三十要吃饺子。煮饺子时，有的要鸣放鞭炮以驱邪恶、求吉利；有的烧火煮饺子要用芝麻秸，意味着新的一年像芝麻开花节节高，日子越过越好；有的饺子中包上几个硬币，谁吃到了这样的饺子就预示着他在新的一年里会交好运，有吉祥之意。饺子要煮得多，必须有余，意在有余头。就餐时，除每人一碗外，还要多盛一两碗，意在人丁兴旺。而在南方，一些地方大年三十不吃饭，因为“饭”与“犯”同音，为了避讳，则吃汤圆或挂面以祈求合家团圆，福寿绵长。

提问

同学们，你们知道春节有哪些有意思的传统习俗吗?

活动探究

学生以小组为单位进行合作探究，课前分工协作，搜集整理资料，课堂每小组派一名代表展示探究成果，教师适时进行评价。

春联、年画：起源于上古时代的驱鬼习俗，是我国独特的语言艺术形式和书法艺术形式，并流传到韩国等地。春联既表达了人们的心愿，又增添了节日喜庆气氛。

爆竹：原始目的是驱逐鬼怪、迎神，后来发展为辞旧迎新的象征符号，成为最能代表新年到来时刻的民俗标志。它可以使人更加深刻地体验旧与新的差别，使生活更富于艺术美感。

拜年：是新年期间增进社会关系、亲情关系的重要活动。

压岁钱：旧时，祭祀完祖先，举行完迎接诸神下凡仪式后，全家要一起“辞年”，小辈要给长辈叩头拜年，祝长辈长寿、大福、大顺，长辈要给小辈红包，即“压岁钱”，压岁钱寓意“压岁祈福”。压岁钱是一种美好的祝愿，寄予了长辈对孩子们健康成长的美好祝福。

除夕守岁：除夕，古代称“除傩”“大除”“大尽”，即含有旧岁到此夕而除，明日即另换新岁之意。守岁，对年长者来说有岁月易逝之感，有珍惜岁月之意；对青少年来说有新芽茁壮之感，有努力奋进之意。

……

教师总结

这些习俗以辞旧迎新、驱邪攘灾、拜神祭祖、纳福祈年为主要内容，形式丰富多彩，在传承发展中承载了丰厚的历史文化底蕴。中国各地的年味儿集合了视觉、嗅觉、味觉的丰富体验，见证了中华儿女传统文化的传承和精神生活的美满富足。

中华民族在悠久的历史长河中创造了博大精深的中华文化。中华文化的内容极其丰富，既包括教育、历史、哲学、道德方面的内容，也包括文学艺术、科学技术等方面的内容。中华文化独具特色的语言文字，浩如烟海的文化典籍，名扬世界的科技工艺，异彩纷呈的文学艺术，都体现着中华文化的独特魅力。

我国幅员辽阔，各地自然条件千差万别，经济社会发展程度不同。受历史、地理等因素的影响，各地区的文化带有明显的区域特征。在中华文化的百花园中，各具特色的民族文化异彩纷呈，都为中华文化的形成与发展作出了重要贡献。

（三）包容性

中华文化能够传承的重要原因就是中华民族具有应对挑战、与时俱进的创造力和海纳百川、有容乃大的包容力，即求同存异和兼收并蓄。求同存异，就是能与其他民族的文化和睦相处；兼收并蓄，就是能在文化交流中吸收、借鉴其他民族文化的积极成分。正是这种包容力，中华文化历经沧桑仍薪火相传、历久弥新。

二、品文化价值——中华文化的重要性

文化不只是生活方式，更是一种精神理念。“共欢新故岁，迎送一宵中。”春节文化能够跨越山海，正在于它串起了人们心中共同的情愫。英

国广播公司（BBC），世界上最大的新闻广播机构之一，这家公司在2016年拍摄了一部纪录片，名字叫《中国春节——全球最大的盛会》。

视频播放

播放纪录片《中国春节——全球最大的盛会》片段

BBC用镜头聚焦“亿万人同时迁徙的壮观，只为了春节的一次团圆”。正如纪录片中所言：“就算排除万难也要回家过年，他们可能买不到票，可能坐上没有位置的火车，可能要在人堆里挤上三天三夜……但这都不能阻止中国人回家过年的愿望。”

提问

“回家过年”成为思乡游子的共同心愿。每逢春节，为什么海内外游子排除万难也要回家过年？“年”对中国人来说意味着什么？

……（学生回答）

教师总结

每逢佳节倍思亲，传统节日激起了我们无限的亲情。春节是中华民族一种共同的文化记忆和传承，是每个中国人对时间的独特体验。对全球华人来说，春节是人们心中最柔软的故土情结，也是来自民族文化深处的精神召唤。

（一）中华文化是中华民族共同创造的精神家园

中华儿女在长期的共同生活中创造了具有民族特色、民族风格、民族气派的中华优秀文化。中华文化凝聚着中华民族共同经历的奋斗历程，蕴含着中华民族共同培育的民族精神，贯穿着中华民族共同坚守的理想信念，是中华民族共同创造的精神家园。

（二）中华文化为中华民族伟大复兴提供精神动力

中华文化深深地熔铸在民族的生命力、创造力和凝聚力之中，是几千年来激励中国人民克服艰难险阻、战胜内忧外患、创造幸福生活的强大精神力量，也是激励每个中华儿女共同创造祖国美好明天的不竭力量之源。

中华文化积淀着中华民族最深层的精神追求，代表着中华民族独特的精神标识，深刻地影响着当代中国人的精神世界，为中华民族的伟大复兴提供了精神动力。

三、扬文化风采——树立文化自信

中华优秀传统文化是中华民族的突出优势，也是我们最深厚的文化软实力。中华文化独一无二的理念、智慧、气度、神韵，增添了中国人民和中华民族内心深处的自信和自豪。

材料展示

春节日益成为全球性节日

受中华文化的影响，世界上一些国家和地区也有庆贺新春的习俗。据不完全统计，已有近20个国家和地区把中国春节定为整体或者所辖部分城市的法定节假日。

从世界第一高楼迪拜哈利法塔展示春节灯光秀，到日本东京塔首次披上“中国红”，再到纽约帝国大厦连续多年为春节亮灯，全球众多地标性建筑，都纷纷穿起“春节装”，观舞龙舞狮、看跨国春晚、逛春节庙会、竞冰雪龙舟，不论身处哪个时区，全球都在共度“中国时刻”。

提问

随着中国经济的腾飞，对外开放程度的加深和国际影响力的增强，春节在海外的传播速度不断加快，春节也成为展示中国传统文化的一扇窗口。同学们，请你们说说春节文化“走出去”有何意义。

……（学生回答）

教师总结

中华文化，魅力无穷。英国哲学家罗素在《中国问题》一书中曾说："中国至高无上的伦理品质中的一些东西，现代世界极为需要。"中华优秀传统文化所蕴含的思想观念、人文精神、道德规范，不仅涵养了中国人的精神生活，架构起中华民族的心灵空间，也对解决人类共同面临的问题具有重要价值。从"道法自然""天人合一"的发展理念，到"协和万邦""讲信修睦"的世界想象，再到"同舟共济""休戚与共"的命运共同体意识，这些由中华优秀传统文化不断滋养润泽的伦理品质，在世界各地激起更多共鸣，为解决人类共同面临的问题提供了"新的可能"。

春节是一个载体，透过春节，世界读懂了中国符号，感知了中国文化，体味了中国精神，见证了一个充满创造力、凝聚力的文明大国。透过春节，中国向世界展现文化自信。

（一）文化自信的内涵及重要性

文化自信是一个国家、一个民族对自身文化价值的充分肯定，是对自身文化生命力的坚定信念；是一个国家、一个民族发展中更基本、更深沉、更持久的力量。

文化是一个国家、一个民族的灵魂，没有高度的文化自信，没有文化的繁荣兴盛，就没有中华民族的伟大复兴，坚定文化自信，事关国运兴衰、文化安全和民族精神的传承发展。

（二）如何坚定文化自信

视频播放

视频《"李子柒"为何火遍全球？》

李子柒：1990年出生于四川省绵阳市，微博知名美食视频博主，被誉为“东方生活美食家”。2016年初，李子柒开始拍摄手作视频，其作品题材来源于中国人古朴的传统生活。农家院、山水、古风、中华传统美食……这些传统元素向海外网友讲述了中式生活之美，成为中华文化对外传播的一个模范样本。

正如央视评价称：“李子柒没有一个字说中国故事，但她讲好了中国文化；没有一个字夸中国好，却传递了中国之美。”新时代的我们，该怎样接过延续文化血脉的接力棒，树立文化自信呢？

提建议

同学们，请以春节文化“走出去”为契机，就如何更好地推动中华优秀文化走向世界，增强其感染力和感召力，给出你们的具体建议。

教师总结

坚定和增强文化自信，既要夯实中华优秀传统文化根基；又要与时俱进，实现中华优秀传统文化创造性转化、创新性发展；还要在与人类优秀文化交流互鉴中丰富发展，不忘本来、吸收外来、面向未来，不断铸就中华文化新辉煌！

考核评价

1. 过程性评价

《春节习俗文化展示》学生评价量表

维度	等级
积极参与资料的搜集、整理	
与小组同学配合主动	
搜集信息充分、精当	
PPT制作精美，能流利地表达观点	

2. 结果性评价

以“走进传统节日，认识中华文化”为主题，制作手抄报一份。要求：主题明确，内容丰富，色彩鲜艳，版面活泼。

资源链接

1. 春节与过年[EB/OL].（2020-01-08）. https://wannianli.tianqi.com/news/264031.html？uncache=1.

2. 中国新年成为全球性节日[EB/OL].（2017-02-02）. http://world.people.com.cn/n1/2017/0202/c1002-29054350.html.

3. 视频资源：《中国春节——全球最大的盛会》。

参考文献

[1] 余华，涂雪莲.关于大中小学思想政治理论课教学有效衔接的思考[J]. 思想理论教育，2019（09）.

[2] 张培国.春节成国际性节日彰显中国文化认同[J]. 公关世界，2017（03）.

高中段：坚定文化自信

教学目标

通过回顾春晚与细品年味，学生能进一步了解中华优秀传统文化的表现和特点，理解中华优秀传统文化的时代价值，增强对中华文化的认同感和自信心，懂得文化自信的现实意义；通过文化交流的具体实例，学生能了解文化的多样性，懂得文化自信需要与世界文明交流、对话与互鉴；通过文创节目取得成功的具体案例，学生能认识文化创新的途径，明确文化自信的要求，从而坚定文化自信。培养学生的人文精神，提升文化素养，做有民族自信心、自豪感的中国人，主动担当民族复兴大任，做中华文化的继承者、传播者、建设者，发展中国特色社会主义文化，建设社会主义文化强国。

教学内容

一、不忘本来，植根塑魂——传承优秀传统

二、吸收外来，博采众长——加强交流互鉴

三、面向未来，文化创新——坚定文化自信

教学重点难点

中华优秀传统文化的时代价值；繁荣中华文化，坚定文化自信。

学情分析

通过上一个阶段的学习，学生已经初步认识中华文化的特点、价值和作用，初步理解文化自信的内涵和重要性。由于置身于一定的文化生活中，时刻感受着文化的熏陶，有一定的生活经验；加之国家大力加强文化建设，社会氛围浓厚，学生对文化也有所了解。基于高中学生思维敏锐，但片面性较大，容易偏激；富有热情，但容易冲动；上进心较强，对未来满怀希望，乐于开拓但有时又易陷入迷茫；自立意愿强烈，表现出思想上、行为上的自主性，已初步具有创新意识、探究意识、合作意识，但对中华传统文化的认知水平、知识结构尚不够清晰，缺乏系统的理论知识和学科素养，教学中需要发挥学生的主体作用，引导学生独立思考，学会合作探究，提高学生的政治素养，增强学生的社会责任感、使命感。

设计思路

1. 设计理念

基于本部分教学内容具有思想理论性和探索实践性，教学过程中结合高中学生的特点，努力贯彻新课程的理念，共设计了三个版块内容，即不忘本来，植根塑魂——传承优秀传统；吸收外来，博采众长——加强交流互鉴；面向未来，文化创新——坚定文化自信。此设计旨在充分调动和发挥学生这一学习主体的主动性、积极性和创造性，让学生自主、合作、探究、创新地学习，体现新的学习观；基于建构主义理论，根据学生的学情，在教学过程中通过具体教学案例，引导学生观察身边的文化现象，体验社会生活，引发辩证思考，合作探究问题，生成构建知识，启发正确观念，反思践行提升，体现新的学习观、知识观、人才观。

2. 思维导图

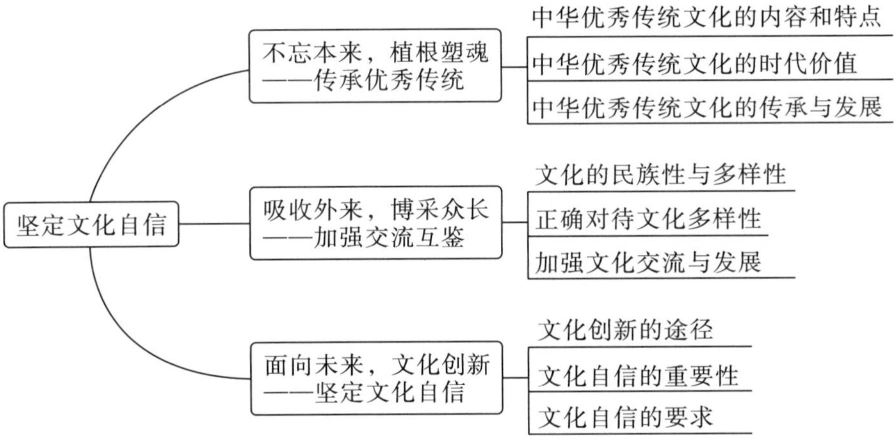

教学方法

活动式教学法、探究式教学法、情景式教学法。

实施方案

习近平同志多次强调，要“不忘本来、吸收外来、面向未来”。这既指出了新时代推动文化建设的思想方法和工作方法，又为坚定文化自信、不断铸就中华文化新辉煌、建设社会主义文化强国指明了前进方向。

一、不忘本来，植根塑魂——传承优秀传统

（一）中华优秀传统文化的内容和特点

课程导入

播放视频《2021年央视春晚》（节选）

提问

同学们，你和你的家人最喜欢的春晚节目是什么？请列举具体理由。

……（学生回答）

阅读拓展

春晚，即春节联欢晚会。它是现代媒体和传统民俗相结合的产物。央视春晚大致经历了三个阶段：从20世纪80年代的一枝独秀，独占鳌头，到90年代在探索中成长壮大，至21世纪的日趋成熟，接受考验。央视春晚以歌舞秀开场，以歌舞、曲艺、戏曲节目为主体，涵盖了小品、歌曲、歌舞、杂技、魔术、戏曲、相声等多种艺术形式；在传播方式上，以现场直播为基本手段，增强了观众的现场感和参与感。多机拍摄、导播现场切换，丰富了画面表达；在内容和形式上，春晚不断探索与创新，走过了文艺节目会演、文化时尚追踪和新民俗传播的历程，始终用《难忘今宵》作为结束曲为晚会画上句号。

央视春晚契合了中国人“过年守岁”的传统和春节“阖家团圆”的情感诉求，营造了老百姓所喜欢的“热闹、祥和、喜庆”的节日气氛，承载了主流意识形态的内容，凸显了强大的叙事功能，打造了“普天同庆，盛世欢歌”的节日景象。神州大地，亿家同看，雅俗共赏，老少同乐。春晚的意义在于它创造了一个文化奇迹，实现了一个电视神话。

活动探究

分小组合作探究春晚所体现的中华文化内容及其特点，分析春晚节目所蕴含的文化内涵和时代价值。每组推选一名代表展示探究成果。

……（学生展示）

教师总结

2021年央视春晚突出了中国元素、民族特色、地域文化和世界多彩文明之美。通过探究活动，我们能够学习和感受中国传统文化历史悠久且独具特色、独领风骚的魅力。中国人民勤劳智慧，几千年来，在中华大地上劳动和生活，共同创造了灿烂的中华文化，如别具一格的语言文字、浩如烟海的文化典籍、名扬世界的科技工艺、异彩纷呈的文学艺术，等等。

1. 中华优秀传统文化的内容

中华优秀传统文化包括核心思想理念、中华传统美德、中华人文精神等。核心思想理念包括讲仁爱、重民本、守诚信、崇正义、尚和合、求大同等；中华传统美德包括自强不息、敬业乐群、扶危济困、见义勇为、孝老爱亲等；中华人文精神包括促进社会和谐、鼓励人们向上向善的思想文化内容等。

中华各族人民共同创造了源远流长、博大精深的中华文化。中华文化源于中华优秀传统文化，熔铸于革命文化和社会主义先进文化，积淀着中华民族最深层的精神追求，它是中华民族生生不息、团结奋进的不竭动力，是中华民族共有的精神家园。

阅读拓展

年味，即年俗的味道，约定俗成。过年是传统，春节是中国民间最隆重、最热闹的传统节日，由上古时代岁首祈年祭祀演变而来，中国的年俗文化源远流长。全国各地衍生出纷繁多样的过年习俗，南北迥异，各具特色。新春贺岁围绕祭祝祈年为中心，以除旧布新、迎禧接福、拜神祭祖、祈求丰年等活动形式展开，内容丰富多彩，热闹喜庆，年味浓郁，凝聚着中华文明的传统文化精华。年俗里有说不完的故事，道不尽的风情。年俗里饱含着人们对吉祥如意的向往，对和谐美满的渴望，对至善至美的执着追求。无论习俗和传统怎样变迁，无论年味多近多远、是浓是淡，年，依然是让人最眷恋的味道。

活动探究

请同学们结合“年味”中的有关传统习俗，谈谈中华传统文化对我们的影响。

……（学生回答）

教师总结

形式	传统习俗	传统建筑	传统文化	传统思想
含义	指在一定社会群体中约定俗成或世代相传的风尚、礼节和习惯	建筑被称为凝固的艺术	文学艺术，称为民族精神的火炬	包括在长期历史积淀中形成的理论观点、学术思想和道德观念
影响	对人们的物质生活和精神生活产生持久影响	在世界建筑史上写下了光辉的一页	有悠久的历史，蕴藏了丰富的文化内涵	对今天中国人的价值观念、生活方式和中国的发展道路，具有深刻的影响
地位	传统文化的基本形式之一	展示中国传统文化的重要标志	中华民族灿烂文化的重要组成部分	中华文化中一个非常重要的组成部分
例子	元宵节看花灯、吃汤圆，端午节吃粽子、赛龙舟，中秋节赏月吃月饼等	有宫廷、民用、宗教、桥梁、园林、城市建筑等，如北京菊儿胡同	京剧、武术、诗赋、散文、书法等	“大同”世界，“天下为公”的社会理想

2. 中华优秀传统文化的特点

传统文化具有传承性、相对稳定性、民族性，是维系民族生存和发展的精神纽带。在五千多年文明发展中孕育的中华优秀传统文化，源远流长、灿烂辉煌，积淀着中华民族最深沉的精神追求，代表着中华民族独特的精神标识，是中华民族生生不息、发展壮大的丰厚滋养，是中国特色社会主义植根的文化沃土，是当代中国发展的突出优势，对延续和发展中华文明、促进人类文明进步发挥着重要作用。

（二）中华优秀传统文化的时代价值

中华文化是中华民族共同的精神标识，涵养着中华民族共同的价值观。中华文化独一无二的理念、智慧、气度、神韵，增添了中国人民和中华民族内心深处的自信和自豪。传承和弘扬中华优秀传统文化，能够激发民族自信心和自豪感，有助于增强民族凝聚力，促进民族团结，维护国家的安全和统一，铸牢中华民族的共同体意识。

中华优秀传统文化中所蕴含的诸如安民富民、天人合一的思想，能够为解决当代中国和世界发展中的许多问题提供有益借鉴；强调求同存异、和而不同、和平发展的思想观念有助于正确认识和处理国际关系，推动建立以合作共赢为核心的新型国际关系，构建人类命运共同体。

传承创新优秀传统文化对于弘扬社会主义核心价值观、丰富治国理政价值理念、增强文化自信、文化担当以及发展中国特色社会主义文化具有重要意义。

阅读拓展

互动频繁　创意春晚

2016年，春晚与支付宝达成互动合作，春晚红包玩法“咻一咻”亮相；2018年，央视与微博在短视频、直播、内容互动等多领域展开深入合作，推出集“中国赞”赢红包等多项线上互动活动；2019年，晚会和百度达成互动合作，红包活动主题为“好运中国年”；2020年快手成为春晚独家互动合作伙伴，春晚红包互动主题为“点赞中国年”；2021年，抖音成为春晚独家红包互动合作伙伴。春晚通过多种渠道和方式吸引广大观众积极参与互动。

央视春晚曾创造过无数辉煌，也遇到过批评和质疑，但从未放弃努力。2021年央视春晚守正创新，以“万民安康辞鼠岁，欢歌笑语迎牛年”为主题，各类节目紧跟时代主题、紧扣社会现实、紧贴火热生活，从形式到内容都焕发出蓬勃的生命力。除了节目亮点频出，新技术也不断喷涌，5G技术、8k超高清巨频、AI+VR裸眼3D演播室技术、跨屏联欢、“VR视频+三维声”直播等，呈现给观众的不仅是一台文艺盛宴，同时也是科技创新盛会。

活动探究

小组合作讨论，为中央电视台打造出经得起广大观众考验的春晚提建议。

……（学生回答）

教师总结

时代在变迁，社会在进步，传统文化也要因时而变，不断丰富发展完善。传统文化只有顺应社会生活的变迁，与时俱进，创新发展，不断满足人们日益增长的精神需求，才能对社会和个人的发展起推动作用。

（三）中华优秀传统文化的传承与发展

在当代中国，学习、研究、应用传统文化，既要“取其精华，去其糟粕”，又要“推陈出新，革故鼎新”，要在继承的基础上发展，在发展的过程中继承。必须结合当今时代的特点和要求，对传统文化的内容和形式予以改造，转化为符合时代特点和要求的新内涵和新形式，使之与当代文化相适应、与现代社会相协调。实现中华优秀传统文化创新性发展，必须按照当今时代社会生活和社会实践的进步与发展，对中华优秀传统文化的内容进行补充、拓展和完善，使之成为适合当今时代实践和社会发展要求的优秀文化。

二、吸收外来，博采众长——加强交流互鉴

材料展示

中法共同承办的2021年“欢乐春节”线上系列活动于2月4日至26日在“云端”同法国民众见面。活动期间，主办方通过多个平台推出丰富多彩的活动，如《赏非遗 · 过大年》系列视频展播、《美丽中国》微春晚之“知年俗 · 赏美食”系列视频展播、《吉祥春节 · 美好祝愿》中国春节文化图片回顾展、中央歌剧舞剧院《春华国韵》民族音乐会，以及“传统节日推介”文化专栏和“线上双语猜灯谜”等，持续近一个月的活动引起法国民众广泛关注。

提问

同学们，请从文化角度分析“欢乐春节”线上系列文化活动引起法国民众关注的主要原因。

……（学生回答）

教师总结

文化既是民族的，又是世界的。各民族文化都有其产生和发展的渊源，不同民族和国家文化的内容和形式各具特色。各民族文化共同构成姹紫嫣红、生机盎然的世界文化大花园。文化多样性是人类社会的基本特征，是世界文化充满活力的表现，也是人类文明进步的重要动力。

（一）文化的民族性与多样性

	世界性	民族性
表现	不同民族文化之间存在共性和普遍规律	各民族文化之间存在差异，都有自己的文化个性和特征
原因	世界各民族的社会实践有其共性，有普遍的规律	各民族间存在经济、政治、历史和地理等多种因素的不同

续表

	世界性	民族性
辩证关系	世界文化是由不同民族、不同国家的文化共同构成的，是世界性与民族性的统一。文化的世界性存在于文化的民族性之中，并通过文化的民族性表现出来	
错误倾向	1. 只看到各民族文化之间的差异，而看不到共性和普遍规律 2. 只看到各民族文化之间的共性，而看不到存在的差异	

视频播放

播放视频《北京2022年冬奥会》宣传片

活动探究

结合宣传片，探究北京举办2022年冬奥会的文化意义。

……（学生回答）

教师总结

世界因不同而精彩，文化因不同而交流。文化多样性是文化交流的前提。北京举办2022年冬奥会有利于展示中华文化的独特魅力，推动中华文化走向世界，扩大中华文化的国际影响力；通过冬奥会有利于加强中外文化交流，进而学习借鉴世界各国文化的有益成果，促进中华文化以及世界文化的繁荣发展。

（二）正确对待文化多样性

1. 对待文化多样性的正确态度

尊重文化多样性。每个民族的文化都是独特的，都有其存在的价值，都有值得尊重的经验和智慧。既要认同本民族文化，培育好、发展好本民族文化，又要尊重其他民族文化。

坚持各民族文化一律平等的原则。不同文化间的碰撞呼唤人们正确认识文化差异，相互尊重，通过平等交流、对话达成对彼此的理解和包容。

面对多样的文化，各国应当用开放和包容的心态，学习和借鉴优秀外来文化，促进和而不同、兼收并蓄的文明交流。

2. 尊重文化多样性的意义

（1）一般意义：不同民族文化之间的交流、借鉴与融合，既是人类文明发展的重要动力，也是文化创新必然要经历的过程，有利于发展本民族文化，通过相互借鉴、取长补短，进而推出融汇多种文化特质的新文化。

（2）对中国的意义：

①文化是综合国力竞争的重要因素，加强中外文化交流有利于中华文化走向世界，增强中华文化在国际上的影响力，提高文化竞争力，增强我国的综合国力。

②有利于中华文化吸收和借鉴其他民族和国家的优秀文化成果，推动我国社会主义文化大发展大繁荣，发展面向现代化、面向世界、面向未来的社会主义文化。

（3）对世界的意义：

①中外文化交流，有利于世界了解中华文化，促进世界文化的繁荣与发展。

②文化与经济、政治相互影响、相互交融。中外文化交流有利于促进国家间实现经济上的互利共赢、政治上的相互理解。

阅读拓展

敦煌文化艺术，又称莫高窟文化艺术，被称为东方世界的艺术博物馆。它保存了公元4世纪到11世纪的洞窟735个，彩塑3000余身，壁画45000

平方米，唐宋木构建筑五座。敦煌文化以中华文化为主体，集印度文化、伊斯兰文化、希腊文化于一身，以十分鲜明生动的形象融会贯通地表达出来，在世界文化交流中独一无二（季羡林语）。敦煌壁画是当今世界上规模最宏伟、保存最完好的佛教艺术宝库。

多元文明的碰撞和交融，恰恰是文明生生不息的力量源泉，也是敦煌文化得以取得国际地位的基础。近年来，由于世界各国学者对敦煌文献的重视、整理和研究，无形中又推动了敦煌学的兴起和发展。敦煌学的百年是和国家的命运息息相关的，在世纪之交，它同日益强大的中国一样以更开放的姿态、更开阔的胸怀走向世界。

活动探究

小组合作探究，敦煌文化艺术的形成和发展给我们带来了哪些启示？

……（学生回答）

教师总结

不同民族文化之间的交流、借鉴与融合，既是人类文明发展的重要动力，也是文化创新必然要经历的过程。不同特质的文化交流互鉴，相互交融，能够为彼此增添新的元素，激发新的活力。敦煌文化作为中华文化的重要组成部分，真正体现了中华文化富有包容性，具有强大的凝聚性和连续性，能够在与世界各种不同文化的交流中求同存异，兼收并蓄。

（三）加强文化交流与发展

当今世界，文化传播的主要途径是商业贸易、人口迁徙、教育，此外还有留学、访问、聚会、旅游等。文化传播的手段先后大体出现了口语、文字、印刷、电子和网络等发展形态，现代社会以大众传媒为主要手段。

文化多样性是实现文化创新与发展的重要基础。中华文化的繁荣和发展，必须面向世界、博采众长，以我为主、为我所用。中华文化在与不同国家、民族的文化交流互鉴中，要以世界优秀文化为营养，吸收外国文化的有益成果，不断推进文化创新，才能永葆生命力和提升竞争力。

三、面向未来，文化创新——坚定文化自信

视频播放

视频中央电视台《国家宝藏》（节选）

阅读拓展

《国家宝藏》从第一季到第三季，节目以国宝为中介、文化为核心，涉及外交、民族、教育、经贸等多样化时代主题，交织着古今中外文化，贯穿着国家情怀和民族记忆，更彰显了电视媒介具有的历史责任、美学追求和艺术匠心。节目把宝贵的文化遗产，用现代的表现形式重新解读，对文物彰显的时代价值重新谱写，让文化历史走向当下社会，让传统文化在新时代焕发新生。

《典籍里的中国》聚焦中华优秀文化中的经典名篇，以典籍作舟，畅游华夏文明之河，展现其中蕴含的中国智慧、中国精神和中国价值，讲述感人至深的传承故事。节目综合运用环幕投屏、实时跟踪等新技术手段，创设出“历史空间”“现实空间”，并以跨越时空、对话先贤的形式营造了“故事讲述场”，生动演绎了源远流长的中华文化典籍精华。节目开播后迅速火遍网络，强势“出圈”。

活动探究

小组合作探究，从文化的角度分析两档电视节目强势“出圈”的秘诀。

……（学生回答）

教师总结

文艺创作，必须立足社会实践，把握时代脉搏，在内容和形式上不断创新；对传统文化既要批判继承，古为今用，又要推动传统文化创造性转化、创新性发展；发展人民群众喜闻乐见的大众文化，不断满足人民日益增长的精神文化需求。

（一）文化创新的途径

1. 立足实践是文化创新的根本途径。立足于发展中国特色社会主义的实践。

2. 继承传统，推陈出新。结合时代要求，继承和发扬中华民族优秀传统文化。

3. 面向世界，博采众长。加强文化交流，不断学习、借鉴、汲取世界各民族文化的长处。

4. 着眼于人民群众不断增长的精神文化需求，在内容形式、机制体制、传播手段上创新。

5. 坚持正确方向。反对“守旧主义”“历史虚无主义”“封闭主义”“民族虚无主义”。

阅读拓展

九天云外揽月回

嫦娥五号月球探测器（简称嫦娥五号），是负责嫦娥三期工程“采样返回”任务的中国首颗地月采样往返探测器。2020年11月24日4时30分，

中国文昌航天发射场，长征五号遥五运载火箭尾焰喷薄而出，全力托举嫦娥五号向着月球飞驰而去。23天后，在闯过月面着陆、自动采样、月面起飞、月轨交会对接、再入返回等多个难关后，历经重重考验的嫦娥五号返回器携带月球样品，成功返回地面。

嫦娥五号的任务是探月工程“绕、落、回”中的第三步，其意义重大——它实现了中国航天历史上的四个“首次”：首次在月球表面自动采样；首次从月面起飞；首次在38万公里外的月球轨道上进行无人交会对接；首次带着月壤以接近第二宇宙速度返回地球。

活动探究

结合材料，分析我国嫦娥五号探月工程取得成功彰显的文化价值。

……（学生回答）

教师总结

我国的探月工程叫“嫦娥”，中继卫星叫“鹊桥”，月球车叫“玉兔”，火箭叫“长征”，宇宙飞船叫“神舟”，空间站叫“天宫”，太阳探测器叫“夸父”，暗物质探测器叫“悟空”，量子卫星叫“墨子”，导航卫星叫“北斗”，这些都是独属于中国人的浪漫，彰显的是中国人的文化自信和文化自强，彰显的是我国的科技实力、经济实力和综合国力。

（二）文化自信的重要性

习近平总书记曾指出：“我们说要坚定中国特色社会主义道路自信、理论自信、制度自信，说到底是要坚定文化自信。”文化是一个国家、一个民族的灵魂。文化兴国运兴，文化强民族强。文化自信，是一个国家、一个民族发展中更基本、更深沉、更持久的力量。

（三）文化自信的要求

文化自信，就是对自身文化价值的充分肯定，对自身文化生命力的坚定信念和对时代发展潮流、中国特色社会主义伟大实践的深刻把握。坚定和增强文化自信，既要夯实中华优秀传统文化根基；又要与时俱进，实现创造性转化、创新性发展；还要在交流互鉴中丰富发展。要坚持中国特色社会主义文化发展道路，激发全民族文化创新创造活力，建设社会主义文化强国。

考核评价

1. 知识考核评价。针对本专题涉及的内容，可以通过测评、提问、单元测试、开展本地优秀传统文化的搜集活动以及撰写小论文等方式对学生的掌握情况进行评价。评价要注重多元性，促进学生全面成长。

2. 学习表现评价。通过学生参与本课教学的表现，采取表格方式，对学生课前准备、课上发言、合作探究、课堂学习行为和品质等，对学生参与的程度和效果，予以及时的、综合的评价。评价要注重激励性，关注学生个体差异；评价要注重灵活性，调动学生学习兴趣。

资源链接

1. 中新网. “云传播”“高科技”2021年春节联欢晚会将呈新亮点.中新网[EB/OL].（2021-02-07）. https:/www.chinanews.com/cul/2021-02-07/9406972.shtml.

2. 央广网. 欢乐吉祥 喜气洋洋 2021年春节联欢晚会新技术喷涌，创新点频出[EB/OL].（2021-02-07）. https://baijiahao.baidu.com/s?id=169101403/2

437641578&wfr=spider&for=pc.

3. 赵博文. 央视春节联欢晚会发展历程研究[J]. 河北软件职业技术学院学报，2011，13（2）.

4. 凤凰科技. 支付宝借“福卡”攻关系链与微信展开攻防战. 2019-01-28

5. 新浪科技. 微博成为央视春晚新媒体社交平台独家合作伙伴. 2018-02-09

6. 网易科技. 百度拿下猪年春晚独家互动合作权，红包活动持续8天. [EB/OL].（2019-01-17）. https://www.163.com/tech/article/E5O1D7S800097U7R.html.

7. 中央广播电视总台2020年《春节联欢晚会》红包互动方式公布. 央视网. 2019-12-25

8. 央视春晚三十年之变：从独角戏到群生相. 新浪娱乐. 2012-01-23

9. 嫦娥五号探测器发射圆满成功 开启我国首次地外天体采样返回之旅.央视网.［2020-12-15］

10. 中国嫦娥五号“揽月”而归. 科学网. 2020-12-28

大学段：增强文化强国的使命担当

教学目标

帮助学生理解文化自觉、文化自信的内涵及其关系；帮助学生深刻理解建设文化强国的重大意义，以及我国建设文化强国的科学布局；帮助学生深刻理解弘扬中华优秀传统文化、传承弘扬革命文化、发展和弘扬社会主义先进文化、吸收借鉴世界先进文化的重要意义，增强文化强国建设的使命担当。

教学内容

一、文化自觉与文化自信

二、文化强国——中国特色社会主义文化建设的新目标新境界

三、新时代青年要勇担文化强国建设使命

教学重难点

文化自觉与自信的关系；建设文化强国的重大意义；弘扬优秀传统文化、传承弘扬革命文化、发展和弘扬社会主义先进文化、吸收借鉴世界先进文化的重要意义和基本策略。

学情分析

大学生在之前的小学、初中、高中学段中，已经从多方面感知和认识了中华文化，具备了关于中华文化的基本知识和政治素养，具备了文化自信的基础。今天我们处于中国特色社会主义新时代，因此需要大学生在中国特色社会主义文化建设中，了解坚定文化自信根本性的战略选择和安排就是建设文化强国，全面、系统和深入地了解文化强国建设的重大意义和科学布局；在实践中抓住重点和关键，自觉担当文化强国建设使命，在文化自觉基础上坚定文化自信。

设计思路

1. 设计理念

本学段在之前学段基础上，在阐述文化自觉、文化自信的内涵与关系基础上，引出新时代在中国特色社会主义文化建设中，坚定文化自信根本性的战略选择和安排就是建设文化强国，并对文化强国建设的重大意义和科学布局进行阐述，引导新时代青年抓住文化强国建设的重点和关键，勇担文化强国建设重担。

2. 思维导图

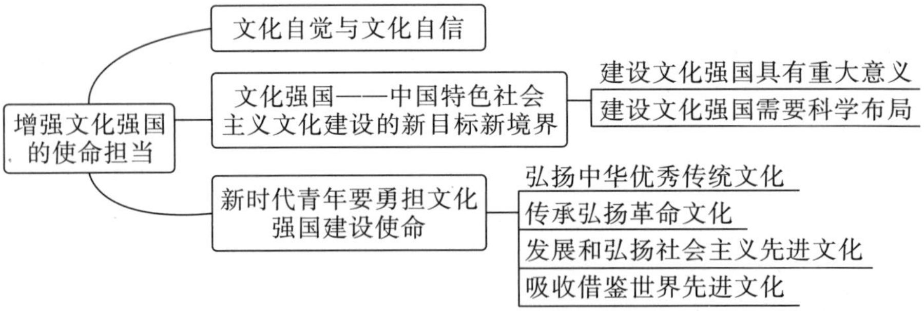

教学方法

普通讲授法、理论分析法、历史分析法、启发式教学法、案例分析法、互动教学法结合。

实施方案

一、文化自觉与文化自信

课堂导入

我们今天谈论的文化自觉、文化自信，其内涵是什么？二者又有什么关系呢？

（一）文化自觉的内涵

文化自觉是对文化的自我觉醒、自我反思和理性审视，是指生活在一定文化历史圈中的主体对自己的文化应该有自知之明，既清楚长处，也了解短处，同时也要了解和认识其他文化，处理好本土文化与外来文化的关系。中华文化自觉就是对中国文化的反思、反省和审视。中华文化自产生以来，中国人民的文化自觉过程从未停止，特别是到了近现代，中国人民对中国文化的反思、反省和审视达到了空前广泛和深刻的程度，但中国真正的文化自觉，是在马克思主义指导下和中国共产党的带领下，对中华文化的组成要素和总体构成，对中华文化的历史、现在和未来作全面、客观的分析和认识，是对中华传统文化积极因素和消极因素的辩证分析和科学认识。

（二）从文化自觉走向文化自信

文化自信是主体对自身文化的认同、肯定和坚守。文化自觉是文化自信的前提，文化自信是建立在文化自觉基础上的。没有深刻的文化自觉，就不可能有坚定的文化自信。中国人民的文化自信是在文化自觉的过程中逐渐建立起来的，是对中华文化的高度认同和充分肯定。中国共产党在领导中国人民进行革命、建设、改革的伟大实践中，自觉肩负起传承发展中华传统文化的历史责任，创造了马克思主义的革命文化和社会主义先进文化，为建设社会主义文化强国，增强国家文化软实力作出了卓越贡献。中国特色社会主义文化，正是在继承中华优秀传统文化的基础上，以马克思主义文化为主导，吸收古今中外一切优秀文化的积极因素，弘扬革命传统文化，在改革开放实践中创造出来的文化。正是基于以上文化自觉，我们才有“四个自信”。从文化自觉到文化自信，不仅使我们对中国特色社会主义文化有了更深刻的认识，而且进一步坚定了实现中华民族伟大复兴的决心和信心。

过渡

新时代，要在文化自觉基础上坚定文化自信，必然的、根本性的战略选择和安排就是——建设文化强国。

二、文化强国——中国特色社会主义文化建设的新目标新境界

（一）建设文化强国具有重大意义

1. 建设和巩固民族共有精神家园之必然

精神家园是建立在文化认同基础上的精神文化和价值系统，是对本民族思想传统、精神理念、文化习俗乃至生活方式的认同、尊崇和追随。中华民族共有精神家园是我国五十六个民族共同创造的智慧结晶，反映了“各个民族经过漫长历史所形成并传承下来的特有的精神气质、价值取向、传统习惯和心理情感等，是这个民族文化的集中体现”。

民族共有的精神家园是对多元的民族界限的超越和整合，是各民族共创、共有、共享的精神财富，具有在更高层次上产生凝聚人心、寻求共识、同奔共同理想的功能，也是促进社会健康、有序、和谐发展的内在支撑；同时，作为一种与中国繁荣富强相契合的精神文化、价值系统，它属于社会主义文化体系建设的有机构成部分，为中华民族复兴和强盛提供支点，完整的精神家园是民族复兴的重要标志。

中华民族的精神家园曾经是完整的，以儒家文化为主体的中华传统文化为中国士大夫乃至一般民众构筑了精神家园。近代以来，在西方列强的军事与经济侵略以及西方文化的强势冲击之下，中华民族的精神家园逐步瓦解，中华文化也被迫开启了向现代的艰难转型。改革开放之后，中国社会和文化进入了剧烈的转型期，传统文化逐步丧失其对社会生活的整合力，日益呈现出一种缺位状态，中华民族的精神家园日渐荒芜与碎片化。重建民族精神家园成为中华民族复兴大业的重要环节。

因此，建设文化强国，加强中华文化建设，是建设和巩固民族共有精神家园之必然，对于民族文化认同的提升和共同文化的确立，以及增强中华文化自觉、坚定中华文化自信，具有重要的积极意义；精神家园建立在物质家园的基础之上，但又具有相对的独立性，精神家园的建设和巩固，

反过来对物质家园建设起到重要推进作用。

过渡

中华文化在当代的表现形式是中国特色社会主义文化，中华民族的奋斗目标是实现民族伟大复兴，伟大复兴的表现形式是“中国梦”。那么，在当代，建设文化强国对伟大复兴的“中国梦”又有何重大的现实意义呢?

2. 中华民族伟大复兴离不开文化的强力支撑

习近平总书记指出：“统筹推进‘五位一体’总体布局、协调推进‘四个全面’战略布局，文化是重要内容；推动高质量发展，文化是重要支点；满足人民日益增长的美好生活需要，文化是重要因素；战胜前进道路上各种风险挑战，文化是重要力量源泉。”

第一，统筹推进“五位一体”总体布局、协调推进“四个全面”战略布局，文化是重要内容。“五位一体”总体布局的主要内容是经济建设、政治建设、文化建设、社会建设、生态文明建设，其中经济建设是根本，政治建设是保证，文化建设是灵魂，社会建设是条件，生态文明建设是基础。“四个全面”战略布局即全面建设社会主义现代化国家、全面深化改革、全面依法治国、全面从严治党，文化也是贯穿其中的重要内容。

第二，推动高质量发展，文化是重要支点。我国经济发展进入了新时代，基本特征就是我国经济已由高速增长阶段转向高质量发展阶段。推动高质量发展，创新是重要支撑点，文化也是重要支点。高质量发展是篇大文章，需要文化去“布局谋篇”。高质量发展与文化繁荣相辅相成，有了高质量发展，文化才会繁盛，反过来，文化的繁荣与强盛又能促进高质量发展。国家的强盛总以文化兴盛为支撑，没有文化繁荣的强国不兴盛，没有文化繁盛的强国不稳固。

第三，满足人民日益增长的美好生活需要，文化是重要因素。十九大报告指出：“人民美好生活需要日益广泛，不仅对物质文化生活提出了更高要求，而且在民主、法治、公平、正义、安全、环境等方面的要求日益增长。”这一论断深刻揭示了人民美好生活需要的基本内涵。美好生活是人心所向，没有文化繁荣的强国不幸福。

第四，战胜前进道路上的各种风险挑战，文化是重要力量源泉。文化自信是我们不断从胜利走向胜利的力量源泉。注重文化建设，人民才会有信仰，国家才会有力量，民族才会有希望。在伟大复兴的中国梦的实现历程中，风险挑战无数，困难挑战无穷，文化将作为勇于追梦的目标指引，凝聚同心筑梦的磅礴力量。

过渡

建设文化强国如此重要，而建设文化强国是一个伟大的系统性工程，需要怎样整体谋篇布局呢?

（二）建设文化强国需要科学布局

1. 建设文化强国的基本原则

第一，以马克思主义为指导思想。这是当代中国的文化强国建设区别于其他国家文化强国建设的根本所在，必须旗帜鲜明地予以坚持。要坚持以马克思主义为指导，解决好为人民服务的问题，社会主义文化强国建设必须“为人民服务、为社会主义服务”；要“坚持和运用辩证唯物主义和历史唯物主义的世界观和方法论”指导文化建设；要坚持以发展、开放的马克思主义为指导。

第二，以中华优秀传统文化作为丰厚滋养。中华优秀传统文化内蕴深厚，具有独特的文化魅力、丰富的精神内核和深远的现实价值，是我们在世界文化激荡中站稳脚跟的坚实根基。习近平总书记强调“中华优秀传统文化是中华民族的突出优势，是我们最深厚的文化软实力”，“中华文化积淀着中华民族最深沉的精神追求”，必须始终将传统文化作为建设文化强国的根脉滋养，使中华优秀传统文化中蕴含的强劲力量发挥作用。

第三，坚持以创新为文化发展的根本动力。习近平总书记强调，“要坚持中国特色社会主义文化发展道路，激发全民族文化创新创造活力，建设社会主义文化强国。”文化创新首先要进行观念创新，其中最关键的就是要破除传统文化与现代文明的二元对立，实现传统文化与现实文化相融相通，实现核心价值观与现代文明的对接；还要充分激发文化创造活力，为文化创新提供最深层次的源头活水，为文化繁荣发展提供充足动力。

第四，坚持在开放中发展和繁荣文化。习近平总书记强调，“文明在开放中发展，民族在融合中共存。”一花独放不是春，面对当代人类生存面临的诸多问题，面对争夺国际话语权的重大挑战，面对让中国文化更好地屹立于民族之林的现实需要，我们必须在“守土有责”的同时，对外开放拓宽世界了解中国的渠道；以对外开放助力当代中国价值观念的世界传播，通过对价值观的充分阐释来增进共识，塑造国家形象；以对外开放应对处于弱势的国际舆论格局，不断争夺国际话语权，扩大中华文化的外部影响力。

2. 建设文化强国的目标要求

文化强国目标，简而言之就是要实现中华民族文化的大发展大繁荣。党的十九大报告中所确定的中国特色社会主义精神文明建设的阶段性战略目标即“社会文明程度达到新的高度，国家文化软实力显著增强，中华文化影响更加广泛深入”。具体来说，文化强国目标应基本包括以下三点。

第一，实现高度的文化自信。文化自信是关乎国运兴衰、文化安全、民族精神独立性的重大问题，其核心蕴含着文化强国的实现必须是中国特色社会主义与文化强国建设在本质要求上的统一，必须将人民群众看作一切文化创造的价值归宿和动力来源；蕴含着必须依靠自己的力量，最大限度地提高文化的原创力，激发人民群众的首创精神，创新文化形式和内容，植根传统，立足当下，着眼未来，不断实现文化建设新的突破；蕴含着必然要坚定地走适合自己特点的发展道路，对不断创新发展的马克思主义保持高度理论自信；蕴含着对“不忘本来”及“吸收外来”，使中华文化走向世界、面向未来的自信。

第二，形成强大的文化生产力。文化生产力作为经济与文化高度融合的产物，涵盖了硬实力和软实力双重内涵，具有生产性和非生产性两种属性，既强调了文化的经济性，又突出了经济的文化性。习近平总书记特别强调，必须要在进一步解放思想，推进改革创新的基础上，“解放和发展文化生产力，繁荣文化事业，发展文化产业”，要“深化文化体制改革，推动社会主义文化大发展大繁荣，增强全民族文化创造活力”。可见，文化产业和文化事业是提高社会主义文化生产力的主要着力点，在建设文化强国的目标指向中，文化产业与文化事业就像马车的两个轮子，必须双轮驱动，共同发力。

第三，拥有广泛的文化影响力。文化影响力是国家文化软实力的重要组成部分，是从受众和认知角度衡量一个国家是否是文化强国的重要变量，是一个国家文化符号、文化产品、价值观念等在文化生产力和传播力的作用下而产生影响力的过程。如果说文化自信是对本民族文化的自我肯定，文化生产力是对本民族文化实力的夯实和发展，那么文化影响力则体现了一国文化被外部接受的程度。习近平总书记多次强调中国特色社会主义文化要以拥有广泛强大的影响力为目标要求，要在不断增强的文化自信基础上，不断提升文化软实力，继而扩大中华文化的国际影响力。

3. 建设文化强国的基本思路

第一，坚守精神家园，筑牢思想根基。习近平总书记指出，“把我国56个民族、13亿多人紧紧凝聚在一起的，是我们共同经历的非凡奋斗，是我们共同创造的美好家园，是我们共同培育的民族精神，而贯穿其中的、最重要的是我们共同坚守的理想信念。”在文化强国建设的总体思路中，首先要考虑、解决和处理的是抓住我们精神归宿、灵魂安顿、情感寄托的需要及在异质文化影响下的精神凝聚、心理认同、价值导向的需要，用坚若磐石的精神和信仰力量筑牢中华儿女的精神家园，筑牢文化强国的根基。

第二，以构建核心价值观为主导，凝聚社会共识。培育和弘扬社会主义核心价值观是文化强国的根本任务。社会主义核心价值观以“三个倡导”的科学内涵，为文化强国提供了坚实的道德依托、强大的精神力量和坚定的价值导向，是文化强国的“力”量之源，是“决定文化性质和方向的最深层次要素”，也是社会主义本质属性的鲜明体现。要想打好文化强国这场硬仗，扩大中华文化的影响力，就必须“抢占价值体系的制高点”，以社会主义核心价值观凝魂聚力，更好地构筑中国精神、中国价值和中国力量，凝聚起社会共识的最大公约数。

第三，以提高文化软实力为关键，塑造大国形象。文化软实力集中体现了一个国家基于文化而具有的凝聚力和生命力。习近平总书记强调文化软实力“关系‘两个一百年’奋斗目标和中华民族伟大复兴中国梦的实现”。因此，建设文化强国，必须大力提高文化软实力。提高文化软实力的重点，就是要提高统筹两个大局、开发两种市场、利用两种资源的能力，既要坚定不移地走中国特色社会主义文化发展道路，不断夯实国内文化建设根基，又要在保持对自身文化的自信、耐力及定力的基础上，促进中华文化在国际社会的进一步传播和交流，提升中华文化的影响力，进一步推动我国由世界文明大国向世界文化强国的升级转型，为人类文明进步作出更大贡献。

过渡

建设文化强国，新时代青年不能缺席。那么，新时代青年要如何担当建设文化强国的使命和重任呢？

三、新时代青年要勇担文化强国建设使命

课堂导入

新时代青年在担当文化强国建设重任中，应该抓住重点和关键，要积

极弘扬中华优秀传统文化、传承弘扬革命文化、发展和弘扬社会主义先进文化、勇于吸收和借鉴世界先进文化。中华优秀传统文化是文化自信的根基，革命文化是文化自信的支柱，社会主义先进文化是文化自信的灵魂，世界先进文化是文化自信的试金石，对文化强国建设具有关键意义。

（一）弘扬中华优秀传统文化

中华优秀传统文化浩如烟海、博大精深，作为中华文化的重要组成部分，既是中华民族生存发展的精神支撑，也是中国特色社会主义植根的文化沃土。新时代文化强国建设，新时代青年必须担当大力弘扬中华优秀传统文化的重任。

1. 弘扬中华优秀传统文化的重大意义

第一，中华优秀传统文化是连结民族情感的精神纽带。中华优秀传统文化是“中华民族的基因”“民族文化血脉”和“中华民族的精神命脉”，为每一位中华儿女提供共同的精神家园和持续的身份认同，有力增强了民族自信心、自豪感和凝聚力。中华民族在历史长河中自强不息、薪火相传，很重要的原因就是我们有着一脉相承的精神追求、精神特质、精神脉络。

第二，中华优秀传统文化是坚定文化自信的深厚基础。习近平总书记曾讲：“文化自信，是更基础、更广泛、更深厚的自信，是更基本、更深沉、更持久的力量。”中华优秀传统文化包含着的中华民族独特的哲学思想、人文精神、价值理念、审美品格和科学智慧，既是文化自信最深厚的源泉，也为文化自信提供着最丰厚的滋养。

第三，中华优秀传统文化是涵养社会主义核心价值观的动力源泉。牢固的核心价值观，都有其固有的根本和深厚的渊源。习近平总书记指出：“培育和弘扬社会主义核心价值观必须立足中华优秀传统文化。”社会主义核心价值观体现着中华民族的独特气节，凝聚着中华民族的精神魂魄，它在不断吸收中华优秀传统文化的丰富滋养中逐步形成，在对中华优秀传统文化的继承和升华中不断完善。

第四，中华优秀传统文化是国家治理体系和治理能力现代化的思想文化资源。习近平总书记指出："一个国家选择什么样的治理体系，是由这个国家的历史传承、文化传统、经济社会发展水平决定的，是由这个国家的人民决定的。"在我国各方面建设中，优秀传统文化的积极精神和历史经验，都提供了有益借鉴和启示。例如"一带一路"倡议与古丝绸之路的开拓精神一脉相承，生态文明建设思想传承了我国天人合一、延天佑人的理念，"人类命运共同体"的理念继承了古代"以和邦国""亲仁善邻""天下一家"的美好愿景，等等。

2. 积极弘扬中华优秀传统文化

第一，着力处理好继承与发展的关系。习近平总书记指出："不忘历史才能开辟未来，善于继承才能善于创新。优秀传统文化是一个国家、一个民族传承和发展的根本，如果丢掉了，就割断了精神命脉。"因此，我们要像爱惜自己的生命一样保护好各项历史文化遗产，让人民通过文化遗产承载的历史信息，记得起历史沧桑，看得见岁月留痕，留得住文化根脉；在弘扬传统文化中，不能照套照用，而要坚持古为今用，正确取舍；要着力推动优秀传统文化的创造性转化、创新性发展，正如习近平总书记所指出："要坚持古为今用、以古鉴今，坚持有鉴别的对待、有扬弃的继承，而不能搞厚古薄今、以古非今，努力实现传统文化的创造性转化、创新性发展，使之与现实文化相融相通，共同服务以文化人的时代任务。"

第二，着力处理好本来与外来的关系。文明因交流而多彩，文明因互鉴而丰富。习近平总书记强调："中华文明是在中国大地上产生的文明，也是同其他文明不断交流互鉴而形成的文明。"我们既要立足中国，又要面向世界；既要树立高度的民族文化自信，又要善于学习、借鉴其他民族文化的优秀成果；既要加强与世界上不同国家、不同民族、不同文化的交流互鉴，又要坚持互相尊重、平等相待，坚持美人之美、美美与共，坚持开放包容、互学互鉴，坚持与时俱进、创新发展。

第三，着力促进马克思主义与中华优秀传统文化的价值融通。毛泽东同志认为，“对于中国共产党来说，就是要学会把马列主义的理论运用到中国的具体环境，成为伟大中华民族的一部分。而和这个民族血肉相连的共产党员，离开中国特点来谈马克思主义，只是抽象的、空洞的马克思主义。”正是在不断吸纳中华优秀传统文化精髓的过程中，马克思主义中国化才实现了一次又一次的理论飞跃。因此，新时代文化强国建设中，必须坚持将马克思主义基本原理同中国具体实际紧密结合起来，科学对待民族传统文化，科学对待世界各国文化，用人类创造的一切优秀思想文化成果武装自己。

第四，必须坚持与社会实践相结合。中华文化发展历史充分证明，推动社会进步、解决现实问题的社会实践活动，是中华文化演变发展的强大内在动力。因此，弘扬中华优秀传统文化，必须坚持实践标准，这样才能紧紧把握时代脉搏，赶上时代步伐，为回应时代需求和挑战提供有益启迪，为解决当代中国现实问题提供有益启示，为实现中华民族伟大复兴的中国梦提供强大精神支撑。

（二）传承弘扬革命文化

革命文化是中国共产党带领人民在血与火的革命岁月中创造出来的文化形态，是坚定中国特色社会主义文化自信的重要源泉，是优化与巩固党的执政基础的宝贵历史资源，为塑造新时代人民群众的精神家园提供了现实启示，具有重要的历史和现实意义。

1. 传承弘扬革命文化的重大意义

第一，革命文化是坚定文化自信的坚强基石。这首先表现在革命文化为文化自信提供丰厚精神养分。革命文化蕴含和彰显的无数革命先辈坚定的理想信念、崇高的价值追求和巨大的人格魅力，共同凝聚成强大精神力量，在艰苦卓绝的革命斗争中激励着广大民众勇往直前。其次，革命文化为文化自信提供深厚理论底蕴。马克思主义中国化的理论成果，指导中国革命取得伟大胜利，创造出承载革命历史和精神的革命文化，革命文化的形成离不开马克思主义的指导，其核心要素承继了马克思主义的基本观点，必将为新时代坚定文化自信提供科学的理论底蕴。

第二，革命文化是巩固党的执政基础的重要历史资源。革命文化蕴含了中国共产党在不断赢得革命胜利进程中开展群众工作的丰富思想和实践经验，为新时代巩固党的执政基础提供了深厚的历史营养。习近平总书记强调："对我们共产党人来说，中国革命历史是最好的营养剂。多重温我们党领导人民进行革命的伟大历史，心中就会增添很多正能量。"毫无疑问，革命文化所承载的为民情怀和工作方法，对我们理解以人民为中心的发展思想、理解"民心是最大的政治"重要论断，对保持党同人民群众血肉联系，夯实党的执政基础，具有十分重要的借鉴价值。

第三，革命文化为塑造人民群众精神家园提供现实启示。改革开放以来，很多人不同程度地出现了信仰缺失、精神懈怠、道德滑坡等问题。革命年代创造出的革命文化在当时经济社会发展环境比较恶劣的条件下，反映了人民群众有信念、有追求、有精神的生活风貌；在新民主主义革命时期，尽管中国人民遭受三座大山的压迫，但广大中华儿女承继了中华民族伟大的气魄和坚毅的精神，为争取民族独立和解放不懈奋斗，呈现出积极向上的精神气质，取得了革命的伟大胜利。作为这一段伟大历史的精神沉淀和表达，革命文化兼具一般文化价值原则和特别的道德法则，为当代人打破精神世界的困局和建设精神家园提供了现实启示。

2. 积极传承弘扬革命文化

第一，讲好革命故事，提升文化认知。曲折生动的革命故事具有强烈的感染性，可以让群众在喜闻乐见中形成精神共鸣，深化人们对革命历史的认知，增强人们对革命文化的认同。要讲好革命故事，增强对革命文化的正确认知，应着力避免对革命遗迹、革命遗址开发利用的功利化，突出革命文化的教化功能；要着力清除历史虚无主义对革命文化的污名化，保证革命故事的科学叙事；要加强红色文化教育基地的队伍建设，提升工作人员的政治素质、业务能力和使命担当，确保通过革命故事传输正确的历史观和讲述准确的革命历史，以帮助人民群众澄清模糊认识，自觉抵制历史虚无主义的影响；应增强革命文化传播和教育的叙事性和艺术性，拉近革命文化、革命故事与人民群众之间的距离。

第二，厚植革命理想，强化文化力量。习近平总书记强调："坚定理想信念，坚守共产党人精神追求，始终是共产党人安身立命的根本。对马克思主义的信仰，对社会主义和共产主义的信念，是共产党人的政治灵魂，是共产党人经受住任何考验的精神支柱。"远大理想与现实理想相结合的革命理想，也是革命文化的政治灵魂。在文化多元化的时代背景下，更需要坚定地传承弘扬革命文化，在文化强国建设中厚植革命理想，内化革命精神，凝聚文化共识，用革命文化引领思想政治建设和理想信念教育，为新时代中国特色社会主义发展提供不竭动力。

第三，创新革命理论，促进文化自觉。随着中国特色社会主义进入新时代，在进行许多具有新的历史特点的伟大斗争时，需要把中国共产党的革命理论与全面深化改革的具体任务紧密结合起来，推进中国共产党革命文化的时代化，增强中国特色社会主义文化的革命性；需要用结合新时代任务创新的革命理论，以及具有新时代特点的革命文化，引导中国人民在实现中华民族伟大复兴的征程中，始终保持昂扬的革命状态，爬坡过坎、攻坚克难，将全面深化改革进行到底，不断满足人民对美好生活的向往。

（三）发展和弘扬社会主义先进文化

社会主义先进文化是在马克思主义指导下，以中国传统文化为历史渊源，以中国特色社会主义伟大实践为现实土壤，在中外文化的融汇与整合中所创造出来的具有中国风格、中国气派、中国力量的健康向上的社会主义的文化精神和文化形态。其以马克思主义为指导，以“面向现代化、面向世界、面向未来”为特点，以“民族的、科学的、大众的”为发展方向，以培养和造就“四有”公民为目标，具有鲜明的中国特色。

1. 发展和弘扬社会主义先进文化的重大意义

第一，社会主义先进文化促进全社会形成共同的理想和精神支柱。社会主义先进文化能够提高人们的思想道德素质，使人们在共同利益的基础上，形成共同理想和道德准则，为改革和建设提供精神动力；能够引导人们认同和接受社会主义基本制度，以全面的、辩证的、发展的眼光看待发展中的社会主义，树立正确的世界观、人生观和价值观，坚定对社会主义的信念，增强民族自尊心、自信心、自豪感，从而为改革开放和现代化建设提供强有力的思想保证；能够提高劳动者的科学文化素质，为现代化建设提供强大的科学支撑和智力支持。

第二，社会主义先进文化是综合国力的重要标志。在当今世界激烈的综合国力竞争中，文化竞争是重要方面。在世界多极化、经济全球化的深入发展过程中，历史的和现实的、外来的和本土的、进步的和落后的、积极的和颓废的多种文化，既相互激荡，又吸纳或排斥；既相互融合，又斗争、渗透或抵御。处于相对弱势地位的广大发展中国家，不但在经济发展上面临严峻挑战，在文化发展上也面临严峻挑战。保持和发展本民族文化的优良传统，大力弘扬民族精神，积极吸取世界其他民族的优秀文化成果，实现文化的与时俱进，是关系国家前途和命运的重大问题。

第三，社会主义先进文化是夯实党的执政基础、巩固党的执政地位的核心内容。提高建设社会主义先进文化的能力，是在党的执政条件发生深刻变化，社会价值观日趋多样化的情况下，确保党牢牢掌握意识形态领域领导权，强化对中国先进文化主导权和控制权的必然选择，直接关系到人们对指导思想的信仰，对党的政治路线的认同，关系到党的事业的兴衰成败。只有准确把握先进文化的发展规律，不断在执政实践中提高发展先进文化的本领和能力，才能满足人民群众对先进文化的需求，夯实执政的文化基础、巩固党的执政地位。

第四，社会主义先进文化是实现“两个一百年奋斗目标”和中华民族伟大复兴的重要内容。要实现这些宏伟目标，不仅要发展经济，完善民主法治，也要提高全民族的思想道德素质和科学文化素质。必须大力发展社会主义先进文化，更好地满足人民精神需求、丰富人民精神世界、增强人民精神力量，为继续解放思想、深化改革开放、推动科学发展以及实现宏伟目标提供坚强的思想保证、强大的精神动力、有力的舆论支持、良好的文化条件。

2. 切实有效发展和弘扬社会主义先进文化

第一，坚持以马克思主义为指导。坚持以什么为指导、为什么人的问题，是文化建设的根本问题，不仅决定着文化建设的目标和方向，也决定着文化的性质。建设中国特色社会主义先进文化，必须坚持以马克思主义为指导，深入贯彻落实习近平总书记新时代中国特色社会主义思想，把社会主义核心价值观作为建设主线，坚持社会主义先进文化的前进方向；坚持为人民服务、为社会主义服务，把满足人民群众的精神文化需求作为文化建设的出发点和落脚点，不断促进人们思想道德素质和科学文化素质的提高，努力实现最广大人民的文化利益，为中华民族伟大复兴提供强大的精神动力，创造良好的文化氛围。

第二，坚持百花齐放、百家争鸣的方针。“双百方针”是对文化建设经验的深刻总结，反映了文化发展的内在规律。要在宪法规定的范围内，努力营造生动活泼、求真务实的良好氛围，充分发扬学术民主和艺术民主，在学术问题上提倡不同的观点和学派的自由讨论，在艺术创作上提倡不同的艺术风格和流派的争鸣、切磋，提倡健康说理的批评和反批评；要尊重文化发展的规律，尊重文化工作者的积极性和创造性，促进学术研究和艺术创作的繁荣发展。

第三，坚持贴近实际、贴近生活、贴近群众。只有坚持贴近实际、贴近生活、贴近群众，文化建设才能回答和解决现实问题，反映生活本质，满足群众的文化需求。要立足新时代实际，深入改革开放和现代化建设实践，不断发展文化创新，增强文化发展活力；要尊重人民群众的主体地位和首创精神，准确把握群众精神文化需求发展的特点，积极探索新形势下服务群众的有效途径和办法，多给人民群众提供优秀的精神文化产品，做到文化发展成果由人民共享。

第四，坚持一手抓繁荣，一手抓管理。繁荣是文化建设的永恒主题，管理是文化繁荣发展的有力保障。要坚持重在建设，通过长期坚持不懈的努力，推动社会主义文化大发展大繁荣，兴起社会主义文化建设新高潮；要坚持科学管理和依法管理，综合运用各种手段，推进文化领域管理工作的法治化、规范化、制度化建设；要树立新的文化发展观，积极推进文化体制改革，转化文化发展方式，解放和发展文化生产力，提高国家文化软实力，不断增强我国文化的国际竞争力。

（四）吸收借鉴世界先进文化

世界先进文化涵盖了世界上所有国家和所有民族的一切优秀文化，是指突破时空的限制，经过历史的洗涤和实践的验证，能够流传下来并发挥实际有益作用的文化。

1. 吸收和借鉴世界先进文化的重大意义

第一，世界先进文化是巩固中华民族共有精神家园的必要条件。推动中华文化繁荣发展，构建中华民族共有精神家园离不开世界文明。中华民族发展史已证明，在文化上坚持自我中心主义，幻想天朝大国文化的唯我独尊，全盘否定外来文化，只会延缓民族文化发展进程，导致本国文化与世界先进文化发展潮流脱节，文化发展和文明进步滞后于世界。充分吸收和借鉴世界先进文化，有利于丰富中华民族共有精神家园，有利于不断增强中华文化的包容力、亲和力、生命力和创造力。

第二，世界先进文化有利于中国文化与其在相互吸收、相互激发的良性互动中实现更好的发展。世界文化既包含中国文化的优点，也包含西方文化的优点。中国文化自诞生以来就从未中断、历久弥新，不仅成为世界文明的重要组成部分，更是当代中国文化崛起最为宝贵的传统资源，也是当今世界和平共处、构建人类命运共同体的重要思想来源之一。各个国家和民族有打上自己烙印的文化，多样性和差异性的文化间的互相交流，吸收借鉴各种世界先进文化，是自身文化得以保持生命力并持续发展的重要方式。融入世界文化发展潮流，博采世界先进文化之长，丰富中华文化的内容，增强文化软实力，也是新时代的必然选择。

2. 有效吸收借鉴世界先进文化

第一，立足本国，加强研究，辩证对待。要坚持从本国国情出发，以开阔的视野，加大对世界各国先进文化的研究力度，要有选择地吸收世界先进文化中符合我国国情、能为我国所用的部分加以学习，选取最有价值的部分加以借鉴；要通过创新性和创造性发展，使世界先进文化本土化和能够在中国大地上发挥应有的作用；要敢于批判世界先进文化，大胆地对世界先进文化进行批判性吸收。

第二，在吸收中创新，在碰撞中良性互动。习近平总书记曾指出，创新是一个民族进步的灵魂，在文化领域更是如此。已经形成的世界先进文化有其形成的社会历史条件，时代和社会状况不断变更，要使世界先进文化能够继续保持生命力和活力，必须在创新中吸收世界文化；中华文化建设要想走在世界前列，必须在学习世界先进文化的过程中，结合我国的具体国情加以创造性发展，用敢于质疑的态度丰富、发展和运用世界先进文化，推动世界文化的共同繁荣；要尊重各国的历史文化、社会制度和发展模式，承认世界文化的多样性，在竞争比较中取长补短，在求同存异中共同发展，着眼于推动中华文化走向世界，形成与我国国际地位相称的文化软实力，提高中华文化国际影响力。

考核评价

围绕学生对该部分内容学习的行为投入、认知投入、情感投入三个层面，灵活设定相应考核题目，选择适当考核方式，考核学生是否收获真知、实现课程认同等。

资源链接

1. 习近平. 中国革命历史是最好的营养剂[N/OL]. 人民日报，2013-07-17（1）.

2. 习近平. 在纪念孔子诞辰2565周年国际学术研讨会暨国际儒学联合会第五届会员大会开幕会上的讲话[EB/OL].（2014-09-24）. http://www.xinhuanet.com/politics/2014-09/24/c-1112612018.htm.

3. 习近平. 在庆祝中国共产党成立95周年大会上的讲话[EB/OL].（2016-07-01）. http://www.xinhuanet.com/politics/zbzg952016/index.htm.

4. 习近平. 在哲学社会科学工作座谈会上的讲话[M]. 北京：人民出版社，2016.

5. 习近平. 在纪念马克思诞辰200周年大会上的讲话[N/OL]. 人民日报，2018-05-05（2）.

6. 习近平. 在教育文化卫生体育领域专家代表座谈会上的讲话[N/OL]. 人民日报，2020-09-23（2）.

参考文献

［1］来仪，杨莹慧. 再论中华民族共有精神家园的内涵及现实意义[J]. 西南民族大学学报（人文社科版），2019，40（01）.

［2］万美容. 当前为什么需要建设中华民族共有精神家园——评《中国人的文化焦虑与精神升华——建设中华民族共有精神家园的理想设计与现实路径》[J]. 价值论与伦理学研究，2015.

［3］胡竹. 深刻把握文化“四个重要”的时代内涵和实践要求[J]. 群众，2020（21）.

［4］汤玲. 中华优秀传统文化、革命文化和社会主义先进文化的关系[J]. 红旗文稿，2019（19）.

［5］陈通. 试论习近平总书记关于传承弘扬中华优秀传统文化的思想理论[J]. 文化遗产，2019（5）.

［6］马福运. 革命文化对文化自信的精神作用及机理分析[J]. 中国社会科学院研究生院学报，2020（4）.

［7］宁先圣. 社会主义先进文化的特征及重大意义[J]. 理论观察，2011（6）.

［8］蔡洁. 习近平强国文化观研究[D]. 长沙：湖南师范大学，2019.

［9］刘晓华. 新时代传承弘扬革命文化的三重意涵[N]. 光明日报，2018-08-03（11）.

［10］张友谊. 从文化自觉到文化自信[J]. 视界观，2018（1）.

专题五

Topic 5

爱智之学问——哲学的魅力*

* 本专题由国家社科基金2020年项目“统筹推进大中小学思政课一体化建设研究”（20BKS196）课题组负责人吴宇同志组织编写，本专题系该课题研究的阶段性成果。

| 一体化设计目标及思路 |

哲学是爱智慧的学问，探究人生的意义、人应该追求怎样的生活、人如何实现自身的价值等关于人自身的重大问题。哲学思考使人明确方向，帮助人形成良好的世界观、人生观和价值观。中国传统哲学是中国传统文化的精华，马克思主义哲学是中国特色社会主义建设的理论基础，学习它们能够培养学生的文化自信与文化自觉，增强学生的政治信仰与国家认同，为未来进入社会参、与新时代中国特色社会主义建设打下坚实的思想基础。按照“对大中小学思想政治课课程目标进行一体化设计”的要求，遵循由表及里、由浅入深的理念，遵循教书育人规律、学生成长规律，在大中小学开展哲学教育，让哲学思考进入课堂，引导学生产生哲学思考的兴趣，进行哲学思考。总体设计目标和思路：小学阶段初步认识哲学，了解孔子“仁”的思想内涵，增强思维能力；初中阶段了解先贤的哲学思考，通过对笛卡尔“我思故我在”和张载“横渠四句”思考的学习，进一步理解思考的意义；高中阶段学习马克思主义基本立场、观点和方法，理解辩证唯物主义和历史唯物主义的基本观点，并能够在实践中运用；大学阶段通过对哲学反思的学习，引导大学生反思人生的意义与价值。了解哲学的主要问题，掌握哲学语言，促进学生自身哲学体系的形成，提升思维层次和思想境界。

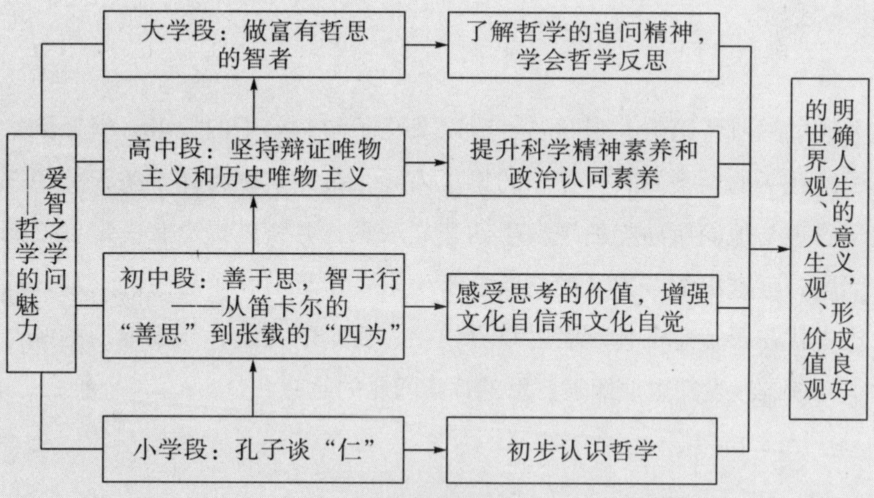

爱智之学问——哲学的魅力
大学段：做富有哲思的智者
高中段：坚持辩证唯物主义和历史唯物主义
初中段：善于思，智于行——从笛卡尔的“善思”到张载的“四为”
小学段：孔子谈“仁”
了解哲学的追问精神，学会哲学反思
提升科学精神素养和政治认同素养
感受思考的价值，增强文化自信和文化自觉
初步认识哲学
明确人生的意义，形成良好的世界观、人生观、价值观

小学段：孔子谈“仁”

教学目标

通过学习《论语》中的名言，以及孔子与其弟子的故事，引导学生初步了解孔子的生平及其“仁”的思想内涵，帮助学生将孔子关于“仁”的哲学思想与他们所熟知的现实生活建立联系，并尝试提出有一定价值的哲学问题，促进思维能力发展。激发学生进一步学习孔子思想的兴趣，成为中国古代先贤智慧的传承者。培养学生对哲学的兴趣，鼓励他们的好奇心和求知欲，激发其主动探索、思考哲学问题的意愿。

教学内容

一、走近圣人

二、“仁”的内涵

教学重难点

通过直观、生动地讲解孔子的故事和思想，为学生开启认识哲学的大门；从孔子思想联系到当今现实中的“仁”，激发学生体验、践行仁德思想的意愿。

学情分析

小学中高段的学生已经初步具备抽象思维能力，对事物的认识有更多自己的观点，开始能多角度看待问题，对人际关系的敏感性开始增强。学生社会性的增强，使得他们对社会公共事件有了更多的关注和思考。此时，如果学生的探索愿望得到足够的保护，将发展为更有意义的探究精神和能力。反之，如果这一阶段孩子的好奇心遭到否定或忽略，他们将逐渐失去这种与生俱来的宝贵财富。他们对简单的哲学概念有了一定的理解能力，并且随着生活阅历的增加，对生死、幸福痛苦等主题已经有了一些真实感受，具有了学习更加深刻的哲学问题的基础。小学高段的学生开始逐步进入青春期，随着身体的快速发育，思维能力的发展也迎来了一个新的飞跃阶段，但因为身心的发展尚不成熟，学生常常陷入渴望独立又不得不依赖、有时高度自信有时又极度自卑等诸多矛盾状态，内心常常产生痛苦。因此，这一阶段的学生开始不知不觉地思考一些哲学问题，是哲学学习的萌芽阶段，也是亟须正确引导的阶段。

设计思路

1. 设计理念

通过有趣的谜语引入孔子的生平事迹，引发学生对两千多年前的这位智者及其思想的好奇心。用孔子及其弟子的名言、对话、故事，帮助学生理解“仁”的深刻内涵，围绕“仁”，从“爱人”“忠恕”“天下大同”三个层次，层层递进地讲解孔子“仁”的思想。在学生理解“仁”的思想的基础上，鼓励学生联系自己的生活实际，思考“仁”在当今社会中的种种表现和实践意义。

2. 思维导图

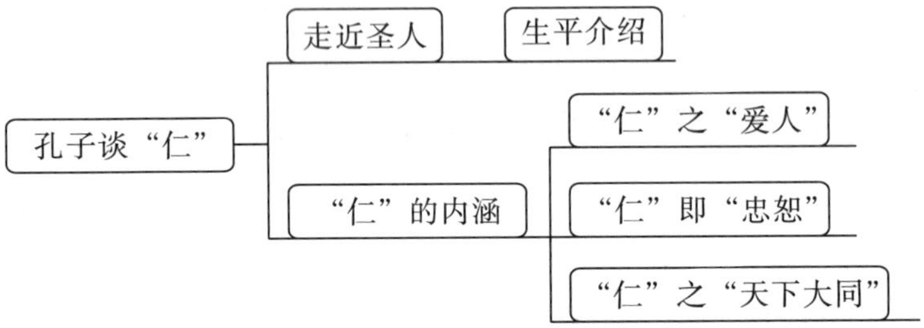

教学方法

讲授法、演示法、讨论法。

实施方案

一、走近圣人

课程导入

今天，老师来讲一位中国古代历史人物的故事，请同学们来猜一猜他是谁。

他出生贵族，本可以享受安逸的生活，却一生辛勤修书、讲学、周游列国，为天下人谋福利。

他被称为当时最智慧的人，有弟子三千，却一直虚心向他人求教，向不同的人学习了很多知识和技艺。

他是大学者、大智者，却喜欢和小朋友讨论问题，有时候还回答不了小朋友的提问，不过他觉得不知道的就应该坦然承认。

他虽是古人，但两千多年来他的智慧从不曾远离，许多名言时至今日依然发人深省、教人向善，后人尊其为“至圣先师”。

他推崇以礼治国，反对铺张浪费的繁文缛节。

他开创了儒家学派，他的思想是中国传统文化的重要组成部分，涉及政治、经济、教育、美学等诸多领域，但他却说“吾道一以贯之”，认为自己的核心思想只有一个，那就是“仁”。

没错，大家都已经猜到了，这位伟大的智者就是孔子。

生平介绍

孔子像

孔子，名丘，字仲尼，儒家学派创始人，被后世尊为大成至圣先师。相传，他曾问礼于老聃，学乐于苌弘，学琴于师襄。经过政治实践和周游列国之后，孔子开始授徒讲学，开创私人讲学之风，倡导“仁、义、礼、智、信”。晚年修订六经（《诗》《书》《礼》《易》《乐》《春秋》）。孔子去世后，其弟子及再传弟子把他的言行语录和思想记录下来，整理编成《论语》一书。

过渡

《论语》总共一万余字，分为20篇，其中关于“仁”的对话就有100多次。可见孔子多么重视“仁”。“仁者安仁”“仁者不忧”“仁者寿”……意思是成为一个“仁者”就不会有忧愁，安之若素，还可以长寿。当一位“仁者”这么好，那孔子所说的“仁”到底是什么呢？我们怎样才能成为一个“仁者”呢？

二、“仁”的内涵

（一）“仁”之“爱人”

孔子的学生樊迟问孔子，什么是“仁”？子曰：“爱人。”你认为这里的“爱”是什么意思呢？“人”又是指的哪些人呢？子曰：“弟子入则孝，出则悌，谨而信，泛爱众，而亲仁。行有余力，则以学文。”孔子说在父母跟前，就孝顺父母，出门在外，要顺从师长；言行要谨慎、诚实守信；要广泛地去爱众人，亲近那些有仁德的人。实践还有余力的话，就去学习知识。可见，孔子认为人的德行是最重要的，立身而后治学。怀抱一颗“爱人”之心，并且付诸实行，做出“爱”的行为。所谓仁者见仁，当你拥有一颗“爱人”之心时，你会看到世界上更多美好的人和事；如果人人都彼此互敬互爱，我们的世界就会变得更加和谐友善。

下面这些行为，你认为哪些是合乎“仁”的？在后面打“√”，你认为不合乎“仁”的，在后面写上你的做法。

1. 吃饭的时候把好吃的都放在自己面前。（×）（好吃的放中间大家一起吃，或者放在老者、小朋友面前）

2. 课间遇到老师，微笑着向老师问好。（√）

3. 教师节的时候买很贵重的东西送给老师。（×）（送上真诚的祝福或者自己手工制作的贺卡）

4. 到游乐场玩耍，大声欢呼着挤到最前面插队。（×）（遵守公共秩序，安静地耐心排队等候）

5. 不小心撞到同学马上道歉。（√）

6. 在地铁里吃韭菜包子。（×）（出了地铁站、在没人的地方吃）

你还能补充其他的“爱人”行为吗?

教师总结

在生活中，一些平凡的小事就能反映出“仁”的大道。我们爱父母、尊师长，所以我们孝顺、体谅他们；我们爱同学，所以我们关心同学、互帮互助；我们还爱与我们生活在一片蓝天下的陌生人，所以我们讲公德守规则、参与公益活动。这些内心的品质、善意的行为，就是孔子所推崇的“仁”。

（二）“仁”即“忠恕”

课堂导入

“仁”只是心怀善意吗？有没有好心也会办坏事的情况呢？我们来看看下面这个故事。

鲁国有一道法律，如果鲁国人在外国见到同胞遭遇不幸，沦落为奴隶，只要能够把这些人赎回来帮助他们恢复自由，就可以从国家获得金钱的补偿和奖励。

孔子的学生子贡，把鲁国人从外国赎回来，但不向国家领取金钱。孔子说：“子贡，你错了！现在鲁国富人少穷人多，向国家领取补偿金，对你没有任何损失；但不领取补偿金，鲁国就没有人再去赎回自己遇难的同胞了。”

这个故事里，子贡不要赎金是心怀善意的吗？那心怀善意就一定会做好事吗？这个故事告诉我们，行善也要动脑筋、讲方法。那该怎么做呢？曾子曰："夫子之道，忠恕而已矣。"那么，何谓"忠"、何谓"恕"呢？

下面两句话可以帮助大家理解孔子施行"仁"的方法。

忠："己欲立而立人，己欲达而达人。"自己想要站稳，也尽心尽力地让别人站稳；自己想要成功，也尽心尽力地让别人成功。

恕："己所不欲，勿施于人。"自己不愿意做的事情，就不要强加给别人。

谁能用自己的话总结这两句话的意思？

教师总结

可见，孔子劝人学"仁"，不是不可企及、脱离现实的虚假道德标准，而恰恰基于对人性客观、深刻的洞察，鼓励人们去实践有智慧、可实现的善。

后来孔子的另一学生子路，救起一名溺水者，获救者为了表示感谢送了他一头牛。你觉得子路会怎么做？

子路收下了。孔子高兴地说："鲁国人从此一定会勇于救落水者了。"

同学们，你们能否举出一个自己生活中的例子，来说明你所理解的"忠恕"。

（三）"仁"之"天下大同"

过渡

我们设想一下，如果每个人都能做到孔子说的"爱人"和"忠恕"，那这个世界会变成什么样呢？

孔子的最高政治理想是建立"天下为公"的大同社会。

大道之行也，天下为公。选贤与能，讲信修睦。故人不独亲其亲，不独子其子，使老有所终，壮有所用，幼有所长，鳏、寡、孤、独、废疾者皆有所养，男有分，女有归。货恶其弃于地也，不必藏于己；力恶其不出于身也，不必为己。是故谋闭而不兴，盗窃乱贼而不作，故外户而不闭。是谓大同。

——《礼记·礼运》

大道实行的时代，天下是属于公众的。选拔道德高尚的人，推举有才能的人。讲求信用，调整人与人之间的关系，使它达到和睦。因此人们不只是敬爱自己的父母，不只是疼爱自己的子女。使老年人得到更好的赡养，青壮年充分施展其才能，少年儿童得到呵护。老而无妻者、老而无夫者、少而无父者、老而无子者，都能得到供养。

这样的“仁”者之心，爱的是天下苍生。后世的康有为、谭嗣同和孙中山都深受其影响。

提问

同学们，对于上文提到的社会理想，两千多年后的今天，我们做到了哪些呢？

1. 不独亲其亲，不独子其子

我国现有注册非营利养老机构4万多家。仅成都市区就有三家儿童福利院，此外还有SOS儿童村，专门收养孤儿及困境儿童。

2. 人人为公

有这样一群人，他们以帮扶他人为己任，扶贫、养老、助残、救孤，帮助有困难的人群走出困境，协助他人成长发展，创造更美好和谐的社会环境。

他们中有些人是利用业余时间不图回报地参与公益服务，我们叫他们“志愿者”或者“义工”。有些人则全身心投入此项工作，专门学习助人的专业技术，成为专业的“社会工作者”，简称“社工”。

每年的9月9日，是我国的互联网公益日，全国数百家公益组织、知名企业、明星名人、普通大众都会参与公益事业。

正因为有党和国家的仁德为民政策方针，有了这一代代、一群群仁人志士，我们的社会正在一点点变得更好。

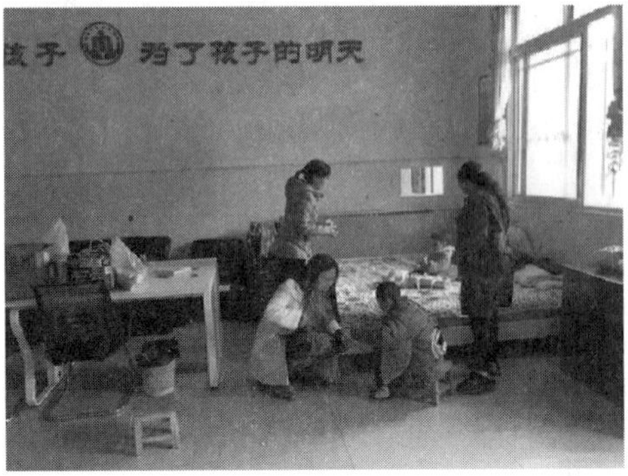

子曰：“仁远乎哉？我欲仁，斯仁至矣。”同学们，身为小学生，你们可以做些什么呢？可千万别以为自己还小，这些“天下大事”就跟你们没有关系。还记得梁启超先生的《少年中国说》吗？今天，我们一起再来吟诵一遍。

故今日之责任，不在他人，而全在我少年。少年智则国智，少年富则国富，少年强则国强，少年独立则国独立，少年自由则国自由，少年进步则国进步，少年胜于欧洲则国胜于欧洲，少年雄于地球则国雄于地球。

……

美哉，我少年中国，与天不老！壮哉，我中国少年，与国无疆！

子曰："后生可畏，焉知来者之不如今也？"孔子所期望的"天下为公"，或许就在不久的将来，可以由你们来实现。

考核评价

以促进学生积极学习、践行孔子"仁"的思想为核心目标，采用过程性评价和实践性评价相结合的方式，鼓励学生主动思考、积极参与实践活动。

1. 将学生理解的"仁"以小报的方式呈现。

2. 开展"小小公民"活动，筹建一支志愿者队伍，开展社会志愿服务活动。在主题活动中以实践兑换"仁者"积分。

资源链接

1. 冯友兰. 对于孔子所讲的"仁"的进一步理解和体会[J]. 孔子研究，1989（03）.

2. 陈开先. 孔子仁学思想及其现代意义[J]. 孔子研究， 2001（02）.

3. 倪培民. 孔子，人能弘道[M]. 北京：世界图书出版社，2021.

4. 图片资源：《孔子圣迹图》仇英画，文征明书。

5. 视频资源：《百家讲坛——孔子眼中的仁》https://tv.cctv.com/2010/07/16/VIDE1355519809735653.shtml.

6. 视频资源：电视剧《孔子》（1991年）

7. 视频资源：《国宝档案——观古画说孔子》https://tv.cctv. com/2011/09/10/VIDE1355505674782132.shtml? spm=C55924871139.PY8jbb3G6NT9.0.0.

初中段：善于思，智于行
——从笛卡尔的“善思”到张载的“四为”

教学目标

通过本课的学习，学生可以初步了解西方现代哲学奠基人笛卡尔的著名论断“我思故我在”和我国北宋哲学家张载“横渠四句”的内涵，帮助学生感受思考的价值，逐步养成学会思考、善于思考、乐于思考的习惯。同时，引导学生学习我国古哲先贤的品质，把“为人”当作“为学”的目标，有着眼“天下”和心怀“民众”的气概和胸襟，让学生以大儒的器识与宏愿、先贤的襟怀和精神为荣，增强文化自信和文化自觉，勇于担起新时代传承和弘扬中华文化的光荣使命。

教学内容

一、西方现代哲学思想的奠基人——笛卡尔

二、北宋思想家、教育家、理学创始人之一——张载

教学重难点

笛卡尔的哲学命题——“我思故我在”；张载“横渠四句”承载的哲理。

学情分析

在小学段，学生初步接触了中国古代贤人及其故事，感受哲学家的智慧人生，受到哲学的启蒙，有了对哲学的好奇。在本学段，初中生正处于人生蜕变的阶段，青春期的他们对未来充满了期待，同时也产生了困惑和迷茫。哲学是“爱智慧”的学问，是人们对最基本、最关切问题的追问，几千年的哲学探索积累了一系列关于人生和世界的深刻洞见。本课以两位中西方著名哲学家的哲学命题为切入点，帮助学生激发思维潜力，找准人生方向。

设计思路

1. 设计理念

本课从西方现代哲学思想的奠基人笛卡尔入手，通过学习笛卡尔著名哲学论断——“我思故我在”，引导学生乐于思考、善于思考；通过初步了解我国北宋哲学家张载“横渠四句”的内涵，引导学生追求更高的精神境界，实现人生价值。

2. 思维导图

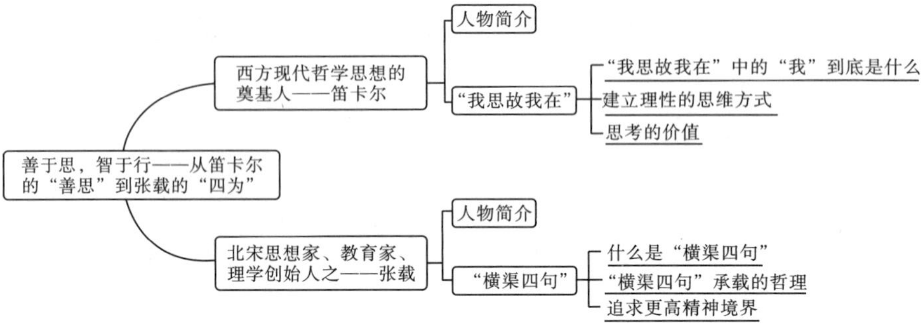

教学方法

讲授法、演示法、谈话法、讨论法。

实施方案

导言

我思故我在，至高的形而上，在时间的拐弯处，你的影子无处不在。穿越世纪的尘埃，因为一种思想，你的光芒一路照耀，在人类精神的花园，你是一片长青的叶子。“I think therefore I am”，来自哲学的呓语，谁的声音如梭，在每一个交叉的路口，智者如此说。

——笛卡尔

一、西方现代哲学思想的奠基人——笛卡尔

课堂导入

课前，老师请同学们搜集了关于笛卡尔的资料。下面，请同学分享一下你眼中的笛卡尔。

学生一：笛卡尔（1596—1650年），法国哲学家、数学家、物理学家，西方现代哲学思想的奠基人之一。他的哲学思想深深影响了几代欧洲人，创立了“欧陆理性主义”哲学。

学生二：他对现代数学的发展作出了重要的贡献，笛卡尔对数学最重要的贡献是其将几何坐标体系公式化而被认为是解析几何之父。

学生三：他第一次明确地提出了动量守恒定律：物质和运动的总量永远保持不变。

……

教师总结

同学们准备充分，分享精彩。下面我们简单总结。

（一）人物简介

笛卡尔

勒奈·笛卡尔，法国哲学家、数学家、物理学家。1596年3月31日生于法国，1650年2月11日逝于瑞典斯德哥尔摩。笛卡尔出身于一个地位较低的贵族家庭，父亲是布列塔尼议会的议员，在8岁时笛卡尔就进入拉弗莱什的耶稣会学校接受教育，受到良好的数学训练。1613年笛卡尔到巴黎学习法律，1616年毕业于普瓦捷大学。毕业后他决心游历欧洲各地，专心寻求“世界这本大书”中的智慧。他于1618年在荷兰入伍，随军远游。1621年笛卡尔退伍，并在1628年移居荷兰，在那里住了20多年。在此期间，笛卡尔专心致力于哲学研究，并逐渐

形成自己的思想。他在荷兰发表了多部重要的文集，包括《方法论》《形而上学的沉思》和《哲学原理》等。1649年笛卡尔不幸患上肺炎，1650年2月去世。

过渡

笛卡尔一生对世界的贡献毋庸置疑，堪称17世纪及其后的欧洲哲学界和科学界最有影响的巨匠之一。在哲学方面，黑格尔称其为“近代哲学之父”。下面让我们一起走进他的著名哲学观点“我思故我在”。

（二）“我思故我在”

1.“我思故我在”中的“我”，到底是什么?

“我思故我在”这个观点的初衷，源自笛卡尔对“绝对真实”的探索。笛卡尔认为世界上一切知识都是不确定的、令人怀疑的。他试图寻找凌驾于个人感官、普世观点、数学理论之上的“绝对真实”。而他发现所有以上这些人类认知的真实性，都可以被合理质疑的情况下，唯有作为思考主体的“我”的真实性是不容置疑的。他说：“我不能确定任何事物是否为真，我甚至不能确定我思考的内容是否为真，但至少有一件事的确为真——我正在思考。”

笛卡尔尝试用球蜡这一人们熟悉的东西来作类比。球蜡有颜色、气味、触感、大小、形状，敲它也会有特定的声音。但是，当把它放在火上烧的时候，它便会消失得无影无踪。于是笛卡尔认为，通过这个简单的例子，我们可以知道，在我们对球蜡的知觉当中，有一种完全是心灵的审视。

我们还可以有这样一个推导过程，因为我对自己身体的认识完全是透过感官知觉而获得的，所以在有“恶魔”的假设下，我对自己身体的认识也许是完全错误的。就算想要透过想象力想象自己的身体也不可靠，因为现阶段的我们对有实体的东西知之甚少，甚至一无所知（笛卡尔认为人类认知的真实性都可以被合理质疑）。回到问题，“我思故我在”，他的原意是指人的所见所闻都是无法从根本上去证明的，因为我们不知道脑子是如何工作的，但追溯到原点，有一个执行“思考”的“思考者”，这个作为主体的“我”是不容怀疑的。这个“我”并非广延的肉体的“我”，而是思维者的“我”。

笛卡尔的哲学观“我思故我在”肯定了“人”的意义，“我思故我在”的意思是“思考的我”是我的第一真实所在。这个结论来自一个简单反证：如果我试图怀疑这个“思考的我”的真实性，那么“怀疑”这个行为本身成为思考的一部分，从而证明了“思考的我”的存在。所以，“思考的我”的真实性是不可怀疑的。

2. 建立理性的思维方式

笛卡尔说：“当感情只是劝我们去做可以缓行的事的时候，应当克制自己不要立刻作出任何判断，用另一些思想使自己定一定神，直到时间和休息使血液中的情绪完全安定下来。”笛卡尔认为，人类应该可以使用数学的方法，也就是理性，来进行哲学思考。他相信，理性比感官的感受更可靠。他举出了一个例子：在我们做梦时，我们以为自己身在一个真实的世界中，然而其实这只是一种幻觉而已。他从逻辑学、几何学和代数学中发现了4条规则：

除了清楚明白的观念外，绝不接受其他任何东西；

必须将每个问题分成若干个简单的部分来处理；

思想必须从简单到复杂；

我们应该时常进行彻底的检查，确保没有遗漏任何东西。

笛卡尔理性主义的原则，其中之一就是不要用不能确定的信息作为推论的根据。笛卡尔在《方法论》中也说过，我们周围有很多事，我们自然而然连想都不想就认为这些是真理。但如果你仔细去分析这些问题，一环扣一环地追究问题的根源，这些我们大多熟知的常识，很多是站不住脚的。所以，笛卡尔一直在一点一点地筛选自己所知道的情报，只把其中可以确信的留下来。他的方法是怀疑一切（普遍怀疑）。

3. 思考的力量

笛卡尔的“我思故我在”的思想，揭示了人的本质在于思想，没有思想，便不能称之为人。也只有思想才能给人带来尊严。没有思想，人就成为奴隶。

历史上很多仁人志士都曾提及思考之于人的价值：

苏格拉底：“未经审视的生活是不值得过的。”

爱迪生：“没有任何权宜之计可以让人逃避真正的劳动——思考。”

教师总结

哲学家们通过自己对自然、人生的思考，实现了自己的人生价值，让自己的思想与文化没有被历史磨灭，流传至今。今天，我们应该留下自己思考的足迹，留下独属于自己的空间，实现自己的价值，为社会作贡献。

二、北宋思想家、教育家、理学创始人之一——张载

过渡

笛卡尔的“我思故我在”思想，揭示了人的本质在于思想。当然，不同的思考，不同的选择与结果，都是我们存在的价值。但是，人活着的终极意义是什么呢？换句话说，人如何才是“真正”的“存在”呢？自古以来这也是哲学界和思想界的一大问题。

2016年5月17日，习近平总书记在哲学社会科学工作座谈会上的讲话指出：“自古以来，我国知识分子就有‘为天地立心，为生民立命，为往圣继绝学，为万世开太平’的志向和传统，一切有理想、有抱负的哲学社会科学工作者都应该立时代之潮头、通古今之变化、发思想之先声，积极为党和人民述学立论、建言献策，担负起历史赋予的光荣使命。”

“为天地立心，为生民立命，为往圣继绝学，为万世开太平”这四句话言简意赅，意蕴深远。既有吞吐天地之气概，又有怜悯苍生之大爱。纵横千年历史，致力万世太平。旷古烁今、惊天动地的四句话，体现了中华民族自古以来对于人生终极意义的思考以及对于人类文明“天下大同”的美好理想，被后儒尊为“横渠四句”（冯友兰先生）或“横渠四句教”（马一浮先生），其作者，正是张载。

课堂导入

下面，请同学们来分享一下，课前大家所搜集的关于我国北宋思想家张载的资料。

学生一：张载（1020—1077年），字子厚，凤翔郿县（今陕西省宝鸡市眉县横渠镇）人，北宋思想家、教育家、理学创始人之一，世称“横渠先生”。

学生二：张载的著作主要有《正蒙》《横渠易说》《经学理窟》等，后人编入《张子全书》。中华书局于1978年出版《张载集》。

学生三：张载青年时喜论兵法，后求之于儒家“六经”。曾任崇文院校书等职。后辞归，讲学关中，故其学派称为“关学”。1077年张载病逝。张载是宋明理学的奠基人之一。

……

教师总结

谢谢同学们的分享。下面我们简单总结。

（一）人物简介

张载像

张载（1020—1077年），字子厚，凤翔郿县（今陕西省宝鸡市眉县横渠镇）人，北宋思想家、教育家、理学创始人之一，世称横渠先生。封先贤，奉祀孔庙西庑第三十八位，与周敦颐、邵雍、程颐、程颢合称“北宋五子”，有《正蒙》《横渠易说》等著述留世。他在中国哲学史上第一次建立了比较完整的气一元论哲学体系，是第一个从思维与存在关系的哲学理论高度来批判佛教唯心主义的哲学家，开辟了朴素唯物主义哲学的新阶段。明代的王廷相，推崇张载“太虚即气”的学说，认为“横渠此论，阐造化之秘，明人性之源，开示后学之功大矣”（《横渠理气辩》）。张载哲学思想的内容十分丰富，对中国哲学史和关中思想文化史的贡献是多方面的，在中国学术思想发展史上占有突出的地位。关学的主旨，集中体现在被当代哲学家冯友兰概括的“横渠四句”中。

张载从小天资聪颖，十岁时就表现出不同常人的品格。最先发现张载才华的是范仲淹，当时西夏经常侵扰宋朝西部边境，朝廷不得不赐给西夏大量物资，以换得边境和平。这些国家大事对张载刺激极大，他21岁时就向陕西军政长官范仲淹上书《边议九条》，展现了他的军事政治才能。范仲淹独具慧眼，认为张载可成大器，勉励他去读《中庸》，在儒学上下功夫。张载听从了范仲淹的劝告，回家刻苦攻读《中庸》，仍感不满意。于是读遍佛学、道家之书，觉得这些书籍都不能实现自己的宏伟抱负，又回到儒家学说上来，经过十多年的攻读，终于悟出了儒、佛、道互补，互相联系的道理，逐渐建立起自己的学说体系。

（二）张载的“横渠四句”

故事展示

山区放羊娃的人生

有一记者前往某山区，碰到一个放羊娃，记者便和放羊娃有了一段对话。记者问：“你放羊为的是什么？”放羊娃答：“卖钱。”记者问：“卖了钱干什么？”放羊娃答：“娶媳妇。”记者问：“娶了媳妇呢？”

放羊娃答："生孩子。"记者问："有了孩子呢？"放羊娃答："放羊。"记者默然。

一群高楼和一处景观

一名房产商在建造一楼群时对部下说："等楼群完工后，希望大家能记住是我把原来的一块荒地变成了一群高楼。"另一名房产商也在建造一楼群，他对部下说："等楼群完工后，希望大家能为一块荒地变成了一处景观而感到高兴。"

提问

同学们，谈谈你们对故事中放牛娃和两名房产商不同回答的理解。

学生：放牛娃是顺着本能做事，对他所做的事并无觉解，属于自然境界。第一个房产商是功利境界，而第二个则是道德境界，尽管他们的语言表达仅有细微的差别。这就是不同的人可能做相同的事，但是各人的见解程度不同，所做的事对于他们也就有不同的意义。

教师总结

同学们，当代著名哲学家冯友兰认为人生境界有四种：自然境界、功利境界、道德境界和天人境界。这四种人生境界之中，自然境界、功利境界的人，是人现在的状态；道德境界、天人境界的人，是人应该成为的人。前两者是自然的产物，后两者是精神的创造。自然境界最低，往上是功利境界，再往上是道德境界，最后是天人境界。它们之所以如此，是由于自然境界几乎不需要觉解；功利境界、道德境界需要较多的觉解；天人境界则需要最多的觉解。道德境界有道德价值，天人境界有超道德价值。

1. 什么是“横渠四句”

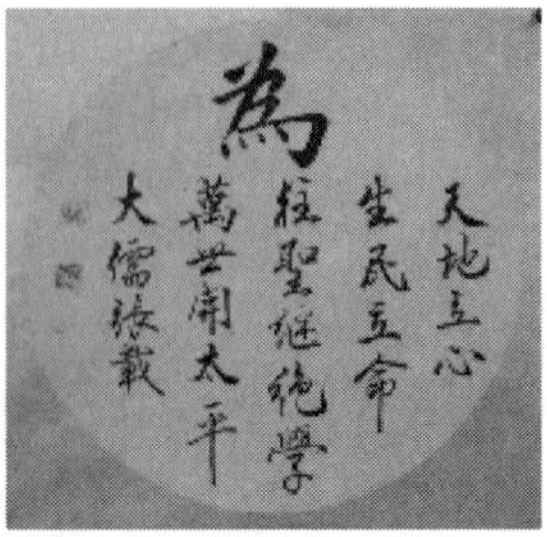

“横渠四句”：“为天地立心，为生民立命，为往圣继绝学，为万世开太平。”出自北宋理学家张载的《横渠语录》。

2. “横渠四句”承载的哲理

（1）为天地立心

张载所立的“天地之心”即揭示了事物运动变化的规律，是建立在易学哲学基础上的朴素的辩证唯物主义。《礼记·礼运》云：“人者，天地之心也，五行之端也，食味别声被色而生者也。”天、地、人是一个有机的整体，天地是没有心的，人在天地之间，人是有心的。人为万物之灵，灵就灵在他能思维，所以他有心，是能知能觉者，所以被称为“天地之心”。这是对人在宇宙之间地位的肯定，是对人的主体性的高度自觉。

朱熹说：“立心”就是“立天理”。第一句“为天地立心”就是把人的思维能力发展到最高限度，使天地间的规律得到最高理解。张载云：“天无心，心都在人之心。”人把自身的价值观念投射到天地之间，与天地合而为一。

那么问题来了，人类怎样的价值观念能与天地合而为一呢？《西铭》云：“乾称父，坤称母；予兹藐焉，乃混然中处。故天地之塞，吾其体；天地之帅，吾其性。民，吾同胞；物，吾与也。”“民胞物与”的思想继承和发展了儒家“仁民爱物”的观念，将仁爱的对象推及万物，提升了儒家“仁”价值观念的内涵和境界。所谓的“为天地立心”，就是为人类社会建立“以仁为核心”的价值体系。正如马一浮先生总结道：“学者之事，莫要于识仁求仁，好仁恶不仁，能如此，乃是为天地立心。”在张载看来，“立心”也就是“立天理”之心，因为天理“能使天下悦且通”，从而使“天下”（社会）必然会普遍接受仁孝之理等道德价值。

（2）为生民立命

“立命”源自孟子的思想。《孟子·尽心上》有云：“尽其心者，知其性也。知其性，则知天矣。存其心，养其性，所以事天也。夭寿不贰，修身以俟之，所以立命也。”一个人不管寿命长短，都要通过自己的道德努力，尽心知性知天，在精神方面掌控自己的命运。

张载所谓“为生民立命”，就是要让天下百姓都有安身立命之处。“安身”，即生活有着落；“立命”，即灵魂有安顿，精神有归依。张载特别强调对孤寡羸弱、老弱病残等弱势群体的关爱和照顾，要使他们生活得到应有的照顾。《西铭》云：“尊高年，所以长其长；慈孤弱，所以幼其幼；圣，其合德；贤，其秀也。凡天下疲癃、残疾、惸独、鳏寡，皆吾兄弟之颠连而无告者也。”“精神有依归”就是要设法提升老百姓的心灵层次，让他们树立正确的人生观、价值观、道德观，培养高尚的情操和精神追求。

人与我、物与人，同生天地之间，皆秉天地之性，所以，每个人都应当以万民为同胞，以万物为朋友。“修道”不仅仅是自我的修炼，而是在修身的基础上，修己安百姓，正人正己，以天下苍生为念，教化天下，使天下归仁。“己欲立而立人，己欲达而达人”，如果说“为天地立心”是“己立”“己达”，那么，“为生民立命”就是“立人”“达人”。

（3）为往圣继绝学

“往圣”，是历史上的圣人，“绝学”就是中断了的儒学传统。儒家思想是中国传统社会人们的主导思想。张载认为：北宋时期，由周公、孔子、孟子创立的儒学已经衰落，在这种情况下，要继承儒学学统，将儒家的思想发扬光大。张载正是怀着这样的学术使命意识，俯而读，仰而思，博采众长，创立“关学”，成为与“濂”“闽”“洛”并列的理学学派，影响了关中学术从北宋到明几百年，对塑造关中人乃至中国人的精神起到了重要作用。

张载对儒家典籍进行了系统的阐释、精心地研读，形成了独到的见解，著有《横渠易说》《正蒙》《东铭》《西铭》《经学理窟》等著作，形成了系统的思想理论体系。在张载看来，人心否塞、人欲横流之时，必须研究义理，乃可以自拔于流俗，不至于戕贼其天性，作为学者，应该研究义理之学，切勿空谈心性、故步自封。

（4）为万世开太平

“太平”“大同”是周公、孔子以来儒家的社会政治理想。“开”是期待之谓，“为万世开太平”就是实现《西铭》描述的“民胞物与”“天下归仁”的社会理想。

张载为政期间，“躬行礼教”“敦本善俗”，取得了不凡的政绩。晚年回到横渠书院著书立说，仍然不忘体察民情，在关中多地实施“井田制”，恢复周礼的实验。在张载的心目中，只有“崇礼贵德”“躬行礼教”，实行“仁政，德治”，才能开创万世太平的基业。

在张载的著作《西铭》中，他把天地、宇宙视为一个大家庭，人应该亲近同类和万物，他说：“民，吾同胞；物，吾与也。”2013年3月，习近平在莫斯科国际关系学院发表演讲，第一次向世界传递对人类文明走向的中国判断：“这个世界，各国相互联系、相互依存的程度空前加深，人类生活在同一个地球村，生活在历史和现实交汇的同一个时空里，越来越成为你中有我、我中有你的命运共同体。”“构建人类命运共同体”的治国理政方针就是“民胞物与”思想的现代版解释。

3. 追求更高精神境界

提问

（1）“横渠四句”对于我们实现人生价值有何指导意义？

学生："为天地立心"，可理解为人类要成为自然界的"头脑"，要把人的思维能力发展到最高限度，使天地间的规律得到最高理解。

"为生民立命"，我们要以天下苍生为念，要通过努力学习为民众选择正确的命运方向，教化天下，使天下归仁。

"为往圣继绝学"，指继承和发扬古圣贤的大仁大义、大智大勇，使他们的救世情怀、仁德品性、人文睿智能重放光彩，照耀人类前进的道路。

"为万世开太平"，则是化解各种文明危机，开展文明对话，在经济全球化的同时确立新的合理的国际秩序，共同建设一个繁荣、公正、和谐的新世界。这应该是我们全人类努力的方向。

（2）结合张载"横渠四句"谈谈，你认为修身的最高精神境界是什么？

修身的最高精神境界：大公无私，天人合一。

圣人之所以为圣，全在于他追求更高的精神境界。当代著名哲学家冯友兰先生曾在《中国哲学史新编》的最后结语中表现出对"横渠四句"的赞佩："高山仰止，景行行止，虽不能至，心向往之。"可见"横渠四句"是其终生的愿望。

习近平总书记在知识分子、劳动模范、青年代表和哲学社会科学工作座谈会等场合，多次提及"横渠四句"。"横渠四句"所蕴含的思想内容非常丰富，它阐明了知识分子的使命和责任担当，为读书人指明了实现自身人生价值的重要途径。

教师总结

同学们，今天这节课，我们学习了笛卡尔"我思故我在"的著名论断，又分享了张载的"横渠四句"所承载的哲理。如果前者要告诉我们学会"善思"，那后者应该是要告诉我们学会"善在"。作为21世纪新时代的中学生，希望大家树立正确的社会道德观念并思考如何站在国家的角度实现自身的价值，做一个善于思考的智者。

考核评价

采用过程性评价和实践性评价相结合的方式，评价学生课堂表现与课外综合素质拓展能力。

1. 结合笛卡尔的事迹，以“学会思考”为题目，办一期黑板报。

2. 结合张载的事迹，以“有了思想者，才有理想国”为题目，撰写一篇小论文。

参考文献

李长庚. “横渠四句”承载的哲理[J]. 政策，2019（4）.

高中段：坚持辩证唯物主义和历史唯物主义

教学目标

阐明马克思主义哲学是科学的世界观和方法论，讲述辩证唯物主义唯物论和辩证法的基本观点，引导学生坚持唯物主义，反对唯心主义。坚持用全面、发展、联系的观点看问题，反对用片面、静止、独立的观点看问题。理解历史唯物主义的基本观点，特别是人民是历史的创造者的观点。使学生能够用马克思主义基本立场、观点和方法，观察事物、分析问题、解决矛盾。认同中国特色社会主义，表述习近平新时代中国特色社会主义思想的“五位一体”总体布局和“四个全面”战略布局，进而增强学生的政治信仰和国家认同。

教学内容

一、辩证唯物论的基本观点

二、唯物辩证法和形而上学的基本观点

三、唯物辩证法和形而上学的对立与根本分歧

四、为什么要坚持唯物辩证法

五、历史唯物主义的基本观点

六、坚持历史唯物主义，反对历史虚无主义

教学重难点

辩证唯物主义和历史唯物主义的基本观点；唯物辩证法与形而上学的根本对立，学会正确看待历史问题及评价历史人物，反对历史虚无主义；通过对难点的突破，提升学生的科学精神素养和政治认同素养。

学情分析

通过上一阶段的学习，学生已经初步了解部分著名哲学家的哲学观点，对哲学的价值有所感悟，对哲学的兴趣日渐浓厚。高中阶段是一个人生理、心理发展接近成熟，准备走向独立生活的时期，是人生发展的关键时期，也是世界观、人生观和价值观形成的黄金期。此时，学生个体的自觉性、独立性有了显著增强，他们充满了朝气和活力。但由于他们刚刚进入成熟期，心理发展并没有完全成熟。本学段主要讲述马克思主义哲学的辩证唯物主义和历史唯物主义的基本内容，意在引导学生树立正确的世界观、历史观、人生观和价值观。

设计思路

1. 设计理念

本课围绕立德树人这一根本任务和提高学生核心素养这一中心，将议题设置融入中华优秀传统文化和社会生活现象中，引导学生通过优秀传统文化和社会生活中的情景去感悟和理解马克思主义唯物辩证法和历史唯物主义的基本观点。以活动为核心，按照“感悟智慧—认知分析—学以致用—认同升华”的认知路径进行设计，首先，从蕴含辩证智慧和时代特点的经典文献导入，让学生通过材料或活动初步感悟唯物辩证法和历史唯物主义的思想智慧；其次，通过对相关材料的分析和对比来理解唯物辩证法和历史唯物主义的相关原理；再次，通过学以致用环节，让学生运用相关知识来分析材料，巩固对科学的世界观和方法论的理解与内化；最后，通过资源链接和学生课后学习活动的设计，让学生进一步深化对相关知识的理解，从而引导学生形成认知世界和改造世界的科学世界观和方法论，助力学生形成适应终身发展和社会需要的政治认同、科学精神、责任担当、文化自信等必备品格和关键能力，增强学生的文化自信和国家认同感。

2. 思维导图

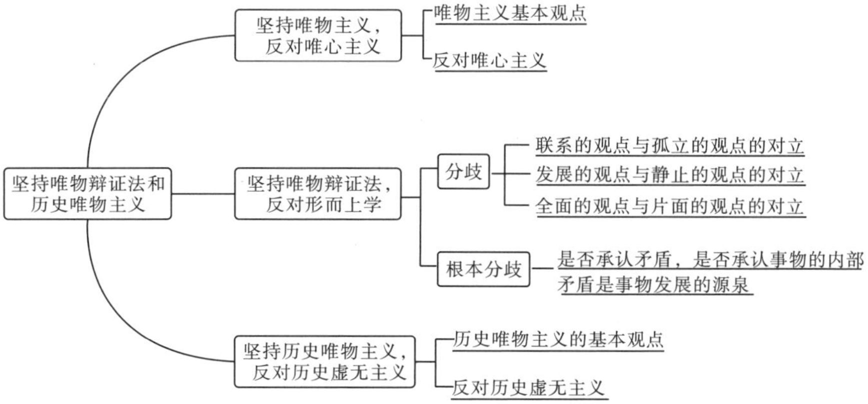

教学方法

议题探究法、情境探究法。

实施方案

（一）坚持辩证唯物主义，反对唯心主义和形而上学

1. 感悟智慧

设计意图

本环节主要通过引用习近平总书记引用过的传统文化中的俗语和典故，让学生初步感受其中的哲学智慧，并通过其在当今的价值去理解哲学智慧的重要作用。

“天不言而四时行，地不语而百物生。”——李白《上安州裴长史书》。这句话的大意是，天地不会说话，但不影响四季运行，也不影响百物生长。比喻天地之间万事各有其自身的规律，它们各自按照其自身规律去发展。

——习近平总书记在《加强生态文明建设必须坚持的原则》中引用

“观时而制法，因事而制礼。”——《战国策·赵策二》。这句话的大意是，看所处的时代背景从而制定法律，根据事情的性质从而制定礼仪。

——习近平总书记在《为新时代坚持和发展中国特色社会主义提供宪法保障》中引用

“天下不能常治，有弊所当革也；犹人身不能常安，有疾所当治也。”——南宋何坦《西畴常言》。这句话的大意是，天下没有永远的安定太平，出现问题及时修正革弊，才能使国家长治久安；这就像人难免会生病，生了病就要及时对症下药进行治疗一样。

——习近平总书记在主持中共十九届中央政治局第十五次集体学习的讲话中引用

“不知有汉，无论魏晋。”——东晋陶渊明《桃花源记》这句话的大意是，桃花源中人长期与外界隔绝，对世事变迁一无所知，不知经历过汉

朝，更不用说魏、晋两朝了。

——习近平总书记在“不忘初心、牢记使命”主题教育总结大会上的讲话中引用

教师：同学们，这些俗语和典故都来自我国古人的智慧，其中包含的丰富的哲学思维与马克思主义哲学的思想不谋而合。习近平总书记在不同的讲话中，经常引用我国优秀传统文化中的典故，并赋予其时代精神，以指导我国的发展和建设。下面我们通过学习前人智慧一起来探究基本的哲学思想。

2. 感悟智慧

议题一：辩证唯物论的基本观点是什么?

设计意图

本议题主要通过一个学生熟悉的宗教故事和列宁关于世界物质性的经典论述，让学生初步感悟唯物主义的基本观点。

【探究与分享一】

《圣经·旧约·创世记》中说，上帝第一天造出了白天和黑夜，第二天造出了空气和水，第三天造出了各种各样的植物，第四天造出了日月星辰，第五天造出了水中的各种动物，第六天造出了地上的各种生物和人。天地万物都造齐了，第七天就被定为休息日。

列宁说，承认物质世界的先在性，是一切唯物主义的共性。科学研究表明，自然界是先于人类意识而存在的。人类生活的地球，早在46亿年前就已经形成了，但长期没有生物，没有人类，因而也就没有人的意识。只是到了距今大约300万年前，地球上才出现了人类。

提问

同学们，结合你们所了解的地球起源和人类起源的相关知识，谈谈你们对上述两则材料的理解。

……（学生回答）

教师总结

根据同学们已有的知识，应该都了解地球以及地球上的万物都不是上帝创造的，也不是由某种神秘的力量创造的，而是在事物的不断演变和进化中产生和发展的，有其自身发展的规律性。因此，世界是物质的，即世界的本原是物质。这是马克思主义哲学唯物论的基本观点之一。有了人才有意识，意识是人类特有的，因而物质决定意识，而不是意识决定物质。意识对物质有能动作用，可以指导人们认识和改造世界。

辩证唯物论的基本观点：世界的本原是物质，物质决定意识，意识对物质有能动作用；物质是运动的物质，物质的运动是有规律的。

议题二：唯物辩证法和形而上学的对立主要表现是什么？

设计意图

本议题主要通过一些名人名言中两种不同的观点，引导学生明确唯物辩证法和形而上学思想的对立与分歧。

【探究与分享二】

老子说：“人法地，地法天，天法道，道法自然。”

郭象认为，“万物独化”“物各自生”“独生而无所资借”“突然自生”“忽然自死”，即天地万物的生成和变化都是彼此独立、互不相关的。

韩非子认为，“古今异俗，新故异备”“世异则事异，事异则备变”。因此，统治者应该“因时变法”，“欲以先王之政，治当世之民，皆守株之类也”。

董仲舒认为，“古之天下亦今之天下，今之天下亦古之天下”“道之大原出于天，天不变，道亦不变”。因此，“大纲，人伦道理，政治教化，习俗文义”应当“尽如故”。

黑格尔认为：“矛盾则是一切运动和生命力的根源；事物只因为自身具有了矛盾，它才会运动。”

杜林认为：“矛盾不能归属于现实，在事物中没有任何矛盾。”

提问

1. 比较材料所列举的老子和郭象、韩非子和董仲舒、黑格尔和杜林的言论分别表达了什么思想？他们之间有什么不同？

引导

老子和郭象的言论体现的是联系的观点和孤立的观点的对立。

韩非和董仲舒的观点体现的是发展的观点和静止的观点的对立。

黑格尔和杜林的观点体现的是承认矛盾的观点和否认矛盾的观点的对立。

2. 老子、韩非子和黑格尔的言论共同表达了什么思想？郭象、董仲舒和杜林的言论又共同表达了什么思想？

引导分析

老子说：“人法地，地法天，天法道，道法自然。”

这句话出自《道德经》。意思是，人以地为法则，地以天为法则，天以道为法则，道以它自己的样子为法则。这一观点阐述了人与自然之间的紧密联系。

韩非子：“古今异俗，新故异备”，世界是变化发展的。“世异则事异，事异则备变”，认为社会在前进变化，用以治理国家的方法也应随之而变。统治者应该“因时变法”，“欲以先王之政，治当世之民，皆守株之类也”就是想要用先王的治国政策，来管理现在的国民，和守株待兔一样的。

黑格尔认为矛盾是事物运动的根源，认为事物是对立统一的，是运动的。

教师总结

老子、韩非子、黑格尔三者的言论表达了辩证法的思想，即承认矛盾，主张用联系的、发展的和全面的观点看问题。

引导分析

郭象认为，天地万物的生成和变化都是彼此独立、互不相关的。“独生而无所资借”“突然自生”“忽然自死”，认为天地万物的这种自然而然的生成、变化，都是各自独立、互不相关而突然发生的。

董仲舒认为，“天”主要是指自然界的最高主宰或天意，封建社会是由天决定的，天是永恒不变的，封建社会是按天意建立的，因而也是永恒不变的。这种观点忽视事物的变化发展。同时，他还认为天不变，则道也不变，用静止的观点看问题，是形而上学的观点。

杜林的言论是忽视矛盾、否认矛盾普遍性的观点。

教师总结

郭象、董仲舒、杜林三者的言论代表了形而上学的思想，即否认矛盾，主张用孤立的、静止的、片面的观点看问题。

本节总结

1. 联系观点与孤立观点的对立

观点	唯物辩证法	形而上学
	联系观点	孤立观点
主张	用联系的观点看问题。认为联系具有普遍性，世界上一切事物都与周围其他事物有着这样或那样的联系，任何事物都处于普遍联系之中，每一个事物内部的各个部分、要素之间是相互联系的。世界是一个普遍联系的有机整体	用孤立的观点看问题。认为世界上的一切事物都是彼此孤立的，互不联系。任何事物的性质和状况都不受周围环境的制约

2. 发展观点与静止观点的对立

观点	唯物辩证法	形而上学
	发展观点	静止观点
主张	用发展的观点看问题。认为世界上没有一成不变的东西，一切事物都是运动变化发展的，都有其产生发展灭亡的过程	用静止的观点看问题。认为世界上的一切事物都是静止不动的

3. 全面观点和片面观点的对立

观点	唯物辩证法	形而上学
	矛盾、全面观点	片面观点
主张	用矛盾的观点看问题	否认事物的矛盾

知识拓展

辩证法和形而上学的本意。

议题三：为什么要坚持唯物辩证法，反对形而上学?

设计意图

本议题分为两个部分，第一部分主要通过教材中列宁、毛泽东和习近平关于矛盾的普遍性的一些经典论述，引导学生理解世界上没有不包含矛盾的事物。第二部分主要通过忽视矛盾、否认矛盾分析法的典故和事例，引导学生明白形而上学的不科学性，进一步明确唯物辩证法与形而上学思想的对立和分歧，理解唯物辩证法，树立科学的世界观和方法论。

分议题一：世界上有不包含矛盾的事物吗?

【探究与分享三】

◆列宁曾这样说明矛盾的普遍性：

在数学中，+和-，微分和积分。

在力学中，作用和反作用。

在物理学中，正电和负电。

在化学中，原子的化合和分解。

在社会科学中，阶级斗争。

◆毛泽东在说明矛盾的普遍性时曾举例说：

战争中的攻守，进退，胜败，都是矛盾着的现象。失去一方，他方就不存在。双方斗争而又联结，组成了战争的总体，推动了战争的发展，解决了战争的问题。

人的概念的每一差异，都应把它看作是客观矛盾的反映。客观矛盾反映人主观的思想，组成了概念的矛盾运动，推动了思想的发展，不断地解决了人们的思想问题。

◆习近平在说明矛盾普遍性时说：

当前，我国已经进入发展关键期、改革攻坚期、矛盾凸显期，我们面临的矛盾更加复杂，既有过去长期积累而成的矛盾，也有在解决旧矛盾过程中新产生的矛盾，大量的还是随着形势环境变化新出现的矛盾。

教师总结

上述材料说明矛盾具有普遍性，矛盾存在于一切事物中，不包含矛盾的事物是不存在的，即事事有矛盾；矛盾贯穿于每一事物发展过程的始终，每一事物从产生到灭亡都存在着自始至终的矛盾运动，即时时有矛盾。

分议题二：为什么要反对形而上学？

提问

同学们，以下漫画对我们有什么哲学启示？

教师总结

唯物辩证法主张用联系的、发展的、全面的观点看问题。形而上学主张用孤立的、静止的、片面的观点看问题。形而上学只看到一个个孤立的事物，看不到事物之间的相互联系和相互作用；只看到事物的现状，看不到事物的过去和未来，或者只看到事物数量的变化和场所的变更，看不到事物根本性质的变化；只看到事物的某一个方面，看不到事物的整体；只看到事物发展的外部条件，看不到事物发展的内在根据。

唯物辩证法与形而上学的根本分歧在于是否承认矛盾，是否承认矛盾是事物发展的源泉和动力。所以我们要坚持唯物辩证法反对形而上学。

3. 学以致用

设计意图

本练习活动主要通过对习近平总书记用典的分析，引导学生明确唯物辩证法的典型观点。同时通过对中华民族优秀传统文化思想的学习，感悟中国智慧和中国精神，增强学生的文化自信，引导学生树立科学的世界观和方法论，运用科学的思维方式去分析和认识事物，指导自己的生活实践。通过习总书记引用经典的行为，引导学生在现实的学习和生活中自觉、主动继承和发扬优秀传统文化，促进优秀传统文化的创造性转化和创新性发展。

提问

（1）同学们，判断下列习总书记所用典故各自体现了唯物辩证法的什么观点，并谈谈你们对该观点的理解。

①万物并育而不相害，道并行而不相悖。

②一语不能践，万卷徒空虚。

③秉纲而目自张，执本而末自从。

④海不辞水，故能成其大。

⑤红日初升，其道光大。

⑥观时而制法，因事而制礼。

（2）阅读下面的材料，说说你们对“全面、辩证、长远的眼光”的理解。

材料展示

习近平总书记在2020年2月23日统筹推进新冠肺炎疫情防控和经济社会发展工作部署会议上提出：“新冠肺炎疫情不可避免会对经济社会造成较大冲击。越是在这个时候，越要用全面、辩证、长远的眼光看待我国发展，越要增强信心、坚定信心。综合起来看，我国经济长期向好的基本面没有改变，疫情的冲击是短期的、总体上是可控的，只要我们变压力为动力、善于化危为机，有序恢复生产生活秩序，强化‘六稳’举措，加大政策调节力度，把我国发展的巨大潜力和强大动能充分释放出来，就能够实现今年经济社会发展目标任务。”

教师总结

所谓全面的眼光即全局的眼光，“全国一盘棋”的眼光，也即系统思维。全局眼光加上“一盘棋”的制度优势，让我们赢得了“战‘疫’”的阶段性胜利。

所谓辩证的眼光，就是坚持唯物辩证法对立统一的观点。以辩证的眼光看危机，“危”中一定存在“机”。以辩证的眼光看危机，可以创造条件转危为安、转危为机。

讲话强调坚持长远的眼光，既展现了“越是艰险越向前”的中国勇气，又体现了以马克思主义唯物辩证法为指导，统筹协调抗疫和发展工作的科学精神。“全面、辩证、长远”这六个字既是一种方法论，也是一种行动指南。

有理想、有信念、有韧性，做到“不畏浮云遮望眼”。正如习近平总书记所说，“中华民族历史上经历过很多磨难，但从来没有被压垮过，而是愈挫愈勇，不断在磨难中成长、从磨难中奋起。”

4. 认同升华

本活动主要通过阅读书籍和观看视频等形式，引导学生学习和理解习近平新时代中国特色社会主义思想，增强对党和国家路线、方针政策的理解和认同，进而对中华文化和中国智慧充满自信，对中国特色社会主义道路和中国特色社会主义制度充满自信。

教师总结

在建党一百年之际，我国发展进入了新阶段。在新阶段，我们坚持创新、协调、绿色、开放、共享的新发展理念，坚持以国内大循环为主体，国内国际双循环相互促进的新发展格局，统筹推进经济建设、政治建设、文化建设、社会建设、生态文明建设“五位一体”总体布局和协调推进全面建设社会主义现代化国家、全面深化改革、全面依法治国、全面从严治党“四个全面”战略布局等都体现了唯物辩证法的联系、发展、全面的观点和对立统一的规律。

最后，让我们用2021年1月11日习近平总书记在省部级主要领导干部学习贯彻党的十九届五中全会精神专题研讨班开班式上的讲话，结束我们这一节课的学习：新发展阶段是我们党带领人民迎来从站起来、富起来到强起来历史性跨越的新阶段。经过新中国成立以来特别是改革开放40多年的不懈奋斗，我们已经拥有开启新征程、实现新的更高目标的雄厚物质基础。新中国成立不久，我们党就提出建设社会主义现代化国家的目标，未来30年将是我们完成这个历史宏愿的新发展阶段。

我们相信，在党的领导下，全国人民将齐心协力，攻坚克难，迎来中华民族的伟大复兴！

（二）坚持历史唯物主义　反对历史虚无主义

课程导入

我们党的百年历史，就是一部践行党的初心使命的历史，就是一部党与人民心连心、同呼吸、共命运的历史。历史充分证明，江山就是人民，人民就是江山，人心向背关系党的生死存亡。赢得人民信任，得到人民支持，党就能够克服任何困难，就能够无往而不胜。要教育引导全党深刻认识党的性质宗旨，坚持一切为了人民、一切依靠人民，始终把人民放在心中最高位置、把人民对美好生活的向往作为奋斗目标，推动改革发展成果更多更公平惠及全体人民，推动共同富裕取得更为明显的实质性进展，把14亿中国人民凝聚成推动中华民族伟大复兴的磅礴力量。

——2021年2月20日习近平在党史学习教育动员大会上的讲话

提问

同学们想一想，为什么要在全党开展党史学习教育活动?

教师总结

点拨：开展党史学习教育，是党中央立足党的百年历史新起点、统筹中华民族伟大复兴战略全局和世界百年未有之大变局、为动员全党全国满怀信心投身全面建设社会主义现代化国家而作出的重大决策，具有十分重大而深远的意义，也对坚持历史唯物主义，反对历史虚无主义，树立正确的历史观、民族观、国家观具有重要意义。

过渡

什么是历史唯物主义?

议题探究一——领悟历史唯物主义基本观点

总议题：如何正确看待历史问题及评价历史人物？

分议题：正确看待历史问题及评价历史人物应该遵循哪些基本原理？

设计意图

本议题通过马克思在《〈政治经济学批判〉序言》中对唯物主义历史观作的经典论述，以及习近平对全面深化改革过程中把握经济基础与上层建筑辩证关系的重要性的讨论，引导学生明确历史唯物主义基本观点，为坚持历史唯物主义，反对历史虚无主义奠定坚实的理论基础。

【探究与分享一】

材料展示

马克思在《〈政治经济学批判〉序言》中对唯物主义历史观作了经典论述，他指出："人们在自己生活的社会生产中发生的一定的、必然的、不以他们的意志为转移的关系，即同他们的物质生产力的一定发展阶段相适应的生产关系。这些生产关系的总和构成社会的经济结构，即有法律的和政治的上层建筑竖立其上并有一定的社会意识形式与之相适应的现实基础。物质生活的生产方式制约着整个社会生活、政治生活和精神生活的过程。不是人们的意识决定人们的存在，相反，是人们的社会存在决定人们的意识。"

提问

阅读上述材料，谈一谈马克思阐述了哪些关于人类社会发展的哲学原理。

教师总结

历史唯物主义认为，社会存在决定社会意识。我们党现阶段提出和实施的理论和路线方针政策之所以正确，就是因为它们都是以我国现代的社会存在为基础的。

物质生产力是全部社会生活的物质前提，同生产力发展一定阶段相适应的生产关系的总和构成社会经济基础。生产力是推动社会进步最活跃的要素，生产力的发展速度是衡量社会发展的根本性标准。生产力和生产关系、经济基础和上层建筑相互作用、相互制约，支配着整个社会发展进程。生产关系一定要适合生产力状况，上层建筑一定要适合经济基础状况，它们的共同作用构成整个社会的矛盾运动。只有把生产力和生产关系的矛盾运动同经济基础和上层建筑的矛盾运动结合起来观察，把社会基本矛盾作为一个整体来观察，才能全面把握整个社会的基本面貌和发展方向。

【探究与分享二】

材料展示

1997年，习近平在福建工作期间发表了《论〈《政治经济学批判》序言〉的时代意义》一文，阐发了他对《〈政治经济学批判〉序言》的独到见解。2013年11月12日，习近平在党的十八届三中全会第二次全体会议上发表重要讲话指出："经济基础决定上层建筑。经济体制改革对其他方面改革具有重要影响和传导作用，重大经济体制改革的进度决定着其他方面很多改革的进度，具有牵一发而动全身的作用。"同时，他援引《〈政治经济学批判〉序言》中的一段话，来充分论证和阐释全面深化改革过程中始终把握经济基础与上层建筑的辩证关系的重要性。

提问

习近平为什么高度重视《〈政治经济学批判〉序言》的当代价值？

教师总结

当前，坚持和发展中国特色社会主义，必须从马克思主义历史唯物主义基本原理中吸取营养，不断调整生产关系适应社会生产力的发展，不断完善上层建筑以适应经济基础。改革开放以来，我国经济社会发展取得了重大成就，根本原因就是我们通过不断调整生产关系激发了社会生产力的发展活力，通过不断完善上层建筑适应了经济基础发展要求。我们进行经济体制、政治体制、文化体制、社会体制、生态文明体制和党的建设制度的改革，都是出于这个目的。

【探究与分享三】

材料展示

学习和掌握人民群众是历史创造者的观点，紧紧依靠人民推进改革。如何认识人民群众在历史上的作用，是社会历史观的重大问题。同历史唯心主义英雄史观相对立，历史唯物主义群众史观第一次彻底解决了这个重大问题，提出人民是历史的创造者。遵循历史唯物主义这一观点，我们党提出了群众路线，并把它作为党的生命线和根本工作路线。

——2013年12月习近平在十八届中央政治局第十一次集体学习时的讲话

提问

习近平同志在上述讲话中强调的重要观点是什么？

教师总结

如何认识人民群众在历史上的作用，是社会历史观的重大问题。同历史唯心主义英雄史观相对立，历史唯物主义群众史观第一次彻底解决了这个重大问题，提出人民是历史的创造者。历史唯物主义认为，社会历史是在生产力与生产关系、经济基础与上层建筑的矛盾运动中进行的，生产力是起决定作用的，而劳动者在生产力中是起决定作用的，因而社会基本矛盾的决定作用要通过人民群众的历史创造活动来实现。

我们党在长期的奋斗中，既通过提出并贯彻正确的理论和路线方针政策带领人民前进，又从人民实践创造和发展要求中获得前进动力，形成了“一切为了群众，一切依靠群众，从群众中来，到群众中去”的群众路线。这是我们党的生命线和根本工作路线，是我们党永葆青春活力和战斗力的重要传家宝，本质上体现的就是人民群众是历史创造者这一基本原理。党的十八大以来，习近平总书记把人民史观创造性地运用于我国实践，鲜明地提出了以人民为中心的发展思想。“为人民”，是改革的逻辑起点，也是价值根基。

本节小结

历史唯物主义的基本原理

（1）生产方式是社会历史发展的决定力量，决定着人民的政治生活、社会生活和精神生活。

（2）社会存在决定社会意识。

（3）生产力决定生产关系，生产关系对生产力具有反作用。经济基础决定上层建筑，上层建筑对经济基础具有反作用。二者的相互作用构成二者的矛盾运动。生产力与生产关系、经济基础与上层建筑的矛盾构成了社会基本矛盾，是社会发展的根本动力。

（4）社会历史是人民群众活动的历史，人民群众是社会历史的主体，是历史的书写者和创造者。我们要坚持历史唯物主义，要坚持群众观点和群众路线。

过渡

与历史唯物主义理论相反的观点是什么？我们应对其持什么态度？

议题探究二——反对历史虚无主义

分议题：为什么要反对历史虚无主义？

设计意图

本议题通过对历史虚无主义在当代社会生活中的典型表现和龚自珍对历史观的极端重要性的讨论，引导学生了解历史虚无主义的表现，明确其危害和实质，提高学生自觉运用历史唯物主义的基本观点和方法，正确看待历史问题及评价历史人物的能力，坚持中国特色社会主义道路自信、理论自信、制度自信、文化自信。

【探究与分享四】

材料展示

历史虚无主义打着还原历史的旗号，裁剪事实，曲解历史真相，消解神圣，解构崇高，反对以唯物史观为指导进行历史研究。

比如，历史虚无主义以丑化、妖魔化的手段来虚无中国共产党领导的革命历史，以戏谑、贬损的态度来否定近代中国一切进步的革命运动，对近代以来中国人民争取独立和人民解放而进行的反帝反封建斗争无端诋毁和嘲弄。

刘胡兰、董存瑞、邱少云、黄继光、罗盛教、雷锋……这些英雄人物的事迹伴随着一代又一代人的成长。然而，近年来有的人在网上肆意歪曲、丑化、亵渎、否定英雄人物，其言行混淆了部分民众的视听，严重抹黑英雄人物形象，造成不良社会影响。

清代龚自珍在《定庵续集》中写道："欲知大道，必先为史。灭人之国，必先去其史。"

思考

1. 归纳历史虚无主义的表现。

2. 分析肆意丑化、亵渎英雄人物等错误言行的实质。

3. 结合龚自珍的话，思考历史虚无主义对一个国家和民族的重大危害。

教师总结

1. 历史虚无主义的含义

历史虚无主义是指一种打着还原历史的旗号，裁剪事实，曲解历史真相，消解神圣，解构崇高，反对唯物史观的社会思潮。

2. 历史虚无主义的主要表现

（1）否定革命运动，颂扬改良运动。

（2）否定黄土文明，颂扬海洋文明。

（3）鼓吹侵略有功，贬损救亡斗争。

（4）颂扬反面人物，抹黑英雄形象。

3. 历史虚无主义的实质

历史虚无主义的实质是唯心主义的历史观，用片面、静止、孤立的观点看待历史，虚无中国共产党和中国人民的光荣历史，否定中国共产党的领导地位，否定新民主主义革命和新中国建设的历史成就，具有很大的欺骗性与迷惑性，危害至深。

4. 历史虚无主义的根本目的

历史虚无主义的根本目的是否定中国革命，否定中国共产党历史，否定中国共产党的领导，否定中国特色社会主义制度，从而动摇人民的文化自信、理论自信、道路自信和制度自信。

一个不懂历史的民族是一个没有记忆的民族，一个忘记历史的国家、民族是没有前途的国家和民族。

正如习近平同志指出的：

苏联为什么解体？苏共为什么垮台？一个重要原因就是意识形态领域的斗争十分激烈，全面否定苏联历史、苏共历史，否定列宁，否定斯大林，搞历史虚无主义，思想搞乱了，各级党组织几乎没任何作用了，军队都不在党的领导之下了。最后，苏联共产党偌大一个党就作鸟兽散了，苏联偌大一个社会主义国家就分崩离析了。这是前车之鉴啊！

——2013年1月5日习近平在新进中央委员会的委员、候补委员学习贯彻党的十八大精神研讨班开班式上的讲话

我们必须旗帜鲜明地反对历史虚无主义。要加强“不忘初心、牢记使命”主题教育，真正做到用习近平新时代中国特色社会主义思想武装头脑。要认真学习中国共产党历史、新中国史，增强中国特色社会主义的道路自信、理论自信、制度自信、文化自信。要树立唯物史观，坚持实事求是，旗帜鲜明地与历史虚无主义作斗争。

考核评价

1. 阅读《矛盾论》，并写下自己的体会。

2. 采访学校领导、教师和学生，请他们谈谈如何在学校管理、教学和学习中运用具体问题具体分析的原则。

3. 选择一位历史人物进行评价，并写一篇400字左右的短文。

4. 开展致敬英雄的团队活动。

资源链接

1. 辩证法

“辩证法”一词源于古希腊文，其早期含义是进行谈话、进行论战。古希腊哲学家们把在辩论时揭露和克服议论中的矛盾以求得真理的艺术叫作辩证法。哲学家柏拉图把辩证法引入哲学，把它作为研究概念思维艺术的专门科学。黑格尔以唯心主义的形式把辩证法作为支配世界的普遍法则，把它理解为绝对精神的运动，是世间一切事物运动、发展的源泉。马克思和恩格斯丰富了辩证法的科学内容，第一次给辩证法概念以科学的规定，称它“是关于自然、社会、思维运动和发展的一般规律的科学”。

2. 形而上学

“形而上学”一词源于古希腊文。亚里士多德有一本文集叫《物理学后编》。在出版时，编者们把亚里士多德的物理学著作放在前面，叫《物理学》，把他研究有关神、灵魂、意志、自由等的哲学学说放到《物理学》的后面，取名为《物理学后编》。当这部著作翻译到我国时，严复借用《周易》中“形而上者谓之道，形而下者谓之器”，把阐述抽象道理的《物理学后编》就取其意翻译成了“形而上学”（关于形而上的学问）。

所以，形而上学的本意是“物理学后编”。从黑格尔开始，就把形而上学用作反辩证法的同义语，即形而上学是与辩证法相对立的世界观和方法论。

3. 历史唯心主义

历史唯心主义是把社会现象及其发展的终极原因归结为精神因素的社会历史观，又称唯心史观，是与历史唯物主义相对立的历史观。历史唯心主义从社会意识决定社会存在的错误的基本点出发，把人们的思想动机、杰出人物的主观意志或某种超自然的神秘力量看作社会历史发展的根本原因，否认社会发展有其自身固有的客观规律，否认阶级斗争规律，否认人民群众在历史上的决定作用。历史唯心主义掩盖历史发展的真相，通常代表剥削阶级的利益。

参考文献

［1］毛泽东. 矛盾论[M]. 北京：人民出版社，2008.

［2］习近平. 习近平谈治国理政[M]. 北京：外文出版社，2017.

［3］习近平. 坚持历史唯物主义不断开辟当代中国马克思主义发展新境界[J]. 求是，2020（2）.

［4］龚自珍. 龚自珍全集（上册）[M]. 北京：中华书局，1959.

［5］梁柱. 历史虚无主义思潮的泛起、特点及其主要表现[J]. 马克思主义研究，2013（10）.

［6］方艳华.历史虚无主义思潮的演进及重新泛起原因论析[J]. 吉林师范大学学报（人文社科版），2011（6）.

大学段：做富有哲思的智者

教学目标

通过本课的教学，培养学生了解哲学的基本理论知识，哲学的主要特征是反思，哲学源于生活，哲学的主要问题是“在”“真”“善”和“美”。通过展现哲学思考的不同方面训练学生养成哲学思考的习惯，学会哲学地分析和思考生活中遇到的问题，并用哲学语言表达出来。让学生在哲学学习中了解哲学的追问精神，思索人生的意义，在思考中帮助学生形成更清晰的世界观、人生观、价值观，提高学生的人文素养。

教学内容

一、进入哲学思考

二、哲学的自我理解

三、哲学的生活基础

四、哲学的主要问题

教学重难点

哲学思考含义的理解；哲学思考的了解与掌握；哲学语言的学习与运用；哲学主要问题的理解。

学情分析

通过上一阶段的教学，学生已经对马克思主义哲学的辩证唯物主义和历史唯物主义的基本观点有了一定程度的理解，初步形成了正确的世界观、历史观、人生观。本阶段，大学生的生理、心理发展已经完全成熟，思维能力和学习能力得到提升，已经有了较为扎实的辩证思维能力。通过教学引发学生反思生活，锻炼哲学思维，培育真善美情感，增强政治认同和文化认同，成长为担当民族复兴大任的时代新人。

设计思路

1. 设计理念

以讲授为主，引导学生进入哲学思考。按照“生活困惑提问—分析论证—解释深化—深入探讨”的路径进行设计。第一，由日常生活导入，从学生在大学生活中会遇到的困惑进入反思，再通过对“常识”的提问引发学生反思生活的兴趣，初步了解哲学反思；第二，通过实例和命题分析对比哲学与常识、哲学与科学，让学生能够对哲学的范围有进一步的认识；第三，展现哲学与人的生活、与社会意识、与时代精神的联系，让学生认识哲学源于生活，能够指导生活、致力于探讨人的生活方式等问题，明白哲学思想的多元性；第四，讲授哲学的主要问题，让学生从中提炼真善美的养料，并将其渗透到心灵之中，凝结为自身的内在素养和能量。通过以上四部分教学的层层推进，培养学生观察问题、分析情况和思考论证的能力，最终投身于新时代的社会实践活动之中。

2. 思维导图

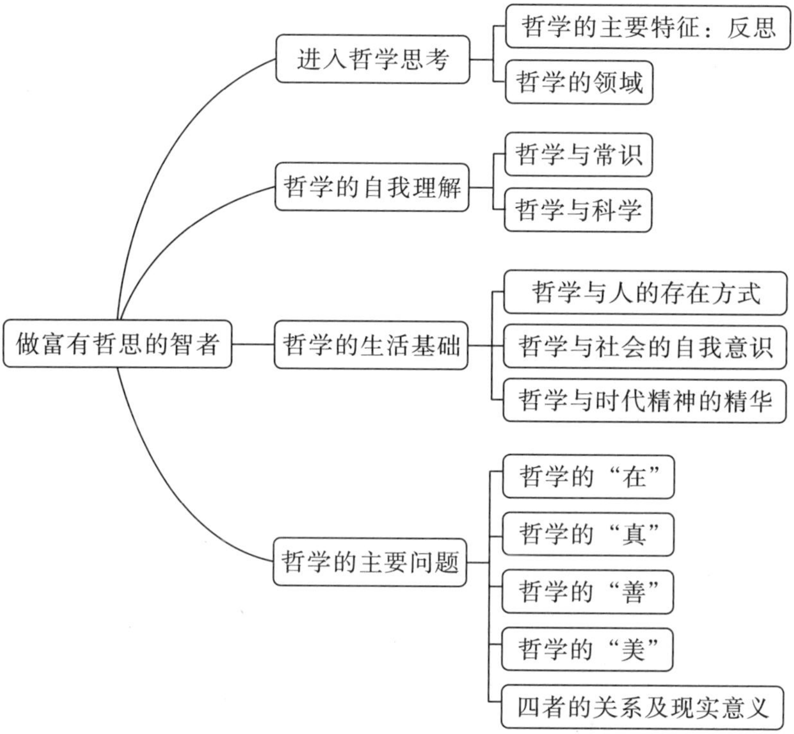

教学方法

讲授法、演示法、讨论法、辩论法。

实施方案

一、进入哲学思考

（一）哲学的主要特征：反思

哲学名言

苏格拉底："未经审视的生活是不值得过的。"

德尔斐神谕："认识你自己。"

张载："为天地立心，为生民立命，为往圣继绝学，为万世开太平。"

冯友兰："哲学是使人作为人能够成为人，而不是成为某种人。"

课堂导入

从以上东西方的哲学名言中我们可以看出，哲学源于生活，源于人对自身的审视、对生活的审视。在高考之后，我们每一个人面对未来可能充满困惑，都要为自己以后的生活做决定：能不能上大学、选择哪所大学、选择什么专业、上大学后要不要参军，等等。在座的各位现在已经步入大学学堂，你们在这时都不免思考一些事情：我以后想过哪种生活、哪种生活对我来说是适合的生活，等等，离开高中，走进大学校园，面对更加开放、多元的世界，我们会思索自己或他人身边的事情：路上遇到摔倒的老人，究竟要不要扶；大学课程较高中更加松散，如果每天只是上课，且上课内容似乎对未来没有很大用处，那么上课的意义是什么，进一步说，上大学的意义是什么；或者随着我们的长大和长辈的衰老，不可避免地会遇到关于死亡的问题，我们如何面对，等等。这些事件促使我们跳出日常生活来思考人生的意义和价值、道德的重要性等问题，从而与哲学邂逅。

过渡

那么，什么是哲学？简单地说，哲学是对"人"的思考，是对人们生命意义的追寻。哲学探究人的起源、人的生命的意义、人从哪里来、人能够知道什么、人应当怎么做或者相信什么。哲学会一直追问，向深处挖掘，较真地反思生活中被人们忽略或认为本该如此的观念、事物。例如我们认为一些事物是有益的，而另一些是有害的；一些行为是正当的，而另一些是错误的，这是为什么？

提问

1. 人们认为“鲨鱼是凶残的”，因为鲨鱼会吃人。然而人类也捕鲨、吃鲨，用鲨鱼身体的各个部位制成药剂甚至化妆品。那么为何不说“人是凶残的”？我们以什么标准断言鲨鱼的凶残和人的合理？

2. 我们知道救人是对的，但为什么如此？它总能成立吗？战争时遇到敌方的受伤战士应该如何？对一个生命已经难以挽回而又忍受极大痛苦的人来说又该怎么办？

请大家讨论并积极发言。

教师总结

第一个问题，“鲨鱼是凶残的”显然是从“人类中心主义”出发得出的观点，鲨鱼对于人来说是凶残的。在提倡保护物种多样性、人与自然和谐相处的今天，人类需要反思自身与大自然的关系、需要反思和控制自身对自然的改造和利用。如何看待人类实践活动对自然的影响也是当代哲学关注的全球问题。第二个问题则涉及伦理学问题，这个问题的答案在不同的文化体系下是不一样的。

哲学的追问并不是寻求相同的答案，在座的各位在思索时，你们思考的方向、最终得出的结论也会千差万别。哲学引导大家反思，在反思中回到自身的信念和思想之网，厘清它们，组织语言，明确表达，用分析和论证得出自己的结论。而在分析和论证的过程中，我们会对自己的思想进行批判性的考察，从而将关于自身和世界的看法综合起来，成为一个完整的体系。这种综合就是哲学反思的最终目的。

（二）哲学的领域

课堂导入

哲学研究关于人类生存发展和安身立命的问题，并不会帮助大家解决任何具体问题。哲学学习促使人思考“好的生活”“人与动物的区别”“我们是怎样知道某种事物的”等问题，在思考时，我们也进入了哲学的各个领域。

提问

大家知道哲学有哪些分类？这些分类分别研究什么吗？

学生一：形而上学，研究关于万物最终本性的理论，目标是形成一种关于宇宙的全面而整体的世界观。

学生二：伦理学，研究善恶对错，探寻“好的生活”，拷问道德原理和准则。

学生三：哲学逻辑：研究合理思维和好的论证的结构形式。

教师总结

谢谢同学们的回答，除了以上三点，哲学还包括认识论、宗教哲学、政治哲学和美学。认识论是对知识的研究，思考人类如何认识世界、人类能否探寻到世界的本质。宗教哲学则是对宗教、宗教的本质、宗教信仰的哲学探究。政治哲学研究社会和国家的基础与本质，尝试构建理想社会，并在自己的社会中实践。美学则研究艺术的本质以及艺术体验，包括对美的概念、美的来源的思索。哲学虽然划分为各个领域，但有时对一些问题的探寻会涉及多个领域，它们追根究底是交织在一起的，只是为了方便专门研究才如此划分。

二、哲学的自我理解

课堂导入

哲学的主要特征是反思，反思的对象往往是常识。哲学探寻人生的意义，求解人的生活的密码；科学则探寻自然的奥秘，求解物质世界的密码。常识、哲学和科学，构成了大家了解世界、把握世界的三大途径。“在常识、科学和哲学三者当中，常识是经验的、表象的，而科学和哲学是经过理性的思考而得出的，是超验的、概念性的。”下面我们将通过哲学与常识、哲学与科学的对比，来进一步认识它们，了解哲学的界限。

（一）哲学与常识

【探究与分享一】

我们面前有一把椅子。

常识告诉我们“椅子在我们的意识之外”，“椅子不依赖于我们的意识存在”，我们看到了一把椅子，椅子就在那里。然而从哲学的基本问题——思维与存在的关系问题上看，我们发现人对椅子的存在的确认源于对椅子的感知。我们的感官清晰、明显地感觉到了这个东西——通过视觉和触觉，而后我们根据自己的认识得出“这是一把椅子”的结论。

这种从“思维与存在的关系问题”出发的思考，是一种超越常识的思考，即对常识中的经验来源的思考。常识的突出特点，就在于它以单纯的肯定性的思维方式去看待“思维与存在的关系”，不去反思存在和思维之间的关系问题。而哲学是对常识的超越，哲学试图概括和解释的不是具体的事物，而是寻找事物的本原，把握事物的“本体”。

【探究与分享二】

古希腊哲学家芝诺提出的一个命题“阿基里斯永远追不上乌龟”。阿基里斯和乌龟赛跑，假如让乌龟先爬一段路，再让阿基里斯去追它，那么阿基里斯将永远追不上乌龟。

阿基里斯是古希腊神话中一个善跑的英雄人物。从常识上看，一个善跑的人追不上一只乌龟是不可能的，即使乌龟先爬了一段路，阿基里斯也能很快追上它。然而从逻辑上看，阿基里斯从起跑线出发去追乌龟，首先跑到乌龟提前爬到的地点；然而这时乌龟已经向前爬了一段，阿基里斯需要继续跑完这段路；当阿基里斯跑完这段路以后，乌龟又向前爬了一段，就这样不断往前跑，乌龟永远都往前爬了一段，阿基里斯与乌龟越来越近，但却无法超过乌龟。在常识上看来不可能的命题在逻辑上却无懈可击，这个差距揭示了人的表象思维与理性思维之间、经验常识与哲学反思之间的矛盾。

以上两个例子既反映了哲学对常识的反思和超越，又反映了常识对哲学反思的“拉回”。“常识是哲学反思的重要对象，又是防止哲学反思陷入脱离生活的幻觉之中的重要基础。学习和研究哲学，需要在批判地思考常识的过程中深化对哲学的理解。”

（二）哲学与科学

法国哲学家克洛德·列维斯特劳斯在《神话与意义》中曾经提到初级社会中的人类尽他们所能地解释他们世界的本质以及他们的社会。从久远的过去开始，人类就开始探寻这个世界，试图探索更多的关于世界的规律、探寻人的生活的意义。在时间长河中，那些经过实践检验的规律成为现在科学的主体，而关于人的生活的意义、人从哪里来等问题的回答则被宗教神学笼罩。然而随着自然科学的发展，神学家的回答越来越难以令人信服，科学也并不回答什么是“好的生活方式”、“美”与“善”的问题。对这些问题进行理性而非权威探索的，就是哲学。

对于生和死的判断。在科学思维中，生和死是矛盾的存在。医学上将死亡的判定从呼吸停止改到脑死亡，法律上判定死亡时间也十分麻烦。如恩格斯所说："生理学证明，死亡并不是突然的、一瞬间的事情，而是一个很长的过程。同样，任何一个有机体，在每一瞬间都既是它本身，又不是它本身；在每一瞬间，它消化着外界供给的物质，并排泄出其他物质；在每一瞬间，它的机体中都有细胞在死亡，也有新的细胞在形成；经过或长或短的一段时间，这个机体的物质便完全更新了，由其他物质的原子代替了，所以，每个有机体永远是它本身，同时又是别的东西。"而在哲学思维中，对于生和死的判断不仅包含上述科学的意义，还有对于价值、方式的判定——"人生自古谁无死，留取丹心照汗青""生如夏花之绚烂，死如秋叶之静美"，哲学会从更多元的视角中去理解和解释生与死的关系。

从以上例子可以看出科学是在具体领域对具体问题的透彻研究。伯特兰·罗素认为一切确切的知识都属于科学，而哲学的任务是"教导人们处理这种不确定性从而生活下去"，哲学在研究具体问题上往往涉及"不确定的知识"，思考一种事物对人的意义。同为超验性的，科学与哲学相互促进，相互启发，"科学的发展也往往会带来哲学观念上的变化，而哲学思想的变革也会为科学的洞见提供广阔的思想空间"。

三、哲学的生活基础

（一）哲学与人的存在方式

1. 哲学来自生活并指导生活

哲学源自希腊语，由"爱"和"智慧"两个词组成，意思是"爱智慧"。在汉语中，"哲"字也是"智慧""明智"的意思。哲学的智慧产生于人类的社会实践活动。在一定意义上，哲学源于人们对实践活动的追问和对世界的思考。哲学与我们的生活息息相关，它总能自觉或不自觉地影响我们的生活。

哲学作为一种特殊的思维方式，具有高度的抽象性和概括性，是对人处理和驾驭外部世界的认识和实践成果进行的反思、总结与概括。哲学就是非实用性的、非功利性的给人智慧、使人聪明的学问。哲学有其特有的功能。具体来说，哲学的功能有三：反思功能，指导人们实践的功能，提供思维方法和训练思维能力的功能。

（1）反思功能

即人们通过对自身实践和认识的成果进行深入思考，形成更深刻思想的过程。

①对人类社会实践活动的反思。“前车覆，后车诫”，在现实生活中，通过社会实践不断反思、总结经验，可以使自己提高效率，越来越有智慧。

②对人类认识活动的反思。“学而不思则罔，思而不学则殆”，在学习、工作和生活中要辩证对待前人的认知成果，深入思考、反复探索，从中得出自己的思想观点。

（2）指导人们实践

指导人们实践的功能，即从世界观、方法论的高度上对人类实践活动进行根本观点、根本方法的指导。

①对社会变革的指导作用。哲学，在大的社会变革中往往可以起“先导”作用，指导变革社会的主体完成其历史使命。

②对科学研究的指导作用。科学研究只有建立在科学的思维和方法上才能成就伟大的创造。

③对经济活动的指导作用。掌握哲学道理，把握好生产与消费之间的关系，才有利于促进经济活动的持续健康发展。

（3）提供思维方法和训练思维能力

真正的哲学能够为人们提供正确的思维方法，训练人们的思维能力。其次，哲学的任务在于指导人们更好地认识世界和改造世界。

（二）哲学与社会的自我意识

社会意识，即社会生活的精神方面，是社会存在的反映。哲学是社会意识的一部分。

1. 哲学是关于世界观的学说，是系统化、理论化的世界观。世界观是人们对整个世界的根本观点。哲学将人们在社会实践中形成的世界观系统化、理论化，形成一定的哲学理论体系，反映客观世界及其规律性。

2. 哲学是对自然、社会和思维知识的概括和总结。具体科学是哲学的基础，具体科学的进步推动哲学的发展，而哲学为具体科学提供世界观和方法论的指导。

3. 哲学是世界观和方法论的统一。在哲学这一层次上，世界观和方法论是统一的：世界观决定方法论，方法论也总是体现着一定的世界观。这使得哲学理论能够指导人们的思想行为，使哲学与人们的生活息息相关，从而使人们更具智慧。

（三）哲学与时代精神的精华

1. 时代精神的精华

哲学家的哲学反思是在对自己所处时代的认识中建立起来的，每个时代的哲学精神都是该时代的时代精神。哲学精神往往忠实地反映一个时代的人对生活、世界、意义的追寻，以及他们自我意识的普遍倾向。“哲学作为人类反思的思维方式，它以‘社会的自我意识’的理论形态，批判性地反思‘时代精神’，创造性地塑造和引导‘时代精神’，因而成为‘时代精神的精华’。”

2. 哲学的作用

哲学作为时代精神的精华，具有塑造和引导人们的生活的作用。随着人类实践活动的不断发展，实践领域的不断扩张，现代人类逐渐与自然相隔，人与自然融为一体成为一种理想。然而在人工的世界当中，人类还面临“意义危机”，自我复制的时尚、碎片化的信息、科技发展产生新的伦理问题等都向哲学思考提出新的挑战。脱离自然的现代人类在人工的世界中似乎成了浮萍，寻找“精神家园”成为现代哲学的一大课题。

四、哲学的主要问题

《论语·为政》：“吾十有五而志于学，三十而立，四十而不惑，五十而知天命，六十而耳顺，七十而从心所欲，不逾矩。”

具体而言，人们的生死不是靠其自身的努力就能决定的，但人们的道德和学问的高低却能因其自身努力而不同。这段话可以说是对孔子一生的生活道路的描述，或者说是他一生修养的过程，也就是孔子本人对真、善、美的追求和了解的过程。

（一）哲学的“在”

“在”即存在（Being），是一个十分抽象的概念。正如黑格尔所说，存在，这是“无规定性的单纯的直接性”，是最原始的无规定性。黑格尔还具体解释道：“如果我们试着观察全世界，我们说在这个世界中一切皆有，此外无物，这样我们便抹杀了所有的特定的东西，于是我们所得的，便只是绝对的空无，而不是绝对的富有了。”不能把“本原”或是“本体”仅仅作为一种抽象的观念，而必须通过逻辑论证“终极存在”，使其具体化，获得知识形态，获得内容。

（二）哲学的“真”

大家在古玩市场上往往会听到这样的提问：“这件古董是真的吗？”

（涉及价值评价）——“真”就是好，“不真”则是不好。

“真”这个概念，是我们无论在日常生活中还是在科学研究中，常常会提出的。“这是真的吗？”这个问题从表面来看很简单，但如果对这个问题稍加分析，就会发现我们是在不同的意义上使用“真”这个概念。可以说，“‘真’的尺度，表现的是主客体的统一，是主体对客体的本质及其规律的正确反映。真的尺度所体现的主客体统一，是本质上的统一，它排除了丰富的、整体的现象形态，是理性通过概念的抽象活动超越感性所达到的结果”。

（三）哲学的“善”

这里将中国传统哲学的“善”与西方哲学的“善”进行对比分析。

在哲学意义上，对“真”的寻求，深层的是对“善”——人自身的幸福与发展——的寻求。苏格拉底式的“对话”引导人们明确地意识到并且承认自己的各种看法中的“矛盾”。在这种对话中，他引导人们离开各种特殊的事例而去思索“普遍的原则”，明确人们所确信的真、善、美的普遍原则到底是什么。在这种对话式的“助产”中，苏格拉底开始了对“善”的哲学追问。而“善”在中国传统哲学中，早在诸子百家时业已存在。儒家有“择其善者而从之”，道家亦有“上善若水，水善利万物而不争”，“善”的意义与道德、人性、生活方式联系了起来。

（四）哲学的“美”

历代哲学家对“美”的观点问题。

哲学层面的美学问题，哲学家们有不同的回答。在西方哲学史上，从古希腊的柏拉图、亚里士多德到德国古典哲学的康德、黑格尔，从马克思、恩格斯到卢卡奇，从现代西方哲学的海德格尔、卡西尔到后现代主义的德里达、罗蒂，都对“美”的问题表现出极大的关注。

黑格尔：美是理念的感性显现。

休谟：不是美引起美感，而是美感决定美。

马克思：劳动创造了美。

狄德罗：一个物体之所以美是由于人们觉察到它身上的各种关系，我指的不是由我们想象力移植到物体上的智力的或者虚构的关系，而是存在于事物本身的真实的关系，这些关系是我们的悟性借助我们的感官而觉察到的。

（五）四者的关系及现实意义

追求真善美，并在此基础上走向自由，这是人的本性所在，也是社会发展的内在目标。从性质上看，真善美是相互区别的，但在现实中它们统一地共同构成了人类实践活动。“真、善、美既是人的活动的衡量尺度，又是人的活动的追求目标。哲学的生存空间，是由真、善、美的相互运动及其发展而提供的。”

真是善与美的前提。人们认识客观规律达到了真，才能在实践上达到善，并在活动和结果中表现出人的智慧、才能和力量，在对象中表现出人的本质，从而达到美。善是美的前提，真的目的。“人们追求真的目的在于利用客观规律为人的目的服务，在于达到善。美虽然与人的功利性没有直接联系，不是一个直接满足人的某种实际需要的对象，但它的最终意义仍然在于推动人更好地从事实践活动，即为了善。”

总的来说，“本体论求‘是’，把握对象是什么；认识论求‘真’，回答主体和客体在观念上统一的问题，解决合规律性问题；价值论求‘善’，研究目的性、功利性问题。这三者的统一还不是哲学的最高境界，还需要美，解决合目的性与合规律性的问题，实现主客体统一的最高形态，达到哲学的理想境界。本体论是真善美的前提，方法论体现在全部哲学理论之中的，是哲学理论的运用。”

考核评价

采用过程性评价和实践性评价相结合的方式，评价学生课堂表现和课外自我拓展能力。以下两者二选一，写一篇不少于1500字的小论文。

1. 运用哲学语言对生活中遇到的困惑进行反思。

2. 对本专题中的内容进行进一步探索或谈谈你的感想。

参考文献

［1］孙正聿. 哲学导论[M]. 北京：中国人民大学出版社，2000.

［2］罗伯特·所罗门. 大问题：简明哲学导论[M]. 桂林：广西师范大学出版社，2014.

［3］马克思恩格斯选集：第三卷[M]. 北京：人民出版社，2012.

［4］罗素. 西方哲学史[M]. 北京：北京出版社，2012.

［5］冯友兰. 中国哲学简史[M]. 北京：北京大学出版社，1985.

［6］黑格尔. 小逻辑[M]. 北京：商务印书馆，2019.

［7］高清海. 马克思主义哲学基础：上下册[M]. 北京：人民出版社，1987.

［8］白春礼. 进一步深刻认识科学与哲学的关系[R/OL].（2020-09-28）. http://www.cas.n/zjs/202009/t20200928-4761526.shtml.

［9］李荣海. 哲学：在真善美的统一中开掘自由[J]. 济宁师专学报，2001（01）.

［10］谭辉旭. 实践课程论研究[D]. 重庆：西南大学，2008.

［11］北京大学哲学系外国哲学史教研室. 西方哲学原著选读：上卷[M]. 北京：商务印书馆，1981.

［12］霍福广. 马克思主义哲学教程[M]. 广州：华南理工大学出版社，2017.

[13] 张英，徐兵. 生活的哲学和哲学的生活[M]. 广州：广东人民出版社，2019.

[14] 李秀林，王于，李淮春. 辩证唯物主义和历史唯物主义原理[M]. 北京：中国人民大学出版社，2004.

[15] 赵敦华. 现代西方哲学新编[M]. 北京：北京大学出版社，2001.

后　记

思想政治教育承担着培养什么样的人、如何培养人以及为谁培养人的根本使命，这一使命需要通过相应的教学作为载体才能实现。本书遵循以习近平同志为领导核心的党中央关于统筹推进大中小学思政课一体化的要求，根据一线教育工作者的实践经验，在专家组的支持下得以成书。

本书由西南交通大学马克思主义学院刘锋副教授负责设计，四川省成都市树德中学政治教研组长饶玉萍负责统筹和统稿。各专题编写人员如下：

专题一　价值引领——培育社会主义核心价值观

小学段：感受社会主义核心价值观之美　作者：成都市实验小学贺蓓

初中段：理解社会主义核心价值观之义　作者：四川省成都市树德中学杨凤

高中段：洞悉社会主义核心价值观之力　作者：四川省成都市树德中学李胜良

大学段：担当社会主义核心价值观之责　作者：西南交通大学杨子均

专题二　精神铸魂——弘扬中国精神

小学段：感受中国精神之力　作者：成都市实验小学李佩忆

初中段：认识中国精神之义　作者：四川省成都市树德中学何晓宇

高中段：铸牢中国精神之根　作者：四川省成都市树德中学姚雅容

大学段：弘扬中国精神之魂　作者: 西南交通大学刘锋

专题三　道德修身——培养社会主义道德观

小学段：走进传统美德　作者：成都市实验小学曾成

初中段：遵守社会公德　作者：四川省成都市树德中学饶玉萍

高中段：践行公民道德　作者：四川省成都市树德中学周佳颐

大学段：修美德明大德　作者：西南交通大学饶世权

专题四　文化强国——坚定中国特色社会主义文化自信

小学段：感受中华文化魅力　作者：成都市实验小学周会

初中段：走进中华文化之境　作者：四川省成都市树德中学贾小娟

高中段：坚定文化自信　作者：四川省成都市树德中学钟志涛

大学段：增强文化强国的使命担当　作者：西南交通大学刘锋

专题五　爱智之学问——哲学的魅力

小学段：孔子谈“仁”　作者：成都市实验小学朱虹

初中段：善于思，智于行——从笛卡尔的“善思”到张载的“四为”　作者：四川省成都市树德中学梁妍、吕东

高中段：坚持辩证唯物主义和历史唯物主义　作者：四川省成都市树德中学余徐林、冯维东

大学段：做富有哲思的智者　作者：四川大学吴宇

最后，谨以此书，表达我们由衷的感谢。感谢一起携手参与本书研究与编撰工作的各位老师们，以及各位为本书辛勤付出的专家们。回顾往昔岁月，教学相长，携手奋进，我们在教育这条道路上从未停止脚步，洒落的汗水在智慧的土壤培育教育的种子，最终结出累累硕果。感谢对于本书编撰工作大力支持的西南交通大学、四川省成都市树德中学以及成都市实验小学，感谢李言荣、李政涛、王顺洪、崔昌宏、何荣、李学勇专家对本书编撰的指导，你们的鼓励与支持使得本书得以最终呈现在各位读者面前。希望这本承载着我们教育希望的书籍，能够随着时间与实践传向远方。

后　记

这本教材的主要内容，此前曾经以多种方式在教学中试用，其间不断修改完善；如今，书稿终于要付梓了。教材肯定还存在不足甚至缺陷，但总算是为“纪实节目叙事实务”类课程提供了一个较为正式的教学文本，也算是了却了近年来我们的一桩心愿。这本教材的出版，得到了不少宝贵的协助和支持。在序言里提到并鸣谢的思想资源和节目资源拥有者的重要支持自不待言，在本书撰写和校改过程中，四川大学出版社语言文字编室的徐燕老师和王冰老师都付出了极大的心血；没有她们的努力，本书的出版是不可想象的。在本书审校过程中，四川传媒学院融合媒体学院的程选民教授、曹钢教授，何倩副教授、周建华副教授、陈臻副教授、李莉副教授、高玮副教授，都提出了宝贵的意见。学院的钟智讲师对脚注规范做了细致的工作，徐家川女士则对定稿注释做了最后的核对工作。在此，谨向上述对本教材出版提供帮助的所有人士表示由衷的感谢！

作为本书编著者，我真诚希望得到读者和方家的批评指正，这对于本教材今后的修订完善是非常珍贵的。敬祈赐教！

冉光泽

2022 年 1 月 28 日

司马迁. 史记［M］. 上海：中华书局，2011.
宋家玲. 影视叙事学［M］. 北京：中国传媒大学出版社，2007.
索绪尔. 普通语言学教程［M］. 岑麒祥，叶蜚声，高名凯，译. 北京：商务印书馆，1980.
谭君强. 叙事学导论——从经典叙事学到后经典叙事学［M］. 北京：高等教育出版社，2008.
托比亚斯. 经典情节20种：第2版［M］. 王更臣，译. 北京：中国人民大学出版社，2015.
瓦努瓦. 书面叙事·电影叙事［M］. 王文融，译. 北京：北京大学出版社，2012.
汪流. 中外影视大辞典［M］. 北京：中国广播电视出版社，2001.
王祥. 网络文学创作原理［M］. 北京：中国人民大学出版社，2015.
王忠勇. 本世纪西方文论述评［M］. 昆明：云南教育出版社，1989.
西格. 创造难忘的人物［M］. 高远，译. 北京：文化发展出版社，2017.
西蒙斯. 故事思维——影响他人、解决问题的关键技能［M］. 俞沈彧，译. 南昌：江西人民出版社，2017.
西蒙斯. 你的团队需要一个会讲故事的人——用故事思维解决问题［M］. 尹晓虹，译. 南京：江苏凤凰文艺出版社，2016.
徐迟. 哥德巴赫猜想［M］. 北京：人民文学出版社，2005.
许南明，富澜，崔君衍. 电影艺术词典［M］. 北京：中国电影出版社，2005.
亚里斯多德. 亚里斯多德《诗学》《修辞学》［M］. 罗念生，译. 上海：上海人民出版社，2016.
杨辛，甘霖. 美学原理新编［M］. 北京：北京大学出版社，1996.
叶朗. 美学原理［M］. 北京：北京大学出版社，2009.
尹迪克. 编剧心理学——在剧本中建构冲突［M］. 井迎兆，译. 北京：北京联合出版公司，2014.
尹鸿. 世纪转折时期的中国影视文化［M］. 北京：北京出版社，1998.
约翰逊. 短片剧本写作［M］. 余韬，译. 北京：世界图书出版公司，2017.
曾庆香. 新闻叙事学［M］. 北京：中国广播电视出版社，2005.
张寅德. 叙述学研究［M］. 北京：中国社会科学出版社，1989.
赵毅衡. 符号学文学论文集［M］. 天津：百花文艺出版社，2004.
周绍良，白化文，李鼎霞. 敦煌变文集补编：第2版［M］. 北京：北京大学出版社，2016.

克雷默，考尔. 怎样讲好一个故事 [M]. 王宇光，等译. 北京：中国文史出版社，2015.
克龙. 你能写出好故事——写作的诀窍、大脑的奥秘、认知的陷阱 [M]. 秦竞竞，译. 西安：陕西人民出版社，2014.
老舍，等. 幽默小品文选集 [M]. 香港：香港汇通书店，1978.
勒维. 古希腊喜剧艺术 [M]. 傅正明，译. 北京：北京大学出版社，1988.
李华. 写出心灵深处的故事——非虚构创作指南 [M]. 北京：中国人民大学出版社，2014.
李泽厚. 美学四讲 [M]. 武汉：长江文艺出版社，2019.
刘纯羽. 微电影剧作教程 [M]. 北京：北京联合出版公司，2014.
刘义庆. 世说新语 [M]. 上海：上海古籍出版社，1982.
柳鸣九. 新小说派研究 [M]. 北京：中国社会科学出版社，1986.
卢克曼. 情节！情节！：通过人物、悬念与冲突赋予故事生命力 [M]. 唐奇，李永强，译. 北京：中国人民大学出版社，2012.
鲁迅. 唐宋传奇 [M]. 南昌：江西美术出版社，2018.
马丁. 当代叙事学 [M]. 伍晓明，译. 北京：北京大学出版社，2018.
马尔丹. 电影语言 [M]. 何振淦，译. 北京：中国电影出版社，1980.
马银琴. 搜神记 [M]. 上海：中华书局，2012.
麦成辉. 讲出一个精彩的故事——获得“故事技能”的关键 7 步 [M]. 长沙：湖南文艺出版社，2017.
麦基. 故事——材质、结构、风格和银幕剧作的原理 [M]. 周铁东，译. 北京：中国电影出版社，2001.
潘知常，孔德明. 讲“好故事”与“讲好”故事：从电视叙事看电视节目的策划 [M]. 北京：中国广播电视出版社，2007.
彭聃龄. 普通心理学 [M]. 北京：北京师范大学出版社，2004.
彭吉象. 影视美学 [M]. 北京：北京大学出版社，2002.
普列汉诺夫. 普列汉诺夫美学论文集：I [M]. 曹葆华，译. 北京：人民出版社，1983.
普罗普. 滑稽与笑的问题 [M]. 杜书瀛，理然，译. 沈阳：辽宁教育出版社，1998.
冉光泽. 叩问电视行而思 [M]. 成都：四川人民出版社，2005.
任金州，程鹤麟，张绍刚. 电视策划新论 [M]. 北京：中国广播电视出版社，2002.

伯奇. 电影实践理论［M］. 周传基，译. 北京：中国电影出版社，1992.
布鲁克斯. 故事力学——掌握故事创作的内在动力［M］. 陶娟，译. 北京：中国人民大学出版社，2016.
曹雪芹. 红楼梦［M］. 北京：人民文学出版社，2008.
陈广忠. 淮南子［M］. 上海：中华书局，2016.
春山茂雄. 脑内革命［M］. 赵群，译. 南京：江苏文艺出版社，2011.
辞海编辑委员会. 辞海［M］. 缩印本. 上海：上海辞书出版社，2000.
董学文，张永刚. 文学原理：第 2 版［M］. 北京：北京大学出版社，2014.
佴荣本. 笑与喜剧美学［M］. 北京：中国戏剧出版社，1988.
菲尔德. 电影剧本写作基础［M］. 钟大丰，鲍玉珩，译. 北京：世界图书出版公司，2012.
冯梦龙，凌濛初. 三言二拍［M］. 笠翁，编. 北京：中国华侨出版社，2019.
弗洛伊德. 弗洛伊德心理哲学［M］. 杨韶刚，等译. 北京：九州出版社，2008.
弗洛伊德. 释梦［M］. 孙名之，译. 北京：商务印书馆，1996.
弗洛伊德. 性学与爱情心理学［M］. 罗生，译. 南昌：百花洲文艺出版社，2009.
高华平，王齐洲，张三夕. 韩非子［M］. 上海：中华书局，2016.
古典文艺理论译丛编辑委员会. 古典文艺理论译丛：第 7 辑［M］. 北京：人民文学出版社，1964.
古林诺. 序列编剧法［M］. 王幼怡，程玉红，等译. 北京：世界图书出版公司，2013.
顾学颉. 元人杂剧选［M］. 北京：人民文学出版社，2016.
郭茂倩. 乐府诗集［M］. 周兴陆，解注. 西安：三秦出版社，2021.
郭沫若. 文艺论集［M］. 北京：人民文学出版社，1979.
哈特. 故事技巧：叙事性非虚构文学写作指南［M］. 叶青，曾轶峰，译. 北京：中国人民大学出版社，2012.
赫拉利. 人类简史——从动物到上帝［M］. 林俊宏，译. 北京：中信出版社，2014.
亨特. 心理学的故事［M］. 李斯，王月瑞，译. 北京：商务印书馆，2008.
洪楩. 清平山堂话本［M］. 长沙：岳麓书社，2019.
基格里奥. 喜剧难写：一位好莱坞编剧的真实告白［M］. 陈文静，译. 北京：电子工业出版社，2013.
津瑟. 写作法宝：非虚构写作指南［M］. 朱源，译. 北京：中国人民大学出版社，2013.

参考文献

EDSON E. 故事策略：电影剧本必备的 23 个故事段落［M］. 徐晶晶，译. 北京：人民邮电出版社，2013.
KLICK T. 电影叙事节奏——编剧必备的 120 分钟设计技巧［M］. 张敬华，译. 北京：人民邮电出版社，2015.
PHELAN J，RABINOWITZ P. 当代叙事理论指南［M］. 申丹，马海良，宁一中，等译. 北京：北京大学出版社，2007.
阿恩海姆. 视觉思维——审美直觉心理学［M］. 滕守尧，译. 成都：四川人民出版社，1998.
艾德加-亨特，马兰，理查兹. 国际经典影视制作教程：编剧创作指南［M］. 黄姗姗，译. 北京：电子工业出版社，2012.
艾柯. 符号学理论［M］. 卢德平，译. 北京：中国人民大学出版社，1990.
巴尔. 叙述学：叙事理论导论：第 3 版［M］. 谭君强，译. 北京：北京师范大学出版社，2015.
巴拉兹. 电影美学［M］. 何力，译. 北京：中国电影出版社，1979.
柏格森. 笑——论滑稽的意义［M］. 徐继曾，译. 北京：中国戏剧出版社，1980.
柏拉图. 理想国［M］. 郭斌和，张竹明，译. 北京：商务印书馆，1986.
鲍姆嘉通. 鲍姆嘉通说美学［M］. 高鹤文，祁祥德，编译. 武汉：华中科技大学出版社，2018.
鲍姆嘉通. 美学［M］. 简明，王旭晓，译. 北京：文化艺术出版社，1987.
贝尔. 冲突与悬念——小说创作的要素［M］. 王著定，译. 北京：中国人民大学出版社，2014.
贝尔. 这样写出好故事［M］. 苏雅薇，译. 长沙：湖南文艺出版社，2017.
伯纳德. 纪录片也要讲故事：第 2 版［M］. 孙红云，译. 北京：世界图书出版公司，2011.

是要注意抓拍采访中人物情感的流露，这对情绪激发的处理很有价值；四是公开采访与暗中跟拍相结合，以获取丰富的采访材料。

(4) 因为本节目的题材事涉隐私，因此在后期制作时应该注意，既要把故事讲好，也要尊重当事人隐私。何况这个事件最后的结局是积极向上的，应在结尾强化这个基调。

(5) 本节目的音乐资料主要是营造氛围型的，音乐本身不应具备明显的叙述特点。音响应根据故事情绪酌情使用。

接下来，对于“四、根据叙事提纲，展开前期拍摄”“五、整理、收集材料，撰写脚本文稿，为后期制作做准备”“六、后期制作”等三个后续步骤，可参考前面“一、运用A类情节模式的整合叙事示例”中“四、五、六”项目下的内容完成。

以上安排逐项付诸实施，一个运用C类情节模式进行情节结构处理的故事叙事纪实节目摄制便告完成。

上面我们提供了两个整合叙事的示例供读者参考。需要强调的是，纪实节目故事叙事是一项充满创造性的工作，智慧、灵感、随机应变、突发奇想、顺势而为、修改计划等现象，贯穿整个拍摄制作过程，所以，上面的示例仅仅提供一种借鉴和参考，绝不应该成为僵化的框框。我们所追求的，乃是将示例甚至整个教材的内容消化理解、融会贯通，最后转化为读者自身的充满创造精神的能力。务望读者诸君尊重我们的建议。

里来，希望女儿今后能够考取大学，用知识改变命运，并愿意承担女儿上大学的费用，还把当月的费用转账给女儿之后，在这个情节节点，通过抓拍刘清满意的神情，女儿对爸爸的笑脸，适当组接鸟语花香、阳光明媚的空镜，并配之以深情温婉的音乐，渲染刘清和佳佳命运改变之后的乐观情绪。

6. 需要激发情绪的重要情节环节与手法

至少有两个情节环节可以进行激发情绪的处理：

刘清怀着希望前往郴州，经历了无钱露宿火车站的凄凉，希望通过找到胡兆军当面落实为女儿提高抚养费、承担教育费的问题，但在找到胡兆军之后，胡兆军拒绝见面，女儿叫“爸爸”而胡扭头而去。在这一段情节中运用“满怀希望换来极度失望”的技巧，强调刘清的希望，女儿的期待，她们把与胡兆军见面作为坚持下去的支撑力量，但最后换来胡兆军拒绝见面的结局，借此唤起观众的情绪反应。

宾馆谈判的情节环节中，通过采访、解说、抓拍，表现刘清和佳佳的不自信、心中没底、忐忑不安，最后当胡兆军大度地同意了刘清和佳佳的主要诉求，并且表现出对女儿的父爱时，通过抓拍现场人物表情、镜头速率处理（慢放）、音乐烘托等方式，用“悲喜对比……以悲衬托喜”的技巧，把结局的情绪推向温馨、美好的境界，实现与叙事转折同步的情绪共振，从而最大限度地创造观众的良好观赏体验。

7. 其他需要特别说明的问题

以人物关系改变为基本情节动力的事件叙述有其自身特点，以这类事件为题材制作纪实节目，有一些特殊的要求。因此，本节目需要注意以下几点：

（1）鉴于本节目所依托的事件属于情感纠葛类题材，因此，在人物关系上，有大量的家长里短、市井烟火的生活场景或生活画面。这些元素恰恰是未来节目获得鲜活品质的重要资源。因此，摄像师要特别注意当具有利害关系的当事人共处一个空间的时候，对其各自的语言、行为要及时而完整地抓拍；录音师要做好充分准备，高质量地抓取音频素材。

（2）某些情节环节的场景需要采用“情景再现”方式，如刘清与女儿露宿火车站的环节，佳佳住院、刘清给前夫父亲打电话的环节，佳佳对胡兆军叫“爸爸”而胡兆军转身离去的环节。

（3）对当事人、知情人、《寻情记》节目组成员、律师等的镜头前采访应注意：一是对于情节结构中包含的各个情节环节，尽可能通过采访获得完整的故事叙事材料，这些材料是未来完成故事叙事的基础；二是要注意情节的重要环节或关键节点的细节采访，这些细节将赋予未来节目生动、鲜活的质感；三

4. 悬念设置点位与技巧

悬念设置具有较大的自由运用空间，每一位故事讲述者都可以有自己的选择。我们在这里试着做出设置：

(1) 在刘清提出离婚，最终与胡兆军解除了婚约，胡兆军一次性付给女儿到18岁的全部抚养费58000元的情节环节，使用“扣压信息”的技巧，提出问题“自此，刘清将独自面对女儿成长中的所有花销。这58000元能够为此提供保障吗?”以此完成悬念设置。

(2) 女儿因车祸住院，刘清向前夫父亲求助被拒绝；无奈之下，她带着女儿去郴州寻找胡兆军，因没钱夜晚露宿火车站，在这个情节环节营造压抑、紧张、不安的氛围之后，运用“让人物面对未知的阻碍和未知的对抗力量”的技巧，用解说词设问“明天，刘清将去胡兆军的工作单位寻找前夫，等待她的将会是什么呢?”实现悬念的设置。

(3) 刘清寻找胡兆军未果，绝望之际，决定求助《寻情记》节目组。在这个情节环节，采用“预告将发生大事”的技巧，通过采访刘清本人，表达“我已经与《寻情记》的记者取得了联系，他们约定明天与我见面”的意思，完成这个悬念的设置。

(4) 胡兆军与刘清约定去宾馆进行最后的谈判。在刘清去宾馆之前，利用“让人物在限定的严苛条件下去完成艰巨的任务”的技巧，通过解说词或对栏目组记者的采访，点明这次谈判是刘清最后的机会。如果谈判达不成协议，刘清就将真的走投无路了，将面临非常黯淡的前景。因此，她必须要争取达成协议，请胡兆军增加对女儿佳佳的抚养费并承担一定的教育费。以此设置悬念。

——还可以选择更多的情节环节设置悬念，兹不赘述。

5. 需要细节渲染的重要情节环节

可以进行细节渲染的情节有多处，试举几例：

在佳佳因车祸住院，刘清打电话给胡兆军的父亲，希望胡家来看看佳佳，并承担一定的治疗费用，而胡兆军父亲未予理会的情节环节，通过刘清失落的面部特写和孤独身影的画面表现，配以悲凉的音乐，进行渲染。

在刘清与女儿因为没钱，夜晚在火车站露宿的情节环节，用空旷的候车大厅、远处报时的音响、母女俩困倦无助而相互依偎的画面，渲染苍凉的情绪。

女儿佳佳与生身父亲胡兆军第一次见面，使用双机拍摄，抓拍佳佳怨恨的责问和胡兆军歉疚的表情及回复，以及表现出父女亲情逐渐升温的表情、动作，渲染始于怨恨、歉疚，逐渐相互理解的处于对比和变化状态的情绪。

在父亲承担了应该承担的抚养费、教育费，并表示希望女儿随时到郴州家

当事人之间发生的第四个事件：绝望之中，刘清求助于《寻情记》节目组。经过了一时找不到胡兆军住处的障碍之后，在节目组帮助下，刘清得以与胡兆军见面。

冲突点：找寻胡兆军住处的波折。

关系改变点：刘清与胡兆军见面后，胡兆军愿意承担父亲责任，同意将增加抚养费纳入洽谈视野。

当事人之间发生的第五个事件：胡兆军现任妻子宋苗出现，称“这个家胡兆军说了不算”。

冲突点：胡妻宋苗的意见与刘清的诉求相抵触。

关系改变点：刘清和女儿佳佳与胡兆军夫妇围绕抚养费的协商陷入僵局。

当事人之间发生的第六个事件：节目组帮助女儿佳佳与父亲胡兆军见面，佳佳质问父亲为什么不愿意见自己。胡兆军表现出歉疚之意。父女相见、亲情发生作用，父亲表示愿意接纳女儿来郴州学习，但要获得佳佳的抚养权。刘清不同意。

冲突点：佳佳对父亲的质问；刘清与胡兆军对女儿抚养权的对立态度、立场。

关系改变点：胡兆军作为父亲对女儿表现出歉疚，亲情发生作用；刘清和女儿佳佳与胡兆军夫妇围绕佳佳未来的协商在露出一线曙光之后，再次陷入僵局。

当事人之间发生的第七个事件：在节目组帮助下，刘清、佳佳与胡兆军夫妇在宾馆谈判。胡兆军不再坚持获得抚养权，佳佳继续在母亲处读高中，胡兆军愿意承担佳佳目前生活费和教育费的一半，承诺今后考取大学另说，并表示欢迎女儿任何时候来郴州爸爸家里。

冲突点：刘清和胡兆军就具体承担抚养费、教育费额度表达不同意见。

关系改变点：胡兆军不再坚持获得抚养权，佳佳继续在母亲处读高中，胡兆军愿意承担佳佳目前生活费和教育费的一半。

逆转点：刘清和女儿的诉求得到胡兆军夫妇的积极回应，刘清与胡兆军在抚养女儿的法律关系上回归正位，胡兆军与女儿佳佳关系得到恢复，未来呈现向好的发展趋势。

结局：胡兆军当场将第一个月的教育费和生活费转账给佳佳；父亲对佳佳表示很爱自己的女儿，希望女儿经常来郴州家里；希望女儿今后能考取大学，大学的学费、生活费另说。佳佳开始对生活有了信心，对父亲有了新的印象。

兆军见面，希望对方能增加佳佳的抚养费和教育费，无钱住旅店而露宿车站。胡兆军避而不见。绝望之中，刘清求助《寻情记》节目组，在节目组的介入之下，胡兆军同意按照当下的标准，承担女儿佳佳的一半抚养费和教育费，并承诺今后考取大学后还要提供经济支持。佳佳开始对生活有了信心，对父亲有了新的印象。

3. 情节结构

当事人及其关系简介：刘清，胡兆军前妻；胡兆军，刘清前夫；佳佳，刘清与胡兆军所生女儿；宋苗，胡兆军现任妻子；刘美玲，刘清姨妈，也是刘清与胡兆军婚姻的介绍人；刘清的父亲，患癌症；刘清的母亲，生病；胡兆军的父亲，佳佳车祸住院，接听刘清求助电话时予以拒绝；熟悉婚姻法规的律师罗琪予，为刘清的主张提供了法律依据；《寻情记》节目主持人王燕及节目组成员，他们的介入促使问题解决、人物关系向好的方向转变。

当事人之间发生的第一个事件：刘清与胡兆军经人介绍相识，不久之后结婚。婚后生下女儿佳佳。生下女儿不久，两人感情出现裂隙。刘清提出离婚。

冲突点：刘清和胡兆军经常因琐事争吵，两人开玩笑导致大吵。亲戚劝说刘清先冷静一段时间再考虑离婚一事，刘清不同意。

关系改变点：胡兆军最终同意离婚。两人协议离婚，女儿佳佳的抚养权归刘清；胡兆军按照每月300元的标准计算至佳佳18岁，一次性付给刘清佳佳抚养费58000元。两人分手。

当事人之间发生的第二个事件：刘清带着女儿佳佳回娘家居住。佳佳骑车上学途中遭遇车祸，肇事车逃逸，佳佳住院治疗。刘佳向前夫父亲打电话求助，希望承担一部分医疗费用。

冲突点：前夫父亲挂断电话，没有理会刘清的要求；其后胡兆军也没有与刘清就此事联系。

关系改变点：刘清求助前夫及前夫家人的希望破灭，前夫与自己和女儿判若路人。刘清为治疗佳佳花光了几万元抚养费。

当事人之间发生的第三个事件：佳佳学习很好，但刘清无法承担女儿的高中学费，靠老师和家长的捐款，才缴纳了高中第一学期的学费。此刻，刘清的父亲患癌，母亲生病，娘家也没有能力继续支持佳佳的教育费。无奈之下，刘清带着女儿佳佳前往郴州找寻胡兆军，希望增加女儿的抚养费和教育费。

冲突点：刘清和女儿因为无钱而露宿车站；胡兆军对刘清拒而不见；佳佳叫胡兆军“爸爸”，胡兆军转身就走，不予理会。

关系改变点：刘清和佳佳的愿望破裂，母女俩与胡兆军的关系跌至冰点。